KB036529

상상적 신체

상상적 신체

— 윤리학, 권력, 신체성

모이라 게이튼스

조꽃씨 옮김

도서출판 b

한국어판 출간에 부쳐

제 책 『상상적 신체: 윤리학, 권력, 신체성』이 한국어로 번역되어 대단히 영광입니다. 한국 독자들에게 다정한 환영의 인사를 드리고 싶습니다. 앞으로의 지적 교류도 크게 기대합니다.

대략 25년 전, 제가 책 발간을 앞두고 제목을 고민했을 때가 생각납니다. 당시만 해도 '이미지'나 '상상계'가 이렇게 엄청난 정도로 우리 삶을 지배하게 되리라고는 생각하지 못했습니다. 저는 인터넷, 포르노그래피, 페이스북 및 여타의 소셜 미디어, 이미지 기반의 디지털플랫폼 등을 떠올리며 말씀드리는 겁니다. 우리가 이제 막 당연시하고 있는 무수한 가상공간들은 우리의 생활 방식, 우리의 욕망, 우리의 정치적 행동을 바꾸어놓았습니다. 만족스러운 것이든 걱정스러운 것이든 어쨌든 대개는 예기치 못한 식으로 말입니다. 그와 같은 새로운 플랫폼들 가운데 일부는 우리에게 힘을 주고 우리를 하나로 만들어주지만, 다른 것들은 우리를 분리시키고 우리의 차이들을 부각시키며 우리의 고유한 취약성을 파고들고 있습니다. 새로운 기술은 가령 국제적 수준으로 맹렬히 펼쳐진 미투 해시태그 운동처럼 더 광범한 정치적 연결을 가능하게 합니다. 성폭력, 경제적 착취, 성적 대상화, 이성애 규범성의 압박으로부터 여성들을 구출하기 위한 페미니즘 전략이 웹사이트, 블로그, 그 밖의 여러 온라인 자원들을 거쳐 즉각 공유되고 있습니다. 하지만 가부장적 백래시 역시도 여성혐오 일색의 범세계적 통신망과 온라인 대화방을 이용하는데, 이는 여성들에게 끔찍한 결과를 초래하고 있습니다.

감염병 유행이나 기후변화 같은 세계적 위기들을 맞이한 상황에서는 여러 자원들을 다루고 공유하는 일, 변화무쌍한 상황들에 맞게 유용한 이론을 발전시키는 일, 여성과 성소수자(LGBTQ+)에 대한 평등한 대우를 달성하는 가장 나은 실천들을 알리는 일이 날로 더 중요해지고 있습니다. 현재 존재하고 있는 방식과는 다른 사태를 상상하기 위해 권력을 행사한다는 것, 이는 다른 미래의 창조를 위한 첫 번째 필수 단계를 나타냅니다. 페미니즘의 실천이 만들어내는 대항상상계는 여성과 비규범적 타자들을 모욕하는 전통적이고 지배적인 상상계를 패퇴시킬 수 있고 또 패퇴시켜야 합니다. 미투 해시태그 운동에서 처음 목소리를 냈던 이들의 용기 덕분에 여성들은 도처에서 직장 내 성희롱, 강압적 성관계, 만연한 남성 권력과 부패의 결합 등등에 맞서 외칠 수 있었습니다. 모든 여성들을 위한 대항상상계의 형성에 제가 쓴 글들이 힘을 보탤 수 있기를 진심으로 희망합니다.

이 한국어 번역에 노고와 배려를 아끼지 않은 옮긴이 조꽃씨에게 감사드립니다.

모이라 게이튼스
2020년 시드니에서

| 차 례 |

7

서문

담론의 울타리란 없다. 담론은 적법한 말, 논쟁하거나 논증하고
싶은 것, 그리고 인정하지 않을 수 없는 것 사이의 타협(또는 브리콜라
주)일 뿐이다.

—미셸 르 되프, 『철학적 상상계』[1]

이 책은 성별화된 신체에 대한 사회적, 정치적, 윤리적 이해를 탐구한
다. 인간 신체는 서구 문화 속에서 어떤 방식으로 재현되는가? 구체적으
로 말하면, 성차의 지배적 재현에서 의식되지 않은 철학적 토대는 무엇인
가? '결여', '기형', 결함으로서의 여성 통념은 아리스토텔레스[2]와 같은

• • •

1. M. Le Doeuff, *The Philosophical Imaginary*, Trans. Colin Gordon, London,
   Athlone 1989, p. 19.
2. 아리스토텔레스의 여성관에 대한 탁월한 평가로는 A. Saxonhouse, 'Aristotle:
   Defective Males, Hierarchy, and the Limits of Polities', in M. L. Shanley and
   C. Pateman, eds., *Feminist Interpretations and Political Theory*, Cambridge,
   Polity Press, 1991.[아를렌 섹슨하우스, 「아리스토텔레스: 불완전한 남성, 서열
   제, 그리고 정치학의 한계」, 캐럴 페이트먼·메어리 린든 쉐인리 엮음, 이남석·
   이현애 옮김, 『페미니즘 정치사상사』, 이후, 2004]을 참조

고대 철학자들의 저작에서부터 자크 라캉[3]과 같은 20세기 사상가들의 작업에서도 나타난다. 많은 페미니스트들은 여성에 대한 이 같은 재현이 (주로) 남성인 이론가들의 얄팍한 편향으로만 일축될 수 없다고 주장해왔다. 오히려 이러한 재현은 서구 사상에서 형이상학적 기초를 이루며, 따라서 이는 관련된 철학 체계의 일관성을 파괴하지 않고서는 쉽게 제거될 수 없다는 것이다.[4] 그러나 문제는 형이상학 영역에만 국한할 수 없는데, 여성에 대한 뿌리 깊은 구조적 편향의 효과는 인식론, 도덕·사회 이론, 정치 이론 수준에서도 감지되기 때문이다. 결국 이는 우리의 윤리적·정치적 행동 방식에 물질적 영향력을 행사한다.

이 책에 수록된 아홉 편의 논문들은 1983년에서 1994년 사이에 쓰였다. 이들은 서로 독립적으로 읽을 수도 있지만, 다양한 신체들에 관한 성적, 정치적, 윤리적 특수성을 놓치지 않으면서 인간 체현embodiment을 이론화하는 방법에 대한 문제에 몰두한다는 점에서 공통적이다. 이 책의 통일성은 이러한 주된 관심사에 있으며, 나는 관점을 새로이 하는 가운데서도 재차 이 관심사로 돌아왔다. 논문들은 서로 관련돼 있는 두 전선에 개입하고자 했다. 첫째, 논문들은 통속적 견해나 해부학 교본과는 반대로, 재현되지 못한 인간 신체의 재현들에 대해 관심을 두었다. 설사

• • •

3. 라캉의 여성관에 대한 탁월한 비판적 독해로 다수가 있다. J. Gallop, *Feminism and Psychoanalysis*, London, Macmillan, 1982; E. Grosz, *Jacques Lacan: A Feminist Introduction*, London, Routledge, 1990; R. Braidotti, *Patterns of Dissonance: A Study of Women in Contemporary Philosophy*, Cambridge, Polity Press, 1991, and T. Brennan, *History After Lacan*, London, Routledge, 1993을 참조.

4. 이러한 주장을 하는 이들로는 G. Lloyd, *The Man of Reason: 'Male' and 'Female' in Western Philosophy*, London, Methuen, 1984; J. Grimshaw, *Feminist Philosophers: Women's Perspectives on Philosophical Traditions*, Brighton, Wheatsheaf Books, 1986; M. Gatens, *Feminism and Philosophy: Perspectives on Difference and Equality*, Cambridge, Polity Press, 1991이 있다.

해부학적으로 말할지라도, 인간 신체들은 다양하며 인간 신체 이미지의 특정한 선택은 차이들의 연속체에서의 선택일 것이다. 인간의 신체를 재현한다고 일컬어진 많은 해부학적 묘사들은 백인 남성 신체의 묘사이며, 그 외에 다른 신체들은 예컨대 여성적 재생산 체계처럼 특정 능력들을 설명하기 위해 요청된 것이다. 인간이라는 것이 무엇인지에 대한 철학적 설명은 거의 예외 없이 이러한 해부학적 재현들을 반영한다. 즉 여성은 단지 남성이 아닌 한에서만 취급되는 것이다. 여기에 실린 논문 중 일부는 '인간/남성Man'에 관한 철학적 견해들 및 그러한 견해들 안에서 '여성'이 차지하는 자리에 대한 철학적 견해를 다루고 있다. 나는 특히 남성과 여성의 체현을 설명하는 데 관심을 기울였는데, 철학자들은 전형적으로 인간의 신체적 측면을 무시했기 때문이다.[5] 이러한 사실은 여성 및 여성성의 통념에 해로운 영향을 미쳤는데, 이 통념이 신체, 자연, 감정과 밀접하게 연관되었기 때문이다. 그 결과, (완전한) '인간'으로서의 여성의 지위는 때때로 의문에 붙여지곤 한다.[6] 따라서 이 책의 첫 번째 주된 관심사는 인간 체현의 철학적 재현이다.

• • •

5. 이 점을 주장한 페미니즘 철학자들이 여럿 있다. S. Bordo, *The Flight to Objectivity: Essays on Cartesianism and Culture*, Albany, SUNY, 1987 and *Unbearable Weight: Feminism, Western Culture and the Body*, Berkeley, University of California Press, 1993.[수전 보르도, 『참을 수 없는 몸의 무거움: 페미니즘, 서구문화, 몸』, 박오복 옮김, 또하나의문화, 2003]; J. Butler, *Bodies That Matter: On the Discursive Limits of 'Sex'*, New York, Routledge, 1993.[주디스 버틀러, 『의미를 체현하는 육체』, 김윤상 옮김, 인간사랑, 2003]; D. Fuss, *Essentially Speaking: Feminism, Nature and Difference*, New York, Routledge, 1989를 참조.

6. 여성에 대한 역사적 태도에 대한 탁월한 요약으로는 I. Maclean, *The Renaissance Notion of Woman*, Cambridge, Cambridge University Press, 1980을 참조. 여성의 의심스러운 '인간성'에 대한 좀 더 현대적인 관점으로는 D. Haraway, *Primate Visions: Gender, Race and Nature in the World of Modern Science*, New York, Routledge, 1989를 참조.

나는 인간 신체에 대한 생리적, 해부학적, 생물학적 이해가 아니라 상상적 신체라고 부르는 것에 관심이 있다. 상상적 신체란 단순히 주관적 상상, 환상, 풍속의 산물이 아니다. "상상적"이라는 용어는 주체성의 다양한 형식을 구성하도록 돕는 이미지, 상징, 비유, 재현을 가리키는, 느슨하지만 전문적인 의미로 사용될 것이다. 이런 의미에서 나는 특정한 문화의 (대개 무의식적인) 상상계에 관심이 있다. 우리는 이미 주어져 있는 그러한 이미지와 상징을 통해 사회체를 이해한다. 그리고 부분적으로는 이 사회체가 이미지와 상징의 가치와 지위, 또 그것들에 대한 적합한 취급을 규정한다. 나는 상상계에 대한 하나의 이론을 제안하는 것이 아니다. 더구나 그러한 포괄적 이론이 타당한지도 의문이다. 따라서 나는 확실히 '상상계' 개념을 이데올로기 이론의 대체물로 사용하지 않는다.

마가렛 휘트포드Margaret Whitford는 뤼스 이리가레Luce Irigaray의 상상계 통념에 대해 설명하면서, 메를로퐁티Maurice Merleau-Ponty, 알튀세르Louis Althusser, 카스토리아디스Koelius Castoriadis, 라캉Jacques Lacan의 영향을 언급하고 있다. 의심할 여지없이, 이들 상상계 개념의 갖가지 측면들이 여기 논문들에서 공명한다고 여겨질 것이다. 그러나 상상 통념은 인간에 대한 철학적 설명에서 오랫동안 중심을 차지해왔으므로, 이 20세기 철학자들에게도 결국 데카르트, 흄, 스피노자가 중요한 영향력을 행사했다는 점이 인정되어야 한다. 우리가 곧 살펴볼 것처럼, 스피노자는 대체로 알려지지는 않았지만 상상 및 상상계에 대한 현대적 통념에 뚜렷한 영향을 끼쳤다. 휘트포드는 『반사경, 여성으로서의 타자에 대하여』에서 시작된 이리가레의 기획을 요약하며, 다음과 같이 말한다.

이리가레는 서양의 철학적, 정신분석학적 담론의 상상계에 대한 분석(『반사경』)에서 시작한다. 이것이 목표로 하는 것은 그러한 담론에서 성차의 개념화가 항문기의 상상계, 즉 오직 하나의 성만이 존재하며 그 성은 남성(여성은 결핍된 남성이다)인 것으로 성차를 해석하는 상상계에 의해 지배된다는 사실을 보여주는 것이다.[7]

이 단계의 이리가레 작업은 철학적이고 정신분석학적인 상상계에 국한되었다.

이리가레의 초기 작업과 미셸 르 되프의 『철학적 상상계』 사이에는 몇 가지 유사점이 있다. 르 되프의 논지는 철학자들이 관여하는 하나의 조직체로 이해된 실천 유형에서 철학적 상상계 ─ 이는 제대로 인정되지 않은 철학적 요소이다 ─ 가 부수적이지 않다는 것이다. 그녀는 철학적 기획에서 이미지와 비유의 중심성을 보여주고자 다음과 같이 말한다.

이미지와 지식은 변증법적으로 하나의 공통의 체계를 형성한다. 둘 사이에는 담론 형성의 특정한 체제를 유지시키는 피드백 작용이 있다. 철학적 텍스트는 주체성을 구조화할 수 있고 조직체의 표시를 부여할 수 있는 이미지를 제공한다.[8]

여기 실린 여러 논문들은 철학적 텍스트의 '구조화하는 기능'이라는 이 통념을 확장해 다양한 '사회적' 텍스트들, 즉 법학 텍스트, 정치이론의 텍스트, 페미니즘 텍스트, 그리고 텍스트처럼 기능하는 사회적 실천들도 포함시키고자 한다. 그러나 나는 하나의 사회적 상상계가

• • •

7. Margaret Whitford, *Luce Irigaray: Philosophy in the Feminine*, London, Routledge, 1991, p. 69.

8. Le Dœuff, *The Philosophical Imaginary*, p. 19. 게이튼스의 강조.

아니라 사회적 상상계들이라는 통념을 말한다는 점을 강조하지 않을 수 없다. 바로 이러한 이유에서, 나는 상상계 개념이 이데올로기 개념과 유사하다고 생각하지 않는다. 아마도 이 지점에서 나는 이리가레의 기획이 지닌 여러 측면들과 결별하는 것 같다. 이리가레는 후기 작업에서 '상상계'를 사회적인 것 자체에까지 확장해서 사용한다. 휘트포드에 따르면,

> 이리가레는 … [후기 작업에서] 상상계가 철학자와 정신분석가에게 국한되기보다는 실재라고 여겨지는 사회적 상상계라고 말한다. 이는 여성에게 특히 해로운데, 왜냐하면 여성은 남성과 달리 상징 질서 내에서 자기 자신이 '홈리스'임을 깨닫기 때문이다.[9]

사회적 상상계라는 단일한 통념을 정립하는 것은 위의 구절에서 보여준 것처럼, '실재' 통념과 대조를 이루게 된다는 불가피한 귀결을 낳는다. 그렇다면 '상상계'는 성차가 계급투쟁의 역할을 대체하던 1960년대와 70년대 신좌파 정치에서 이데올로기 통념이 했던 일을 행하게 되는 것이다.

이리가레의 작업을 '유토피아적'인 것으로 일축해버릴 수 없다는 휘트포드의 항변에도 불구하고, '실재'/'상상계'의 구별을 전개하는 것은 만족스럽지 못한 현재와 이상화된 미래 간의 대조로 이끌어지는 것을 피할 수 없다. 따라서 휘트포드는, 이리가레에 따르면 "사회적 상상계에서 급진적 전환이 일어날 수 있으며, 이전에는 상상할 수 없었던 새로운 짜임이 발생할 수 있다"[10]고 주장한다. 우리의 사회적 상상계의 다양성과

• • •

9. Whitford, *Luce Irigaray*, p. 69. 게이튼스의 강조.
10. Whitford, ibid., 원문의 강조.

역동성을 인식하는 것은 모순적이거나 역설적인 현재의 사회적 상상계 양상에 초점을 맞추도록 한다. 결국 이는 사회적 상상계들의 연결된 체계는 지속적으로 변형되고 재형성된다는 점을 알게 해준다. 나는 성차의 재현이 사회적 상상계의 핵심이라는 점에 동의하면서도, 사회적 상상계의 복합성 및 다양성을 일의적인 성적 상상계로 환원하는 것은 도움이 되지 않는다고 생각한다. 그렇게 하는 것은 마르크스주의 및 후기마르크스주의의 이데올로기 통념을 향한 바로 그 반론들이 상상계 통념에게도 가해지도록 하는 것이다.

최근 논문에서 데이비드 쿠젠스 호이David Couzens Hoy는 후기구조주의 관점에서 이데올로기 개념을 향해 제기될 수 있는 반론들을 요약했다.

첫째, 만일 모든 의식이 왜곡된 의식이라면, 왜곡된 의식에 대한 호소는 쓸모가 없을 것이다. 둘째, 집단의식 관념은 허구이며, 의식 관념은 사회적 행동 구조가 대개는 의식적 의사 결정의 문턱 아래에 있다는 점을 포착하는 '심성', '담론', '아비투스', '배경'과 같은 다른 관념들로 대체될 필요가 있다. 셋째, 왜곡과 의식 관념을 포기한다면, 우리는 단 하나의 방법으로 포괄적으로 인식되는 '사회'란 없으며, 모두가 일의적으로 묘사할 수 있는 유토피아란 없다는 인식을 가지고 살아갈 수 있다.[11]

- - -

11. David Couzens Hoy, 'Deconstructing Ideology', Philosophy and Literature, vol. 18, no. 1(1994), p. 7. Pierre Bourdieu, *The Logic of Practice*, trans. Richard Nice, Stanford, Stanford University Press, 1990, p. 53에서는 아비투스를 "목적에 대한 의식적 추구나 그 목적을 달성하기 위해 필요한 작동에 대한 확실한 통제를 전제하지 않고도 결과에 객관적으로 적응될 수 있는 실천 및 재현을 생성하고 조직하는 원칙들… 지속적이며 전환 가능한 성향들의 체계"로 정의한다.

이 책에 실린 논문들은 (참되거나 거짓된) 의식의 정치에서 벗어나 아비투스나 "배경"과 좀 더 유사한 통념으로 향하는 길을 탐색한다. 초기 논문 몇몇은 '신체 이미지'와 같은 정신분석학 담론 및 통념에 대한 강한 투여가 나타난다. 이 정신분석학 통념들은 내가 관심이 있던 맥락, 남성과 여성이라는 성별화된 신체들과 정치체나 법적 공동체와 같은 조직체 간의 유사성을 이끌어내는 데 별로 유용하지 못함이 드러났다. 이후 논문들에서 나는 존재론적 성차에 대한 강조는 성차가 다른 모든 차이들보다 우위에 서는 본질주의의 막다른 골목으로 이어진다고 주장했다. 윤리학과 정치학에 대한 관심으로 인해 나는 정신분석학 이론에서 스피노자의 저작으로 옮겨갔다. 나는 들뢰즈Gilles Deleuze의 스피노자 독해를 바탕으로, 스피노자의 상상 통념을 활용하여 역사적으로 특수하고 다양한 사회적 상상계를 상정하는 체현이라는 통념을 발전시켰다.

이 책의 두 번째 주요 관심사는 인간 체현에 대한 상상적 이해의 반향을 또 다른 종류의 신체, 즉 정치체에 대한 정치 이론의 설명과 관련해서 식별하는 것이다. 나는 정치체가 남성적인 상상적 신체와 몇 가지 특징을 공유한다고 주장할 것이다. 합리적 남성의 도덕적, 정치적 자율성이라는 가정과 정치체의 자율성이라는 가정 사이의 연관성을 이끌어내는 것이 중요하다. 여성은 '남성'에 대해서 뿐만 아니라 특히 남성의 풍부한 이성의 산물인 정치체에 대해서도 매우 잠정적이고 파생적인 관계를 맺고 있음을 보여줄 것이다. 이는 여성의 정치적 지위 및 정치적 참여뿐만 아니라 여성의 법적, 윤리적, 사회적 실존에도 끔찍한 영향을 미친다.

여성과 남성, 여성과 정치학, 여성과 정치체, 여성과 윤리학, 여성과 법 사이의 관계들은 당황스러울 정도로 유사한 패턴을 보인다. 말하자면 사회적 상상계는 '연결'되어 있는 것이다. 그러나 사회적 상상계가 연결되어 있다고 해서, 일관되고 확고한 전선을 형성하는 것은 아니다. 반대로, 오늘날 자유주의적 사회관계들sociabilities의 다양한 양상들은 서로 격돌하고 모든 종류의 역설을 창조하며 정치적 행동과 변화의 기회를 제공한다. 여성에 대한 법적, 정치적, 윤리적 설명 대부분은 여성의 불완전성이라는 이미지를 되풀이하며, 결국 이는 암묵적으로 여성의 차별적 대우를 정당화하도록 활용된다. 더구나 남성 특권의 맥락에서, 여성의 '불완전성'은 예외 없이 남녀 상호 보완성에 이르게 된다. 지배와 복종의 상황에서, 상호 보완성은 여성을 개념적으로나 현실적으로나 남성에 의존하는 존재로 여기게끔 만든다. 그러나 남성과 여성에 관한 이러한 가정들은 때때로 여성의 경제적, 정치적 지위 변화에 의해 도전받는다.

일상적 의식의 상상적 측면들은 진지한 철학적 논의의 가치가 없다고 누군가는 생각할지도 모르겠다. 다른 맥락에서 르 되프가 주시한 바와 같이, "이론적 텍스트에 나타나는 이미지는 보통 이론적 작업의 외적인 것으로 간주되므로, 이미지에 관심을 갖는 것은 철학에 대한 단지 일화적 접근인 것처럼 보인다."[12] 많은 페미니즘 이론은 정확히 이러한 용어로, 즉 철학에 대한 '일화적 접근'을 취했다는 이유로 비판받아 왔다. 예컨대, '위대한 철학자들'의 여성에 대한 의견은 단지 일화일 뿐이지 그들의 진지한 철학 저작과는 관련이 없다고 묵살되어 왔다. 이러한 종류의 반론에 대해 두 가지 대응을 해야 한다.

첫째, 우리가 인정하든 하지 않든, 우리는 역사적 존재들이며, 우리의

• • •

12. Le Dœuff, *The Philosophical Imaginary*, p. 2.

언어, 비축된 이미지, 사회적 실천들은 우리 문화유산의 무의식적 차원을 구성하고 있다. 우리 대부분은 누군가 재채기를 하면 "저런, 몸조심 하세요"라고 말하고, 결혼할 때는 (특정한 손가락에 끼우는) 반지를 교환하고, 자동적으로 아버지의 성을 따서 아이의 이름을 지을 때, 우리는 이런 일을 하는 이유 또는 그런 행동이 지니는 역사적 의미에 대해 전혀 알지 못한 채 행한다. 이런 것들은 그 기원이 오랫동안 잊혀진 체현된 습관으로, 이제는 제2의 본성이 되었다.[13] 피에르 부르디외Pierre Bourdieu가 아비투스 통념으로 말한 것이 바로 그것이다. 게다가 부르디외 는 아비투스 통념을 통해 우리의 사회 제도들이 변화에 탄력적인 것으로 나타나는 양상을 설명할 수 있다고 보았다.

부르디외에 따르면, 아비투스는

> 제2의 본성으로 내면화되고 체현된 역사, 그렇기에 그 자체로 잊혀진 역사이다. 아비투스는 과거 전체의 산물이자 과거 전체에 관계된 현존이다. 이와 같이 아비투스는 직접적 현재의 외적 규정들에 대해 상대적 독립성을 실천들에 부여한다. … 아비투스는 의식도 의지도 없는 자생성이다. … [아비투스로 인해] 행위자들은 제도들 속에 객관화 된 역사에 관여할 수 있다. 제도들 속에 살 수 있게 하고 제도들을 실천적으로 전유할 수 있게 하는 것, 그럼으로써 제도들의 작동, 생명, 활기를 유지시키고, 제도들을 죽은 문자, 죽은 언어의 상태에서 지속적으로 벗어나게 하면서 제도들 속에 침전된 의미를 되찾게 하는 것이 아비투스인 것이다. 그러면서도 아비투스는 재활성화의

• • •

13. '습관'의 중요성에 대한 최근 페미니즘의 평가로는 R. Diprose, *The Bodies of Women: Ethics, Embodiment and Sexual Difference*, London, Routledge, 1994를 참조

조건이자 대응물로서 재생과 변환을 제도들에 강제한다.[14]

이 "의식도 의지도 없는 자생성"은 철학적 분석을 필요로 하는데, 이것이 특히 우리 삶의 질과 수행에 대해 의심할 여지없는 광범위한 영향력을 행사하기 때문이다.

둘째, 철학 자체는 일상적 의식을 지배하는 이미지 및 재현의 성격에 대해 반드시 답을 해야 한다.[15] 일부 철학자들은 자신들이 '거리의 사람들'을 뛰어넘는 차원에서 살고 있다고 믿고 싶어 하지만, 철학자들 자신이 '거리의 사람들'이다. 철학은 일상적 의식의 역사적 축적에 기여했다. 그뿐만 아니라 철학자들은 철학을 행하면서 자신의 역사적 종별성을 제쳐놓지 않았고, 그럴 수도 없었다. 제너비브 로이드Genevieve Lloyd와 미셸 르 되프와 같은 철학자들의 작업이 마땅히 영향력을 발휘한다면, 철학자들은 그들 자신의 특수한 철학을 특징짓는 특정한 정념 및 이미지에 대한 책임을 받아들이기 시작할 것이다.

이 책은 세 부류로 나뉜다. 제1부에는 철학과 정신분석학에서 활용된 특정 이미지들이 여성의 성적·사회적·정치적 가능성들을 포획하고, 축소하고, 억제하는 데 복무하는 방식을 탐구하는 논문들을 수록했다. 1장은 1970년대 초반 이후로 페미니즘 이론의 중심을 이루게 된 섹스와 젠더 구별을 비판한다. 나는 그것이 신체와 정신의 이원론적 개념을 답습하는 데 이바지하는 구별이라고 주장한다. 신체의 물질성에 대한 의미를 고려하는 성별화된 '신체 이미지' 통념을 도입한 것은 사회 변화를 위한 '탈젠더화degendering' 또는 '재젠더화regendering' 제안을 넘어

● ● ●

14. Pierre Bourdieu, *The Logic of Practice*, pp. 56–57. 게이튼스의 강조.
15. 이 점을 가장 강하게 역설하고 있는 것은 M. Le Dœuff, *The Philosophical Imaginary*과 G. Lloyd, *The Man of Reason*일 것이다.

서 생각하기 위해서이다.[16] 그러나 정신분석학 이론의 개체주의는 조직체들까지 고찰하고자 할 때는 별로 유용하지 않았다.[17] 2장에서 나는 자연 상태의 위험으로부터 인간들을 안전하게 지키는 역할을 하는 거대한 '인공적 인간'인 홉스의 리바이어던과 여성의 관계에 대해 사고하고자 했다. 2장은 여성들이 자유주의 국가로부터 받는 법적 대우와 관련한 문제들을 제기했다. 여성 신체가 해부학적으로 '결핍'되었다고 말하는 것이 이치에 맞는지 아닌지는 여성의 신체가 남성 그리고/또는 아이에 의해 완성될 수 있다고 '단정 짓는' 여성 신체에 대한 상상적 이해와는 무관하다. 그 사회적 맥락이 법정에서의 여성이든 취업 면접에서의 여성이든, 여성의 사회적 가치에 대한 지배적 태도의 효과 및 여성 신체가 갖는 사회적 의미는 여성이 받는 대우에서 알 수 있다. 여성 신체의 해부학적 '완전성'을 항변하는 것은 이러한 태도들을 변화시키는 데 거의 도움이 되지 않을 것인데, 이러한 태도에서 합리적 논거는 간단한 방식으로 수용되지 않기 때문이다. 3장은 이러한 태도 및 그 작용 지점을 성차 및 신체적 온전성에 대한 우리 믿음의 상상적 요소들을 고찰하면서 분석한다. 그러한 믿음의 효과는 그야말로 '실재적'이거나 '물질적'인데, 왜냐하면 그 토대는 이미지, 상징, 허구, 재현의

• • •

16. 물론 1장의 첫 발표 이후로 주디스 버틀러의 젠더 작업은 '젠더 연구' 영역에 혁명을 일으켰다. *Gender Trouble: Feminism and the Subversion of Identity*, New York, Routledge, 1990[『젠더 트러블: 페미니즘과 정체성의 전복』, 조현준 옮김, 문학동네, 2008]과 *Bodies that Matter*[『의미를 체현하는 육체』, 김윤상 옮김, 인간사랑, 2003]를 참조.

17. *Civilization and its Discontents*[『문명 속의 불만』, 김석희 옮김, 열린책들, 2004], *The Future of an Illusion*[「환상의 미래」, 『문명 속의 불만』, 김석희 옮김, 열린책들, 2004], *Moses and Monotheism*[「인간 모세와 유일신교」, 『종교의 기원』, 이윤기 옮김, 열린책들, 2004]을 포함한 프로이트의 '인류학적' 논문들이 있긴 하지만 말이다. 이 논문들에 대한 평가는 이 책 제7장을 참조하라.

정서적 권력에서 발견되기 때문이다. 이는 결국 윤리적 본성을 지닌 문제를 제기한다. 왜 여성의 경우에는 (자유주의 정치체에 근본적인) 신체적 온전성에 대한 권리가 법률과 거의 관련되지 않는 것처럼 보이는가?

제2부는 여성에 '대한' 담론에서 전개되는 상당수 여성들의 목소리가 지닌 불안정한 효과에서 기인하는 여성 담론의 순환성에 단절을 표시한다. 페미니스트 저자들이 행사하는 역량이나 권력의 일부는 그들이 지배적인 사회적 상상계에 제기하는 도전에서 나온다. 2부에서는 여성에 대한 지배적 담론을 비판적으로 검토할 뿐만 아니라, 현재의 정치적, 사회적 가능성에 대한 대안적 설명을 구성하기 위해 기존의 철학을 활용하고자 한다. 나는 오래 전부터 스피노자의 일원론이 페미니즘 이론을 제시해야 한다고 믿어왔으므로,[18] 4장은 스피노자 저작이 신체 페미니즘 철학을 발전시키는 과업에 생산적으로 이용될 수 있는 방법을 상세히 설명하고자 한다. 5장은 성별화된 신체의 다양한 권력들과 역량들에 초점을 맞춘 체현 분석이 어떻게 페미니즘 이론에 도움을 줄 수 있는지 묻는다. 과연 그러한 접근 방식은 성차를 본질화하지 않고도 여성과 남성의 체현에서 역사적 차이를 인식하도록 허락할 것인가? 6장은 다음의 질문을 위해 최근 페미니즘 정치 이론의 맥락에서 본질주의 문제에 관여한다. 인간 체현의 존재론적 사실로서 또는 전략으로서 본질주의를 채택하는 우리의 정치적 현재 및 미래의 귀결은 무엇인가?

마지막 제3부는 실재계/상상계 구별을 벗어나 작업하기 위한 시도

• • •

18. 나의 박사학위 논문 'Dualism and Difference: Theories of Subjectivity in Modern Philosophy', University of Sydney, 1986을 참조. 여기서 성차의 문제는 스피노자적 관점에서 고찰됐다.

속에서 사회적, 정치적 삶의 완전한 부분으로서의 상상계를 다룬다. 7장은 (어떤 의미에서는 2장의 반복인데) 사회계약과 여성의 사회 정치적 지위에 대한 근대주의적 서사에 대한 비판적 독해를 제공한다. 나는 포스트모더니즘의 어떤 형태들은 상대주의로의 전락이라기보다 맥락 및 체현된 역사에 대한 인식으로서 이해해야 한다고 주장한다. 8장은 스피노자의 법과 정치학에 관한 저작들을 활용하여 들뢰즈의 질문을 던진다. 어떤 형태의 사회관계가 현재 우리에게 열려 있는가? 나는 스피노자적 관점이 결정론적 철학 내에서 어떻게 책임 통념을 이해할 수 있는가와 같은 질문에 새로운 고찰을 허락한다고 주장한다. 마지막 9장은 이 책을 지배하는 몇 가지 관심사를 한데 아우른다. 성적 상상계는 어떻게 법과 같은 제도들에 지배받는 성별들 간의 관계에 영향을 미치는가? 우리의 제도 속에서 체현되어 왔던 역사적 실천들과, 현재를 넘어 사고하고자 하는 정치적인 것에 대한 페미니즘적 이론화 사이의 관계는 무엇인가?

철학은 니체가 삶의 특정한 형태를 가능하게 한다고 주장했던 '오류' 및 정념보다는 이성 및 진리에 관심을 두는 경향이 있다. 스피노자의 영향력이 가장 두드러지는 것은 마지막 3부에서이다. 여기서 스피노자의 정치학 저작과 정치적 삶에서의 상상의 중심성이 크게 부각된다. 대부분의 철학자들과는 대조적으로 스피노자는 상상이나 정념을 철학적 분석에서 무가치한 것으로서 기각해버리지 않는다. 인간의 삶은 불가피하게도 상상계라는 드넓고 근절할 수 없는 요소를 수반한다. 스피노자의 상상론은 『윤리학』 4부 정리 1에서 간결하게 포착된다. "거짓된 관념이 가지고 있는 어떤 실증적인 것도 참인 한에서의 참된 것의 현존에 의해 제거되지 않는다." 스피노자는 이 정리에 따른 주석에서 다음과 같이 계속한다.

상상이란 인간 신체의 현재 상태를 가리키는 관념이다. … 예컨대, 우리가 태양을 볼 때 우리는 태양이 우리로부터 약 200걸음 정도 떨어져 있다고 상상한다. 우리가 태양의 참된 거리를 알지 못하는 한에서 우리는 속게 되는 것이다. 그러나 태양의 거리가 알려지면 오류는 제거된다. 하지만 상상, 즉 태양이 신체를 변용하는 한에서 태양의 본성을 설명해주는 태양에 대한 관념은 제거되지 않는다. … 정신을 속이는 다른 상상들의 경우에도 마찬가지이며, 상상들이 신체의 본성적 상태를 가리키든 또는 신체의 행위 역량의 증대나 감소를 가리키든, 참된 것과 상반되지 않으며, 참된 것의 현존에 의해 사라지지도 않는다.[19]

태양은 상당히 안정적인 방식으로 인간 신체를 변용하며, 이는 변하지 않을 것 같다. 그러나 스피노자가 언급한 '다른 상상들'에는 인간 신체가 서로 변용되고 변용하기 위해 지니는 다양한 권력들이 포함된다. 이러한 인간의 권력은 역사적·문화적으로 가변적이다. 그리고 이들이 변화되도록 만드는 중요한 수단들 중 한 가지는 우리 스스로와 타자들에 대한 우리 이해의 변화일 것이다. 나는 여기에 쓰인 어떠한 글도 우리가 현재 살고 있는 유해한 성적 상상계를 제거하기에 충분하다고 가정하지 않는다. 하지만 이러한 상상계에 초점을 맞추는 것은 우리가 가질 수 있는 정서 및 우리가 타자들을 변용할 수 있는 방법 모두를 변경하는 과정에 기여할 것이다.

• • •

19. *Ethics*[『에티카』, 황태연 옮김, 비홍, 2014; 진태원의 미출간 국역본 참조], 4부 정리 1 주석. 게이튼스의 강조

* * *

12년 동안 쓰인 논문들을 모은 이 책은 많은 빚을 지고 있다. 여기서 그 빚을 다 헤아릴 수는 없을 것이다. 하지만 철학과 신체에 관한 나의 논문들을 묶어내자고 처음 아이디어를 냈던 그 당시 루틀리지 출판사 편집장 수 로Sue Roe에게는 특별한 감사를 표하고 싶다. 지금의 편집자 안드리안 드리스콜Adrian Driscoll은 끈기 있게 나를 도와주었다. 리넬 세콤 Linnell Secomb은 나의 연구에 탁월하고 쾌활한 조력자가 되어주었다. 바바라 케인Barbara Caine, 로잘린 딥로스Rosalyn Diprose, 엘리자베스 그로츠Eliza-beth Grosz, 제너비브 로이드Genevieve Lloyd, 폴 톰Paul Thom, 데이비드 웨스트 David West, 안나 예이트먼Anna Yeatman에게도 특별한 감사를 보내고 싶다. 이들 모두는 지난 10여 년 동안 우정과 너그러운 비판을 여러 차례 베풀어주었다. 나는 폴 패튼Paul Patton이 여러 해 동안 보여준 지지와 유머, 격려와 우정에 깊이 감사한다. 그의 날카로운 비판적 감각은 많은 서투름과 곤란 속에서 나를 구해주었다. 이 책을 그에게 바친다.

감사의 말

이 책의 2장, 3장, 4장, 5장의 초고들은 각각 아래의 잡지 및 저작집에 실린 바 있다.

- *Cartographies: Poststructuralism and the Mapping of Bodies and Spaces,* ed. R. Diprose and R. Ferrell(Sydney, Allen & Unwin, 1991).
- *Australian Feminist Studies,* no. 10(Summer 1989).
- *Crossing Boundaries,* ed. B. Caine, E. Grosz and M. de Lepervanche (Sydney Allen & Unwin, 1988).
- *Destabilizing Theory: Contemporary Feminist Debates,* ed. M. Barrett and A. Phillips(Cambridge, Polity Press, 1992).

이 책에 수록될 수 있도록 허락해준 출판사와 편자들에게 감사드린다.

제1부

제 *1*장

섹스/젠더 구별 비판[*]

최근 들어 섹스/젠더 구별은 성 정치학과 관련된 여러 문헌들 속에서 널리 통용되기 시작했다. 이 구별은 혼란스럽게 사용되고 수용되었다. 따라서 이 글의 목적은 다음과 같다. 첫째, 이 구별의 이론적 토대를 밝히는 것이다. 둘째, 이 구별의 타당성 내지 일관성 여부를 규명하는 것이다. 마지막으로, 다양한 정치적 집단들이 이 구별을 사용함에 따른 정치적 효과를 고찰하는 것이다. 이러한 삼중의 과제는 페미니즘이 사회주의 정치 및 호모섹슈얼 정치와 맺는 관계에 대해 중첩된 고찰을 수반한다. 페미니즘과 사회주의 정치 간의,[1] 페미니즘과 호모섹슈얼

• • •

* 1970년대와 80년대 초 섹스/젠더 구별은 페미니즘 이론에서 중심을 차지했다. (10여 년 전, 내가 이 글을 썼을 때) 나의 목적은 상상적 신체라는 통념을 활용해 그 구별을 비판하는 것이었다. 섹스와 젠더에 관한 나의 견해는 이후 진전된 것이 있지만, 이 글이 이 책에 실린 여러 글들의 토대를 이룬다는 점을 고려해 그대로 재수록하게 되었다. 그러나 독자들은 여기서 언급된 많은 것들이 내가 목도했던 1983년의 정치적 맥락과 관련됨을 유념해야 한다.

1. B. Weinbaum, *The Curious Courtship of Socialism and Feminism*, Boston, Mass., South End Press, 1978.

정치 간의[2] 꺼림칙한 동맹에 대한 결산표는 최근에야 모든 당사자들에게 생산적일 수 있는 방식으로 표면화되었다. 변증법적이고 역사적인 분석을 중시하는 급진주의 이론가들에게 기대할 수 있는 것이 있다면 바로 과거부터 지속된 그 동맹들에 대한 비판적 평가일 것이다. 이러한 의미에서 '성'과 '계급'의 교차성에 위치한 분석의 타당성에 대한 질문이 다루어질 수 있다. 정신분석학이라는 제3자의 중재[3]에도 불구하고, 성과 계급, 혹은 페미니즘과 마르크스주의가 화해하기 어렵다는 점은 충분히 입증된 바이다.[4]

이러한 맥락에서 ('섹스'라는 불모의 범주와는 반대로) 설명 상의 큰 이점을 갖는다고 알려진 분석 도구로서 젠더의 도입 내지 젠더에 대한 '주목'은 논평의 대상이 될 법하다. 지난 5년여 동안 영미권 페미니즘 이론은 다양한 이해관계와 의도를 가지고 '젠더' 통념을 받아들였다.

영향력 있는 잡지들, 가령 *m/f*, 『이데올로기와 의식』, 『페미니즘 연구』, 그리고 『모성의 재생산』, 『인어와 미노타우로스』, 『오늘의 여성 억압』 등과 같은 저서들은 적어도 주체성의 사회적, 가족적, 담론적 구성에 대한 그들의 설명에서 중심 범주를 차지하는 '젠더' 통념에 대한 열광을 공유한다.[5] '섹스' 범주에 비한 '젠더' 범주의 선호는 일반적으로 '생물학

• • •

2. 가령 Camp Inc.와 CAMP에서의 현장 경험들.
3. 예컨대 줄리엣 미첼이 *Psychoanalysis and Feminism*, Harmondsworth, Penguin, 1974에서 시도한 삼중의 융합을 참조.
4. J. Gallop, *Feminism and Psychoanalysis*, London, Macmillan, 1982.
5. *m/f*, esp. vols. 2, 5–6 and 7; N. Chodorow, *The Reproduction of Mothering*, Berkeley, Calif., University of California Press, 1978[낸시 초도로우, 『모성의 재생산』, 김민예숙·강문순 옮김, 한국심리치료연구소, 2008]; D. Dinnerstein, *The Mermaid and the Minotaur*, New York, Harper & Row, 1977; M. Barrett, *Women's Oppression Today*, London, Verso, 1980[미셸 바렛, 『다시 보는 여성학』, 하수정 옮김, 간디서원, 2005]을 참조.

적 환원주의의 위험'과 관련해서 옹호된다. 젠더 기반의 분석을 선호하는 이론가들은 "섹스를 생물학적인 범주로, 젠더를 사회적인 범주로" 봐야 한다고 주장한다.[6] 게다가 다양한 '좌파' 정치 어느 하나에 대한 과거와 현재의 정치적 헌신은 이러한 '젠더' 선호에 결정적 역할을 한 것으로 보인다.[7] '젠더' 범주는 1970대 초반에 주변적 위치[8]를 가졌던 반면, 현대 페미니즘과 사회주의–페미니즘의 이론화에서는 중심적인 이론적 위치를 차지한다. 따라서 이 시점에서 젠더에 대한 신임을 비판적으로 재평가하는 것은 적절해 보인다.

최근 정치적 분석과 실천 영역에서 섹스/젠더 구별의 확산은 우려할 만한 것이 되었다. 마르크스주의자들, (대개 남성인) 호모섹슈얼 그룹, 그리고 평등의 페미니스트들 같은 다양한 집단들이 이 구별을 활용하고 있다.

섹스/젠더 구별을 사용하는 세 집단의 정치적, 이론적 동기는 확실히 달랐지만, 그 효과는 모두 성적 차이와 성 정치학의 중립화를 불러일으키거나 고무하는 것이었다. 이 중립화 과정은 새로운 것이 아니다. 그 뿌리는 '재교육'을 근본적 사회 변혁의 구호로 삼는 19세기 자유주의 환경결정론까지 거슬러 올라갈 수 있다. 지금의 급진주의 정치 대다수는 이 자유주의 전통에 부지불식간에 사로잡혀 있다. 선험적 평등이 아닌

• • •

6. Barrett, *Women's Oppression*, p. 13[미셸 바렛, 『다시 보는 여성학』, 하수정 옮김, 간디서원, 2005, 65쪽].

7. *ibid.* 특히 1장; *m/f*의 모든 논설; Chodorow, *The Reproduction of Mothering*, ch. 2, esp. pp. 34–35[낸시 초도로우, 『모성의 재생산』, 김민예숙, 강문순 옮김, 한국심리치료연구소, 2008, 특히 2장, 67–69쪽]를 참조.

8. 예컨대 G. Greer, *The Female Eunuch*, London, Paladin, 1971[저메인 그리어, 『여성 거세당하다』, 이미선 옮김, 텍스트, 2012]; K. Millett, *Sexual Politics*, London, Abacus, 1971[케이트 밀렛, 『성 정치학』, 김유경 옮김, 쌤앤파커스, 2020]을 참조.

차이를 기반으로 하는 페미니즘은 이러한 전통에 대한 결정적 단절을 대표한다.

젠더 이론의 이러한 쓰임들에서 내가 문제 삼고자 하는 것은 신체와 영혼이 모두 후천적으로 수동적인 백지라는 가정, 근거 없고 논증되지 않은 가정이다. 나는 정신이란 성과 무관하게 처음부터 중립적이고 수동적인 실체, 즉 그 위에 다양한 사회적 '학습'이 기입되는 빈 서판이라는 통념에 이의를 제기할 것이다. 또한 이러한 설명에서 (기입들의 수동적인 매개자로서 이해된) 신체의 역할에 대해 질문할 것이다. 정신과 신체를 바라보는 이러한 관점은 여성 억압에 대한 단순한 해법을 초래한다. 가부장제의 전횡적이고 억압적인 규범을 배우지 않기, 완전한 인간, 즉 양성兩性적 인간이라는 결과를 이끌어낼 정치적으로 올바르고 공평한 행동과 특질을 다시 배우기를 포함하는 재교육 프로그램과 같은 해법이 그것이다. 이러한 신체의 중립성이라는 가정, 여성성과 여성 신체 또는 남성성과 남성 신체는 임의적으로 연관되었다는 추정, 재사회화라는 반역사적이고 이론적으로 순진한 해법이 가진 명백한 단순성이 바로 이 장에서 도전하고자 하는 것이다.

섹스/젠더 구별을 비판하기 전에, 내가 가장 중요한 문제라고 여기는 것을 명확히 하고자 한다. 현대 여성운동에서 가장 뜨거운 쟁점 중의 하나는 성적 평등 대 성적 차이일 것이다. 이 논쟁이 사회주의와 페미니즘의 연합에, 그리고 (남성) 호모섹슈얼 그룹과 페미니즘의 연합에 위기를 초래한다고 말할 수도 있다. 대체로 두 연합 모두는 성별들 사이의 '동일함'이라는 의미에서 가정된 '본질적' 평등 또는 가능한 평등에 입각해 있다. 바로 이 문제를 배경으로 하여 이 글이 쓰인 것이다. 내가 볼 때 성적 평등의 지지자들은 성적 차이의 정치를 선호하는 페미니즘의 입장을 늘 잘못 특징짓고 왜곡한다. 잘못은 '차이의 정치'가 의미하는 바를 명확히

하지 못한 페미니스트들에게 있을 것이다. 이 글은 이러한 상황을 바로잡고, 나아가 성적 차이의 이론을 향해 지긋지긋하고 성가시게 제기된 본질주의와 생물학주의의 혐의를 최종적으로 진압하고자 한다.[9] 차이의 페미니즘에 대한 비판은 사회 연구의 전체 이론적 영역을 배타적 선언 판단으로, 즉 사회 이론을 환경결정론인지 아니면 본질주의인지로 나누고자 한다.[10] 따라서 이 전제로부터 매우 논리적으로 따라 나오는 것은 다음과 같은 점이다. 만일 차이의 페미니즘이 환경결정론이 아니라면 그것은 본질주의일 것이다. 그렇다면 과제로 남는 것은 이러한 선언 판단으로의 강제 봉쇄로부터 사회 이론 영역을 재개하고, 차이의 정치의 실천적이고 이론적인 실행 가능성을 증명하는 일이다. 후자의 과제는 '탈젠더화' 제안에 대한 비판을 경유해서 간접적으로 이루어질 것이다.

탈젠더화 제안

물론 섹스와 젠더의 관계 문제는 새로운 것이 아니다. 프로이트는

• • •

9. 차이의 문제는 거의 예외 없이 그 비판가들에 의해 본질주의적인 것으로 이해되고 있다. 예컨대 M. Plaza, "'Phallomorphic Power" and the Psychology of "Woman'", *Ideology and Consciousness*, no. 4(1978)를 보라. 또한 *m/f*, no. 2(1978)의 편집자의 말에 나오는 다음의 지적을 참조하라. "페미니스트들이 여성의 현재적 위치를 성차라는 기원적 지점의 측면에서 설명할 때, 그들은 종별적 실천들과 정치의 그 어떤 유효성도 인정하지 않는 셈이다. 왜냐하면 그 실천들과 정치는 고정되고 불변하는 본질의 표현들이 되기 때문이다. 그렇다면 성차는 종별적 실천들 내부에서 구성되기보다는 그 바깥에서 기능하게 된다."(p. 2)

10. 예컨대 N. Chodorow, 'Gender Relations and Difference in Psychoanalytic Perspective', in H. Eisenstein and A. Jardine, eds., *The Future of Difference*, Boston, G. K. Hall, 1980, p. 3.

1905년 출간한 『성욕에 관한 세 편의 에세이』에서 남성성 및 여성성이 남성 및 여성과 맺는 관계에 대한 적합한 정의를 부여하는 문제에 골몰했다.[11] 그러나 젠더를 다루는 최근의 저명한 저자들이 권위를 부여하는 근원은 프로이트가 아니라 현대 정신분석가 로버트 스톨러Robert Stoller이다. 스톨러는 UCLA 젠더정체성임상연구에 참여하며 조사한 결과를 『섹스와 젠더』[12]에 담아 1968년 발간했다.

스톨러는 섹스와 젠더의 관계를 알아내기 위해 먼저 다양한 생물학적 이형(예컨대 중성과 양성)을 연구했다. 그 후에는 생물학적으로는 '정상'이지만 정신분석학적으로 불안정한 개인(예컨대 트랜스섹슈얼)에 대해 고찰했다. 연구 끝에 그는 트랜스베스타이트와 트랜스섹슈얼을 병인학적으로 설명할 수 있다고 주장했다. 그의 설명이 분명 남성 트랜스베스타이트 및 트랜스섹슈얼의 사례들에서 더 완성도 있게 이뤄지고 여성의 사례들에서는 전혀 그렇지 않았지만 말이다.[13] 스톨러는 자신이 발전시키고 체계화한 섹스와 젠더의 구별을 통해서 이러한 정신분석학적 이형들을 설명했다.

• • •

11. *The Standard Edition of the Complete Psychological Works of Sigmund Freud*(이하 S. E.로 약칭), J. Strachey, ed., London, Hogarth Press, 1978, vol. VII, pp. 219–220[「성욕에 관한 세 편의 에세이」, 『성욕에 관한 세 편의 에세이』, 김정일 옮김, 열린책들, 2003, 122쪽]: "적어도 세 가지 쓰임을 구분할 수 있다. '남성성'과 '여성성'은 때로는 능동성과 수동성의 의미로, 때로는 생물학적 의미로, 때로는 사회학적 의미로 사용된다. 이러한 세 가지 의미들 가운데 첫 번째 것은 정신분석학에서 본질적인 것이고 가장 쓰임새가 많은 것이다." 또한 S. E. XXIII, p. 188[「정신분석학 개요」, 『정신분석학 개요』, 박성수·한승완 옮김, 열린책들, 2003, 466쪽]을 참조.

12. R. J. Stoller, *Sex and Gender*, London, Hogarth Press, 1968.

13. 여성 트랜스섹슈얼리즘 및 스톨러 그 자신에 관한 대안적 논의로는 R. J. Stoller, *The Transsexual Experiment*, London, Hogarth Press, 1975, pp. 14–15를 참조.

그가 제시한 설명은 다음과 같다. 한 개인의 생물학적 성은 그 성에 적합한 젠더 정체성(즉, 남성의 성에는 남성성, 여성의 성에는 여성성)을 결정하지는 않더라도 증대시키는 경향이 있다. 그러나 개인의 젠더 정체성은 주로 출생 후의 정신분석학적 영향들의 결과이다. 젠더 정체성에 대한 이러한 정신분석학적 영향은 섹스라는 생물학적 사실을 완전히 무시하고, 예컨대 트랜스섹슈얼 같은 경우를 초래할 수 있다.[14]

스톨러는 트랜스섹슈얼리즘의 발생을 전적으로 사회적인 것으로, 즉 생물학적이거나 신체적으로 결정되지 않는 것으로 간주한다. 그는 남성 트랜스섹슈얼리즘의 원인을 출생 후 아이를 대하는 어머니의 태도에서 찾는다. 그는 모든 정상적 유아들에게는 어머니와의 공생이라는 시초의 기간이 있지만, 그러한 공생은 깨어질 수밖에 없으며 소년의 경우에는 특히나 그렇다고 보았다. 정상적 남성성이나 여성성이 독립적이며 별개의 (소년의 경우라면, 다른) 정체성으로서 발달하는 경우라면 말이다.

스톨러는 남성 트랜스섹슈얼의 사례에서 아이를 자신으로부터 분리시키고 하나의 개인으로 발달시키는 것에 대한 어머니의 뚜렷한 거부를 발견했다.[15] 그리고 아이와 어머니의 신체가 친밀하게 유지되는 기간뿐만 아니라 그 방식도 문제 삼았다.[16] 어머니가 아이를 자기 신체의 일부나 확장으로 여긴다면, 아이는 어머니의 정체성과 분리된 정체성을 발전시키지 못하는 것으로(또는 뒤늦은 단계에서 가까스로 발전시키는 것으로) 반응할 것이며, 남자 아이의 경우에는 스스로를 남자 신체에 갇힌 여자라

• • •

14. 스톨러는 다음과 같이 말한다. "트랜스섹슈얼은 자신의 성의 해부학을 부정하지 않으면서도 의식적·무의식적으로 자신이 반대편 성에 속한다고 생각하는 인격이다." *Sex and Gender*, p. 187.
15. 위의 책 pp. 118–125, 특히 p. 125에 나오는 랜스Lance의 사례를 참조.
16. *Ibid.*, p. 307f.

고 느낄 것이다.

스톨러의 세부 작업을 살피는 것이 이 글의 목적은 아니다. 중요한 것은 그의 작업이 일반적으로 섹슈얼리티와 사회화의 영역에서 하나의 돌파구로 알려졌다는 것이다. 스톨러가 성별과 무관하게 모두에게 평등한 권리를 이론적으로 정당화해준다고 여긴 페미니스트들은 그의 작업을 재빠르게 받아들였다. 그리어Germaine Greer, 밀렛Kate Millett, 오클리Ann Oakley, 좀 더 최근에는 초도로우Nancy Chodorow, 디너스타인Dorothy Dinnerstein, 바렛Michele Barrett 등등이 스톨러의 작업을 활용했다.[17]

밀렛은 자신의 1971년 저작에서 스톨러가 자신의 견해를 뒷받침하고 입증해준다면서 그럴싸한 추론을 한다. "태어났을 때는 성 심리학적으로 (즉 남성과 여성이 아닌 남성성과 여성성이라는 면에서) 성별들 간의 차이는 없다. 따라서 성 심리적 인격은 후천적으로 학습되는 것이다."[18] 성별들의 "기질과 역할에 대한 가부장적 귀속"[19]이 임의적이라는 밀렛의 주장은 사회에 대한 재사회화라는 불가피하고도 순진한 페미니즘 전술에 이르게 된다. 그녀는 다음과 같이 주장한다.

가부장제의 생물학적 토대는 매우 불안정해 보이므로 '믿음만으로', 즉 오직 획득된 가치체계만으로 보편적 조건을 지속시킬 수 있는

. . .

17. Greer, *The Female Eunuch*[저메인 그리어, 『여성 거세당하다』, 이미선 옮김, 텍스트, 2012], Millett, *Sexual Politics*[케이트 밀렛, 『성 정치학』, 김유경 옮김, 쌤앤파커스, 2020]; A. *Oakley, Sex, Gender and Society*, London, Temple Smith, 1972; Chodorow, The Reproduction of Mothering[낸시 초도로우, 『모성의 재생산』, 김민예숙·강문순 옮김, 한국심리치료연구소, 2008]; Dinnerstein, Mermaid and Minotaur 등을 참조.
18. Millett, *Sexual Politics*, p. 30[케이트 밀렛, 『성 정치학』, 82쪽]. 게이튼스의 강조.
19. *Ibid.*, p. 32[위의 책, 85쪽].

'사회화'의 힘에 우리가 탄복하는 것은 당연하다. 성별들 간의 기질적 차이들을 유지시키는 데는 유아기의 조건화가 결정적인 것처럼 보인 다.[20]

그리어와 오클리도 유사한 방향으로 추론을 밀고 나갔다.

스톨러의 연구가 갖는 함축들에 대한 최초의 준거는 1960년대 후반과 70년대 초반에 나타나는데, 이는 자유주의적 휴머니즘이라는 사회적 맥락과 맞닿아 있다. 그 당시에는 교육 또는 재교육이 급진적 사회 변화를 위한 실행 가능한 프로그램으로 부각되었다. 그러나 10년 후 맥락과 정서는 크게 바뀌었다. 이전의 여성운동의 요구들과 전략들은 역효과를 낳거나 반대편을 끌어들이게 되었다.[21] '평등의 정치'에 대해, 18, 19세기 자유주의적 휴머니즘에서 비롯된 정서들에 대해 고찰해야 하는 것은 바로 이러한 맥락에서이다.[22] 초도로우와 바렛과 같은 저자들 이 스톨러의 연구를 인용하고 있다는 점이 철저한 검토를 필요하게 만든다.

'탈젠더화' 프로그램이 성공하거나 적어도 이론적으로 방어되기 위해 서는, 스톨러가 제기하고 '탈젠더 페미니스트들'이 주장하고 있는 테제 에서 핵심이 되는 적어도 두 가지의 논증되지 않은 전제들을 받아들여야 한다. 그 전제들이란 다음과 같다.

• • •

20. *Ibid.*, p. 31[위의 책, 83쪽]. 게이튼스의 강조.
21. 가령 페미니즘으로 학자적 명성을 쌓아 페미니즘을 '가르친' 수많은 남성들이 있다.
22. 예컨대 M. Wollstonecraft, *Vindication of the Rights of Woman*, Harmondsworth, Penguin, 1975[메리 울스턴크래프트, 『여성의 권리 옹호』, 문수현 옮김, 책세 상, 2018]. J. S. Mill, 'On the Subjection of Women', in *Essays on Sex Equality*, ed. A. Rossi, Chicago, University of Chicago Press, 1970[존 스튜어트 밀, 『여성의 예속』, 김예숙 옮김, 이화여자대학교출판문화원, 1986].

1. 신체는 의식의 형성에 있어 중립적이고 수동적이며, 이는 암묵적으로 합리론적 관점이다.
2. 우리는 문제가 되는 문화의 물질적 실천들을 의식적으로 변화시킴으로써, 우리의 '체험된 경험'이 갖는 역사적·문화적 종별성의 중요한 효과들을 결정적으로 변경할 수 있다.

만일 이 전제들이 타당한 것으로 받아들여진다면, 문화적이고 역사적인 의미나 의의는 (시초부터 또는 본질적으로) 중립적인 의식에 의해 표현되거나 드러날 것이며, 중립적인 의식은 (시초부터) 중립적인 신체에 작용할 것이다. 게다가 남성적 행동과 여성적 행동은 임의적 행동 형태로서, 무관심한 신체와 결합되어 있는 무관심한 의식에 사회적으로 기입된다고 주장할 수 있다. 그러나 위에서 언급한 전제들은 타당성을 보증하지 않는다. 다른 표현으로 문제를 명확히 하자면, 특정한 섹스에 의한 특정한 젠더의 사회적 획득을 상정하는 사회화 이론은 암묵적으로 합리론적 설명, 몰역사적 설명, 신체와 의식 둘 모두의 가짜 중립성을 상정하는 설명인 것이다. 스톨러의 설명을 무비판적으로 받아들인 재사회화 페미니스트들에 맞서는 입장을 입증하기 위해, 위에서 정리한 두 전제들을 세부적으로 다룰 것이다. 두 전제는 분명 연결되어 있지만, 명확성을 기하기 위해 둘을 분리해서 다루고자 한다.

섹스/젠더 구별과 합리론적 주체관

인격을 신체와 의식의 분할로 개념화하는 데서 벗어나기가 어렵다는 것은 유전 대 환경 논쟁에서 가장 두드러진다. 섹스와 젠더의 구별은 바로 그 논쟁 속에 자리하는데, 특히 그 논쟁을 특징짓는 개념적 문제설정 속에 깊이 자리 잡고 있다. 사회화 이론가들은 섹스/젠더 구별을 신체/의식 구별로 이해하였다. 물론 이러한 이해 방식은 즉각적이고도 상식적인 호소력을 갖는다. 하지만 이러한 이해 방식은 그것을 받아들이는 사람들을 옹호될 수 없을 게 뻔한 일련의 가정들로 내몬다.[23] 정신/신체의 구별을 무비판적으로 사용하는 이론가들은 인간 주체가 생물학적 힘, 즉 유전에 의해 지배적으로(또는 전적으로) 규정되거나 또는 사회적 관계나 가족 관계의 영향, 즉 환경에 의해 지배적으로(또는 전적으로) 규정된다고 일관되게 특징짓는다. 이러한 입장들은 모두 신체와 정신 또는 환경과 정신 간의 단순한 인과관계를 상정하는데, 이 인과관계는 동전의 양면과도 같은 두 관점 모두를 선험적·중립적·수동적 주체관에 복무하도록 한다. 우리가 신체를 중립적이고 수동적인 것으로, 의식을 사회적으로 결정되는 것으로 여긴다면, 우리는 절반쯤은 주체성에 관한 행동주의적 이해에 들어서게 되는 것이다. 행동주의적 조건화 개념이 인간 행동 영역에서 얼마간이라도 타당하게 적용될 수 있는지는 불분명하다. 조건화된 행동이라는 자극-반응 모델은 수동적이며 의미화하지 못하는 주체, 즉 적합하게 반응하도록 훈련될 수 있는 주체, 지속적으로 적합하게 반응할 필요가 있는 주체를 전제한다. 정신분석학은 서구 가부장 사회에서의 주체성 구성에 대한 기술적 이론으로 이해될 수 있는 것으로서, 행동주의적 '조건화' 개념 및 주체의 수동성이라는 가정을 그 기저에서 뒤흔든다.

• • •

23. 무엇보다도 데카르트적 이원론과 이를 극복하려는 이후의 환원론적 시도들, 곧 관념론과 경험론. 이 세 가지 입장 모두 분명 주체에 관한 부적합한 이해를 야기한다.

신체와 정신의 상호 관계 및 상호작용이라는 문제는 낡아빠진 이론적 집착이 결코 아니다. 정신분석학은 바로 이 문제에서 발원했다. 1889년의 프로이트, 즉 아직은 신경생리학자였던 프로이트는 히스테리 현상에 당혹스러워하며, 이 질환이 "정신에서 신체로의 신비스러운 도약"을 보여준다고 기술했다.[24] 프로이트, 샤르코Jean-Martin Charcot, 브로이어Josef Breuer가 공동 집필한 히스테리에 관한 초기 저작 이후로, 소위 심신 문제를 바라보는 생리학적·정신분석학적 이해는 급격히 바뀌었다.[25] 설득력 있고 이론적으로 유용한 설명이라면 다음을 상정하지 않을 수 없다. 즉, 이론적 추상의 두 가지 (또는 그 이상의) 구별되는 수준들을 기저로 삼는 하나의 통일적 현실이 존재한다. 또한 "신비스러운 도약"이란 사실 하나의 담론, 말하자면 심리학으로부터 출발해 또 하나의 담론, 말하자면 생리학으로의 도약이다.[26] 이러한 통찰을 인격에 대한 일상적이고 이론적인 이해들과 통합하는 일이 남는다. 이는 그러한 통합의 필요성을 인식하는 이들조차도 달성하지 못한 과제이다.

프로이트는 초창기 저술에서부터 지각은 수동적인 것으로 간주되어서는 안 되는, 오히려 능동적 과정이라는 점을 강조했다.[27] 나아가 그는

• • •

24. 'Notes upon a Case of Obsessional Neurosis', S. E., X, p. 157[「쥐 인간: 강박 신경증에 관하여」, 『늑대 인간』, 김명희 옮김, 열린책들, 2003, 12쪽].
25. 가령 F. Deutsch, ed., *On the Mysterious Leap from the Mind to the Body*, New York, International Universities Press, 1973; P. Schilder, *The Image and Appearance of the Human Body*, New York, International Universities Press, 1979; J. Lacan, 'The Mirror Stage as Formative of the Function of the I', in *Ecrits*, London, Tavistock, 1977[「나 기능의 형성자로서의 거울 단계」, 『에크리』, 홍준기·이종영·조형준·김대진 옮김, 새물결, 2019]을 보라.
26. Deutsch, *On the Mysterious Leap*, p. 1을 참조.
27. 'Project for a Scientific Psychology', S. E. I; Letter 52 to Fliess, S. E. II[「과학적 심리학 초고」; 「플리스에게 보낸 편지 52」, 『정신분석의 탄생』, 임진수 옮김, 열린책들, 2005]를 참조

의식이 지각 체계와 동일하지 않으며, 실상 지각된 것의 상당수는 전혀 의식에 진입하지 않고 전의식이나 무의식에 남겨진다고 주장했다.[28] 이는 행동주의 관점으로는 설명될 수 없는 주체의 능동성을, 그렇다고 반드시 의식적이지는 않은 능동성을 함축한다. 지각은 신체로든 의식으로든 환원될 수 없으며, 오히려 지각은 주체의 활동으로 간주되어야 한다.[29]

신체의 중립성에 관해 노골적으로 말하자면 이렇다. 중립적 신체는 존재하지 않는다. 적어도 두 종류의 신체, 즉 남성 신체와 여성 신체가 있다.[30] 우리가 사회적 실천들 및 행동들을 '의식 속' 또는 '신체 속'이 아니라 주체 속에 새겨진 것으로, 즉 우리가 지각을 통해 갖게 된 것으로 표시한다면, 이로써 얻게 되는 중요한 반향은 주체란 언제나 성별화된 주체라는 것이다. 성적으로 종별적인 주체, 즉 남성 주체 또는 여성 주체의 통념을 수용한다면, 가부장제란 남성성의 젠더가 여성성의 젠더 보다 우월하게 가치 평가되는 사회 조직 체계라고 특징지을 수 있다는 생각을 거부해야만 한다. 젠더가 문제가 아닌 것이다.

• • •

28. 'The Interpretation of Dreams', S. E. VI, pp. 537-542[『꿈의 해석』, 김인순 옮김, 열린책들, 2003].

29. 『지각의 현상학』에서 메를로퐁티는 흥미롭게도 지각을 신체-주체의 활동으로 설명하고 있다. *The Phenomenology of Perception*, London, Routledge & Kegan Paul, 1970, 특히 pp. 203-207[『지각의 현상학』, 류의근 옮김, 문학과 지성사, 2002, 311-317쪽].

30. 두 신체에 대한 강조는 전략적 중요성을 갖는다. 왜냐하면 우리가 사는 가부장제 사회는 남성 또는 여성이라는 순수 성적 차이를 중심으로 조직되며, 양성과 같은 성적 애매성을 허용하지 않고 각 인격에게 둘 중 하나의 성을 확정짓도록 강요하기 때문이다. (M. Foucault, *Herculine Barbin*, New York, Pantheon, 1980을 참조) 그러나 성의 **생물학적 규정**조차 단적으로 분명한 것은 아니므로 우리는 성은 연속체로, 신체들은 복수적인 것으로 인식해야 한다.

문제는 성적 차이인 것이다. (남성적이거나 여성적인) 동일한 행동도 남성 주체에 의해 수행될 때와 여성 주체에 의해 수행될 때는 완전히 다른 개인적·사회적 의미를 갖는다. 동일한 사회적 '훈육', 태도, 조건화 등은 남성 주체 또는 여성 주체에 적용하느냐에 따라 상이한 의미들을 갖게 된다.

이는 대개 주체의 활동의 결과이자 사회적 관계들과 의미들을 지배하고자 하는 주체의 충동의 결과이다.[31] 인간의 의식 속으로 들어오는 각각의 몸짓, 태도, 지각은 그 이전의 것들 모두와 관련된 의미들로 가득 차 있다. 남성 신체와 여성 신체가 전혀 다른 사회적 가치와 의미를 지닌다는 사실은 남성의 의식과 여성의 의식 각각에 뚜렷한 영향을 미치지 않을 수 없다.[32]

젠더와 섹스 구별에 대한 전통적 설명은 개인의 정체성에 대한 사회적 결정이 관념의 층위에서, 즉 '정신'의 층위에서 작동한다고 주장한다. 이러한 설명이 간과하는 것은 여성적(남성적으로 바꾸어도 마찬가지다) 행동 및 표현이 여성 주체에 의해 실행될 때와 남성 주체에 의해 실행될 때가 뚜렷이 갈린다는 점이다. 이렇게 주장하는 것이 곧 신체적 기능들, 사건들, 경험이 갖는 사회적 의미의 고정성이나 본질을 함축하는 것은 아니다. 의미화 및 그것이 주체성의 구성에서 갖는 구성적 역할의 중요성은 '탈젠더' 지지자들의 저술들에서는 이상하게도 발견되지 않는다.

• • •

31. 지배하고자 하는 충동에 대한 명쾌한 설명은 「쾌락 원칙을 넘어서」에서 찾아볼 수 있다(S. E. XVIII[「쾌락 원칙을 넘어서」, 『정신분석학의 근본 개념』, 윤희기·박찬부 옮김, 열린책들, 2003]). 여기서 프로이트가 서술하는 포르트fort/다da 놀이는 주체성과 언어의 획득에 필수적인, 현존과 부재의 관념을 지배하는 놀이이다.

32. 마르크스주의는 자신의 이해관계가 놓인 지점에 대한 주체의 '자각'을 통해 전개되는 계급의식의 통념을 반대하지 않지만, 성(별화된) 의식이라는 통념은 허용하지 않는다는 점을 언급하는 것은 이런 맥락에서 흥미롭다.

이는 그들이 행동주의적 인격 개념을 암묵적으로 받아들이고, 그 결과 의미화하는 주체되기를 포함하는 능동적 과정보다는 오히려 수동적 조건화 및 사회화를 강조한 데에 따른 것이다.[33]

나는 성별화된 신체 및 그것의 행동이 갖는 사회적 의미에 대한 몰역사적이고 선험적인 설명과 분명 거리를 두고자 한다. 하지만 특정한 신체적 경험 및 사건들은 고정된 의미를 갖지 않을지라도 모든 사회 구조 속에서 특권화된 의미의 장소들이라고 말하고 싶다. 다양한 인류학적·민족학적·역사적 증거가 이 주장을 뒷받침한다. 예컨대, 생리가 이 특권적 장소 중 하나일 수 있다. 생리가 (보통의) 여성의 신체에서만 일어난다는 사실은 상당히 중요하다. 이 사회에 여성성과 여성적인 것 간의, 즉 여성성과 여성의 신체 간의 관계들의 네트워크가 존재한다는 점을 고려하면, 여성에 의해 '체험된' 여성성과 남성에 의해 '체험된' 여성성은 질적으로 다를 수밖에 없다.[34] 생리의 예를 다시 들면, 우리 문화 속에서 생리는 여성적 속성으로 특징지어지는 수치심과 조심성과 결부된다. 이러한 수치심이 체액, 배설물, 분비물을 조절하지 못하는 데서 비롯되는 좀 더 일반적인 수치심과 연결될 수 있을지 추정하는 것은, 우리 문화에서 이 조절을 매우 중요하게 생각한다는 것을 고려한다면 흥미로운 일일 것이다. 생리가 사춘기 소녀의 심리에 미치는 영향을

• • •

33. M. Merleau-Ponty, 'The Child's Relations with Others', in *The Primacy of Perception*, Evanston, Ill., Northwestern University Press, 1964를 참조. 여기에 나오는 의미화, 내투사introjection, 투사projection 등에 대한 설명은 라캉의 것과 매우 유사하다. 특히 신체 이미지의 중심성에 관한 설명에서 그러하다.

34. 프로이트와 스톨러 모두 남성성과 여성성, 그리고 그것들이 남성적인 것과 여성적인 것과 맺는 관계를 오직 양적으로만 기술한다. S. E. VII, pp. 219–220, fn. 1[「성욕에 관한 세 편의 에세이」, 『성욕에 관한 세 편의 에세이』, 김정일 옮김, 열린책들, 2003, 122쪽]. 또한 Stoller, *Sex and Gender*, p. 9를 참조. 둘 모두에서 질적인 구별은 고려되지 않고 있다.

프로이트가 등한시했다는 점은 의미심장하다. 출혈이 소녀에게 강렬한 심리적 의미를 불러일으킨다는 것은 분명하며, 그 의미는 거세 관념, 성폭력, 사회적으로 강화된 수치심을 중심으로 진행될 개연성이 크다. 여성의 첫 성경험도 아마도 이와 관련이 있을 것이다.

신체가 다양한 사회적 의미를 긍정하거나 부정하는 데에 개입하고, 개입할 수 있다는 점은 어떤 의미에서 가부장적 사회적 관계가 불가피하다는 인상을 준다. 이러한 '인상'을 불식시키기 위해서 여성의 경험의 종별적 구성을 여성의 신체를 고려하여 철저하게 분석할 필요가 있다. 나아가 '남성' 및 '여성'의 경험으로부터 '남성적' 경험 및 '여성적' 경험으로 미끄러지는 것은 쟁점을 흐리는 것이다. '여성스러운 남성'은 사회적으로 '여성성'으로 규범화된 경험을 하겠지만, 이 경험은 여성이 겪는 여성성에 대한 경험과는 질적으로 다를 것이다. 그의 경험은 기생하듯이 여성 신체에 의존하며, 정체화 과정에서는 특히 어머니의 신체에 의존한다.[35] 이 점은 아래에서 좀 더 정교하게 다룰 것이다.

이 절의 목적은 중립적 신체의 사회화를 통해서 의식이 사회적으로 구성된다는 손쉬운 관점에 반대하는 것이었다. 나는 탈젠더화 프로그램에서 핵심을 이루는 (다양한 행동주의 경향이 지지하는) 수동적 주체관이 인간 행동, 특히 의미화의 활동을 설명하는 데 부적합한 논증이라고 주장했다.[36]

• • •

35. Lacan, 'The Mirror Stage'[「나 기능의 형성자로서의 거울 단계」, 『에크리』, 홍준기·이종영·조형준·김대진 옮김, 새물결, 2019]와 'Some Reflections on the Ego', *International Journal of Psychoanalysis*, vol. 34(1953)를 참조.
36. M. Mannoni, *The Child, his Illness and Others*, Harmondsworth, Penguin, 1970의 서문, 그리고 J. Lacan, 'The Function and Field of Speech and Language in Psychoanalysis', 'The Agency of the Letter in the Unconscious or Reason since Freud', in *Ecrits*, London, Tavistock, 1977[「정신분석에서의 말과 언어의 기능과 장」, 「무의식에서의 문자의 심급 또는 프로이트 이후의 이성」, 『에크

맥락적 종별성

성적 차이의 페미니즘에 반대하는 가장 흔한 주장은 그 이론이 본질주의적이고 선험적이라는 것, 요컨대 몰역사적이라는 것이다. 이러한 주장은 악명 높은 양날의 칼처럼 작동한다. 이 비난의 아이러니는 탈젠더화를 제안하는 페미니스트들이 역사 바깥에서 그것을 주장하는 까닭에 대개는 성차 표현의 탄력성 및 그러한 성차를 구성하고 영속시키는 언어적 체계와 또 다른 의미화 체계들의 네트워크를 고찰하지 못한다는 데 있다. 초도로우는 다시 한 번 이러한 주장의 전형을 보여준다. 그녀는 다음과 같이 말한다. "젠더를 과정적·반영적·구성적인 것으로 보지 않고 남성과 여성을 질적으로 다른 종류의 인간으로 간주하는 것은 젠더 관계를 사물화시키고 부정하는 것이며, 젠더 차이를 만들어진 것, 상황에 처한 것이 아닌 영구적인 것으로 여기는 것이다."[37] 초도로우가 이 구절에서 섹스 통념에서 젠더 통념으로, 즉 생물학적 용어(남성, 여성)에서 심리학적 용어(여성성, 남성성)로 슬쩍 옮겨간 것은 의미심장하다. 특히 주목할 만한 사실은 그녀가 신체에 대해 어떠한 언급도 하지 않는다는 점이다. 그녀가 이러한 '간과'를 인정한 것에 지나지 않는 각주 부분을 제외한다면 말이다. 그녀는 그 각주에서 다음과 같이 말한다.

젠더화되지도 않고 성적으로 조직되지도 않은 세계에서 아이들은

● ● ●

리』, 홍준기·이종영·조형준·김대진 옮김, 새물결, 2019]을 참조

37. Chodorow, 'Gender Relations', p. 16.

자신의 신체를 어떻게 이해할지, 어떤 종류의 성적 구조화나 젠더 정체성들이 발전할 수 있을지 우리는 알 수 없다. 거기서 생물학적 성적 차이, 젠더 차이, 상이한 섹슈얼리티가 중대한 의미를 가질지는 분명하지 않다.[38]

이 구절은 가장 중요한 것, 즉 우리가 역사적으로나 문화적으로나 성적으로 분할되고 조직된 사회라는 상황 속에 **놓여** 있다는 점을 놓치고 있다. 그것은 역사적 사실이다. 본질주의와 몰역사주의라는 비난은 양방향으로 이루어질 수 있다. 섹스와 젠더의 의미가 지닌 역사성에 대한 인식은 성적 차이 이론가들에게 제1의 중요성을 가질 것이다. 그들의 분석은 이 역사성에 기초를 둔다. 성적 차이 이론가들이 연구 대상으로 삼는 것은 물리적·해부학적·중립적 신체, 즉 죽은 신체가 아니라 살아 있고 체험된 신체, 즉 **상황** 속에 **처한** 신체이다.

사회화 이론에서는 신체를 오직 생물학적, 해부학적, 생리학적 신체로서만 이해한다는 사실은 놀랍다. 체험된 것으로서의 신체, 즉 신체의 형태학이나 상상적 신체에 대한 분석은 거의 존재하지 않는다. 우리가 섹스와 젠더, 또는 다르게 말해서 개인의 생물학 및 이 생물학이 체험된 것으로서 갖는 사회적·개인적 의미를 이해하고자 한다면, 상상적 신체를 분석해야 한다. 바로 여기서 프로이트 저작을 페미니즘 관점에서 재독해하는 것이 중요해진다. 즉 프로이트의 작업을 남성의 생물학과 여성의 생물학이 가부장제 문화 속에서 남성적 주체성 및 여성적 주체성으로서 어떻게 체험되는지에 대한 이론적 기술로 이해하는 것이 중요하다.

• • •

38. Ibid., p. 18. 게이튼스의 강조

위에서 언급했듯이, 정신분석학이라는 분야가 발원하는 데는 히스테리에 관한 프로이트 초기 저작이 큰 역할을 했다. 프로이트는 히스테리증상을 이해하기 위해서는 주체와 그녀의(또는 그의) 신체 사이에 존재하는 감정적·리비도적 집중을 이해하는 것이 결정적이라고 보았다.[39] 이러한 통찰은 이원론적 주체관의 기계론이 여전히 우세한 상황 속에서 이후의 진전을 위한 길을 열었다. 최근 프랑스 정신분석학 연구, 특히 라플랑슈Jean Laplanche[40]와 라캉의 작업을 그러한 진전으로 볼 수 있다. 라캉은 '거울 단계'에 관한 자신의 체계화에서 "신체 이미지와의 본질적인 리비도적 연관"을 보여주었다고 주장한다.[41]

라캉은 자아의 발생을 다루는 자신의 논문들에서 거울 단계의 중요성을 히스테리와 상상적 신체와 관련하여 강조했다. 그는 다음과 같이 말한다.

이러한 (히스테리성) 증상들을 기능적이라고 말하는 것은 우리의 무지를 고백하는 것에 불과하다. 그러한 증상들은 자신만의 전형적 형태를 갖는 어떤 상상적 해부학의 패턴을 따르기 때문이다. 다르게 말하자면, 상상적 해부학의 외향적 징후라 할 수 있는 놀라운 육체적 순응은 어떤 명확한 한계들 내에서만 나타난다는 것이다. 나는 여기서 언급한 상상적 해부학이 주어진 문화 속에서 널리 퍼진 신체적 기능들에 대한 (분명하거나 혼란스러운) 관념들에 따라 달라진다는 점을 강조하고

· · ·

39. S. Freud, 'On Narcissism: An Introduction', S. E. XIV[「나르시시즘 서론」, 『정신분석학의 근본 개념』, 윤희기·박찬부 옮김, 열린책들, 2003]을 참조할 것.
40. J. Laplanche, *Life and Death in Psychoanalysis*, London, Johns Hopkins University Press, 1976. 특히 제4장을 보라.
41. Lacan, 'Some Reflections on the Ego', p. 14.

싶다.[42]

상상적 신체의 존재와 작동은 병인학적으로 연관된 현상들인 '환각지'와 히스테리에 의해 가장 분명하게 입증되었다.[43] 이 현상들은 주체와 주체의 신체 간의 리비도적 관계 혹은 나르시시즘적 관계에 대해 설명해 준다. 이 관계는 합리론이나 행동주의의 노선을 따르는 기계론적이거나 순수 경험론적인 설명을 불가능하게 만든다. 신체의 통일성 경험에 관한 논쟁은 이 경험이 무엇에 입각한 것인지, 경험이란 지각에 직접적으로 주어지는 것인지 아니면 사회적 의미 및 가치라는 환경에서 발전되는 것인지를 중심으로 이루어지곤 한다. 후자의 서술을 뒷받침하는 풍부한 증거가 있다. 쉴더Paul Ferdinand Schilder는 모든 건강한 사람들이 물질적 신체에 더해 신체상 내지는 상상적 신체를 갖는다는 점, 또는 그러한 신체상 내지는 상상적 신체로서 존재한다는 점을 참작할 때만이 '환각지'와 히스테리를 이해할 수 있다고 주장했다. 이러한 신체의 심리적 이미지는 우리가 세계 속에서 운동성을 가지고 지향적 주체들이 되는 데 필수적이다. 상상적 신체는 발전되고 학습되는 것이며 타자들의 신체 이미지와 연결되는 것으로, 정태적인 것이 아니다.[44]

히스테리 증상은 (문화적으로 종별적인) 상상적 신체와 분명한 관계를 갖는다. 예를 들면, 히스테리성 마비는 문화적이고 언어적으로 묘사되는 상상적 신체에 합치한다. 히스테리성 팔 마비는 신체의 해부학적 내지 생리학적 구조에 상응한나기보다, 해부학적으로 단순한 신체관, 즉 팔은

• • •

42. Ibid., p. 13. 게이튼스의 강조.
43. Merleau-Ponty, *The Phenomenology of Perception*, 특히 pp. 76–88[『지각의 현상학』, 류의근 옮김, 문학과지성사, 2002, 135–153쪽]. Schilder, *Image and Appearance of the Human Body*, pp. 63f, 119f를 참조.
44. Ibid., pp. 66f.

셔츠 소매에서 어깨솔기까지의 부위에 위치한다는 점에 상응한다. 또 다른 예를 말하자면, 입과 질 사이에는 은밀한 등가 관계가 존재한다.[45] 이는 도라Dora의 사례에서[46] 그녀의 무의식적 욕망을 신경성 기침이라는 증상으로 표현하는 데 활용되었다. 문화적으로 구성된 상상적 신체의 특정한 형태에 대한 인식은 히스테리의 (개인적이기보다는) 사회적인 특성을 이해하는 데에 필수적이다. 주어진 문화 내에서 신경성 식욕 부진증과 같은 히스테리성 증상의 표현에서 나타나는 놀라울 만한 동질 성은 상상적 신체의 사회적 특성을 시사한다. 상상적 신체는 공유된 언어, 다양한 신체 부위(예를 들면, 입, 항문, 성기)에 대한 공유된 생리적 의미 및 특권화, 신체에 작용하고 신체를 통해 작용하는 공통의 제도적 (예를 들면, 의학적, 법적, 교육적) 실천들 및 담론들에 의해 구조화된다는 점에서 사회적이고 역사적인 종별성을 갖는다.

상상적 신체를 분석하면, 상상적 신체가 남성성과 여성성의 역사적·문화적 종별성의 장소라는 점을 알 수 있다. 남성과 여성의 생물학이 문화 속에서 체험됨으로써 갖게 되는 사회적이고 개인적인 의미, 즉 남성성과 여성성을 판독하는 열쇠나 암호는 바로 상상적 신체에서 찾아야 한다.

이러한 연관 속에서 명백해지는 것은 남성 신체와 남성성, 여성 신체와 여성성 사이에는 임의적 관계는 아니지만, 우발적 관계가 존재한다는 사실이다. 이렇게 주장하는 것은 생물학주의도 본질주의도 아니다. 오히

• • •

45. 이러한 무의식적 등치는 프로이트의 젖가슴=대변=페니스=아기의 등치, 즉 입=항문=질이라는 등치의 전도이다. 이 환상은 린다 러브레이스Linda Lovelace의 포르노그래피 영화에서 드러나는데, 여기서 그녀는 자신의 목구 멍 속에 클리토리스를 가지고 있다.

46. 'Fragment of an Analysis of a Case of Hysteria', S. E. VII[「도라의 히스테리 분석」, 『꼬마 도라와 한스』, 김재혁·권세훈 옮김, 열린책들, 2003].

려 남성 또는 여성이 존재하는 다양한 역사적·심리적·문화적 방식을 의미화하는 복잡하고 편재적인 네트워크의 중요성을 인식하는 것이다. 이러한 네트워크와 여성성 및 남성성의 역사적 형태의 종별성을 부인하고 본질적으로 성 중립적인 주체관을 지지하는 것은 성별들 간의 현재적 관계를 재생산하는 것으로 이끌어질 뿐이다.

프로이트는 아주 분명하게 여성성 및 남성성을 발달 연쇄의 최종 결과물로서 기술한다. 우리 문화 속에서 여성과 남성의 임무란 여성의 경우에는 수동적이고 거세당한 객체의 자리, 즉 여성적인 것을 '부여받는' 것이고, 남성의 경우에는 능동적이고 팔루스적인 주체의 가치들, 즉 남성적인 것을 '겸비하는' 것이다.[47] 프로이트(와 우리 문화)에서 전형적인 여성성의 특질들 가운데는 수동성, 피학성, 나르시시즘, 질투, 수치심 등이 있다. 내가 볼 때 이러한 여성적 행동들은 단지 가부장적 사회화나 조건화의 결과가 아니다. 그것은 생물학에 대한 문화적으로 공유된 환상들을 활용한 방어적 행동 양태들이다. 다르게 표현하면, 이러한 특질들은 우리가 생물학에 대해 공유하는 (의식적이고 무의식적인) 관념들의 발현이자 반응인 것이다.

프로이트는 여성과 남성의 생물학 자체, 즉 난자는 수동적이고 정자는 능동적이라는 점을 문제로 설정하지 않았다. 그가 문제 삼은 것은 이러한 생물학을 '반영하는' 남성성과 여성성의 심리학, 즉 남성은 수동적인 질을 능동적으로 뚫고 들어간다는 점이었다. 그러나 페니스가 능동적이고 질은 수동적이라는 사실은 선험적으로 주어진 것이 아니다. 이러한 이성애적 이해방식은 질은 '구멍'과 '결핍'으로, 페니스는 '팔루스'로 간주하는 상상적 해부학을 함축한다. 남성과 여성 간의 다양한 관계

• • •

47. 'Infantile Genital Organisation', S. E. XIX, p. 145[「유아의 생식기 형성」, 『성욕에 관한 세 편의 에세이』, 김정일 옮김, 열린책들, 2003, 290쪽]를 참조.

양태를 고려한다면, 페니스는 능동적인 질에 의해 감싸지거나 혹은 '안겨 있는' 것으로 생각하는 게 나을 수도 있다. 이러한 맥락에서 난자가 보이는 것만큼 수동적이지 않다는 최근 생물학의 흥미로운 연구를 덧붙일 수 있다. 즉, 난자는 어떤 정자는 거부하고 오직 자신이 '선택'한 정자(들)만 입장시키거나 감싼다는 것이다.

성 적합 행동들의 형태로서의 남성성과 여성성이란 남성과 여성의 생물학에 대해 역사를 기반으로 삼아 문화적으로 공유된 환상의 표현들이다. 따라서 섹스와 젠더는 임의적으로 연결되지 않는다. 증상이 그것의 병인학과 임의적으로 연결된 것이 아닌 것처럼, 여성의 몸과 여성성 간의 연결은 임의적이지 않다. 따라서 젠더라는 '증상'을 문제로서 다루는 것은 그것의 발생을 잘못 이해하는 것이다. 여기서도 우리는 행동주의 생리학과 '탈젠더' 간의 평행성을 볼 수 있다. 행동주의의 치료 기법, 즉 체계적 둔감화, 행동 수정 등등은 오직 증상만을 다룰 뿐이다.

젠더 이론에서 결정적인 두 가지 전제에 대한 위와 같은 분석을 통해서 논증된 바는, 남성성의 행동 형태와 여성성의 행동 형태가 중립적 신체와 결합되는 중립적 의식들에 대한 임의적 기입이 아니라는 것이다. 특정한 젠더를 '획득'한다고 말하는 것은 젠더의 의미 및 젠더가 사회적·역사적 맥락 속에서 체험된 것으로서의 생물학과 맺는 내밀한 관계를 이해하지 못한 것이다. 단지 간접적으로만 변용되어온 '차이'에 대한 설명은 진행 중인 기획인 만큼, 아직 잠정적이며 불완전하다. 하지만 이러한 단계에서도 탈젠더화의 단순성과 그것의 문제적인 이론적 기반에 이의를 제기할 수 있다.

트랜스섹슈얼리즘의 재고찰

우리는 이 글 전체에 걸쳐 남성 주체에 의해 수행된 남성적 행동과 여성 주체에 의해 수행된 남성적 행동(또는 여성 주체에 의해 수행된 여성적 행동과 남성 주체에 의해 수행된 여성적 행동) 간의 관계는 대칭적이지 않다고 주장했다. 다르게 말하면, 남성성과 여성성은 성별과 관련해서 양적으로만이 아니라 질적인 측면에서도 다르다고 주장했다. 이 주장이 옳다면, 사회의 탈젠더화를 정치적 전략으로 제시하는 것은 가망 없는 공상으로서 몰역사적이며, 이론적으로나 실천적으로나 핵심을 흐리는 역할을 한다. 나아가 우리는 탈젠더화 프로그램이 가부장제의 사회적 관계들에 대한 몰이해에 기반하고 있다고 주장했다.

거의 결론에 다다른 이 절의 제목은 "트랜스섹슈얼리즘의 재고찰"인데, 남성성/여성성과 남성/여성 간의 비대칭성을 가장 명확하게 증명해 주는 것이 트랜스섹슈얼리즘의 사례이기 때문이다. 남성 트랜스섹슈얼 및 여성 트랜스섹슈얼의 결정은 섹스/젠더 구별이나 젠더 정체성 획득에 대한 분석을 통해서는 이해되지 않는다. 트랜스섹슈얼리즘에 대한 스톨러의 설명이 여성 트랜스섹슈얼보다 남성 트랜스섹슈얼 사례에서 더 완성도 있게 이뤄졌음은 이 장 앞부분에서 언급한 바 있다. 스톨러의 기대와는 달리,[48] 동일한 설명이 두 경우 모두에 적용되지 않는다는 것은 확실하다. 원초적 자아의 발생과 그 상상적 신체의 통념을 파악하는 경우에만 남성 트랜스섹슈얼을 이해할 수 있다고 주장되었다. 남성 트랜스섹슈얼은 어머니와의 원초적 관계의 본성 때문에 그의 (원초적) 자아가 그의 상상적 (생물학적) 신체와 갈등하는 방식으로 구성되며,

• • •

48. 스톨러 스스로도 이를 의심하기 시작한다. *The Transsexual Experiment*, London, Hogarth Press, 1975. 특히 pp. 223-246을 참조.

그 방식에 따라 그의 주체성은 자신을 '남성 신체 속 여성'으로서 이해하게 된다는 것이다. 요컨대, 이는 다른 사람의 신체를 자신의 신체로 오인하는 것에 대한 미-해결을 함축하는 것이다. 즉 남성 트랜스섹슈얼의 원초적 (신체적) 자아는 여성의 신체(어머니의 신체)에 근거한 것으로,[49] 그는 상대적으로 늦게까지 어머니로부터 그의 정체성을 분리시키지 못한 것이다. 사실 그의 트랜스섹슈얼이 이러한 분리가 전혀 적합하게 성취되지 못했다는 증거이다. 어머니의 욕망[50]은 이러한 미-해결 또는 결정적으로 늦은 해결 속에서 작동한다.

여성 트랜스섹슈얼의 경우는 이와 대칭적이지 않다. 유아기 여아가 어머니 신체와 맺는 관계는 동일한 방식으로 문제적이지 않으며, 그럴 수도 없다.[51] 이는 여성 트랜스섹슈얼의 상대적 희귀성을 부분적으로 설명할 수 있다. ('톰보이'라는 매우 흔한 현상이 일종의 트랜스섹슈얼일지라도 말이다.) 여성 트랜스섹슈얼은 억압에 대한 반발, 즉 한때는 향유되고 사회적으로 용인되었던 활동에 대해 사회적으로 박탈이 요구되는 것에 대한 반발일 가능성이 훨씬 크다. 이 상황은 아이를 남편의 대체물로 만들고자 하는 어머니의 욕망에 의해 그리고/또는 가부장제에

• • •

49. 물론 이 점에서 그가 특이한 것은 아니다. 핵심은 이러한 오인의 지속이 그의 경우에 훨씬 강력하며, 이는 주로 그가 받은 모성의 특질과 어머니의 욕망에서 기인한다는 것이다.

50. '어머니의 욕망'을 그녀의 의식적 욕망으로 이해해서는 안 된다. 여기서 프로이트의 다음과 같은 주장에 주목하는 것이 중요하다. "한 사람의 무의식은 의식을 통과하지 않은 채 다른 사람의 무의식에 반응할 수 있다." S. E. XIV, p. 194[「무의식에 관하여」, 『정신분석학의 근본 개념』, 윤희기·박찬부 옮김, 열린책들, 2003, 200쪽]. 또한 Lacan, Ecrits, pp. 288–289을 참조.

51. '아이의 생애 첫 2년 동안 발달되는 자아 감각'은 남아든 여아든 어머니와의 동일시에 입각한다. 여아의 경우에 이 동일시는 성에 적합한 동일시이기 때문에 문제적이지 않다. 그러나 남아의 경우 적합한 남성 정체성을 발전시키려면 이 동일시가 그 다음 단계에서 남성적 동일시로 덮어 씌워져야 한다.

서 여성의 역할에 대한 어머니 자신의 원한에 의해 강화될 수 있다. 문제는 젠더가 아니라 섹스라는 것을 트랜스섹슈얼은 매우 명확하게 알고 있다. 우리 문화에서 가치화된 것은 남성성 그 자체가 아니라 남성적 남성이다.

다른 한편, 섹스들 간에 이러한 비대칭은 여성이 특정한 직업으로부터 배제된 것(또는 거의 배제된 것)이 그 직업이 명망 높기 때문인 것인지, 아니면 여성이 배제되었기 때문에 그 직업이 명망 높은 것인지에 대한 페미니스트들의 고민에 반영된다. 이는 무엇을 하는가 또는 어떻게 하는가가 아니라 누가 그것을 하는가가 사회적 가치를 규정한다는 점을 함축한다. 여성이 여성성으로, 남성이 남성성으로 사회화하는 것이 문제가 아니다. 문제는 사회적 의미의 네트워크에서 이러한 행동들의 위치이고 어떤 것(남성)이 다른 것(여성)보다 더 높게 가치화된다는 것이다. 이러한 가치 설정이 성적 차이의 관계를 우열의 관계로서 재현하는 핵심이다.

중요하게 다뤄야 할 젠더 이론의 또 다른 측면이 있다. 바로 섹스/젠더 구별의 정치적 활용이다.

섹스/젠더 구별이 정치적 분석과 행동에 미친 효과

여성의 사회적·정치직 지위에 대한 다수의 마르크스주의적 설명에서 나타나는 경제주의 또는 인간주의 경향은 다양한 방식으로 성적 차이의 중립화라는 결과를 낳는다. 경제주의는 자본주의 생산양식에 선행하는 또는 자본주의 생산양식에 의해 부적합하게 포획된 심리적·사회적 주체성 형태들보다 생산관계를 특권화함으로써 성적 차이를 중립화한다. 인간주의는 성적 차이를 고려하지 못하는 선험적이고 보편적인 인간 본성 개념을 고집함으로써 성적 차이를 중립화한다. 사회주의 페미니스트들은 남성 주체성 및 여성 주체성이 가부장제와 자본주의 아래에서 구성되었다고 설명한다. 몇몇 사회주의 페미니스트들은 성적 관계의 분석 장소를 '남성'과 '여성'에서 '남성성'과 '여성성'으로 전환하며 '개별주의'의 문제를 회피하고자 한다. 이러한 전략은 우리에게 또 다른 문제들을 선사할 뿐이다. 예컨대, 이 설명에서 남성성과 여성성 및 성적 차이에서 그들의 구성적 역할은 종종 데우스 엑스 마키나의 지위로 격하되어버린다.[52]

미셸 바렛은『오늘의 여성 억압』에서 사회주의와 페미니즘이 양립가능하다는 것을 주장하기 위해서, 그리고 "남성성과 여성성의 이데올로기란 역사적으로 발전해온 것으로 노동 분업에서 결정적 역할을 한다는 것"[53]을 주장하기 위해서 젠더 범주를 활용한다. 바렛이 젠더 범주를 폭넓게 활용한 것이 문제인 이유는 그녀가 젠더의 이론적 지위를 확립하고 뒷받침하고 방어하기보다는 젠더의 설명적 이점과 관련된 일반적 동의를 전제하기 때문이다. 그녀는 다음과 같이 말한다.

자본주의 사회에서 젠더, 특히 여성성이 사회적으로 구성되는 과정은 폭넓게 연구되었다. 이 주제는 사회학에서 탐구가 잘 이루어진 영역인 '사회화 연구'에 속하는 것으로서, 페미니즘적 설명에서도 주된 초점이 되었다.[54]

. . .

52. 가령 *m/f*, vol. 7(1982), pp. 87f에 실린 M. Barrett과 R. Coward의 대담을 참조.
53. Barrett, *Women's Oppression*, p. 79[미셸 바렛,『다시 보는 여성학』, 144쪽].
54. Ibid., p. 62. 그녀는 이러한 맥락에서 L. Comer과 E. Belotti를 인용한다.

나는 '사회화 연구'는 설명적 가치와 이론적 타당성 모두에서 극히 취약하다고 주장했다. 그렇다면, 사회화 이론에서 정신분석적 이론의 함축에 정통한 이론가[55]는 젠더가 의심스러운 이론적 근거에 기반하고 있다는 것을 알면서도 왜 젠더 사용을 채택해야 했는지 의문이 제기된다. 그럴듯한 설명은 몇몇 페미니스트들이 이전의 정치적 투자와 충성 때문에 또 다른 비판적 시각을 적합한 방향으로 돌리는 데 소홀히 하게 되었다는 것이다.

1980년대 초반 즈음 몇몇 게이 간행물들은 젠더 통념에 대해 유사한 열광을 보였다. 몇몇 게이 남성들은 남성과 여성의 생물학적 구별이 섹슈얼리티의 형태를 설명하기에는 부적합하다며 성적 선호와 실천의 다양성을 주장했다.[56] 이것은 문제가 아니다. 하지만 젠더화된 섹슈얼리티 형태를 도입하는 것은 하나의 균열에서 다른 균열로 옮겨가는 것이다. 이러한 이동은 사회화 이론에 익숙한 것으로서, 남성성 및 여성성의 양적 구별과 그것들이 남성 주체성 및 여성 주체성 구성과 맺는 관계에서만 적합할 뿐이다. 여기서도 신체는 성 중립적인 것으로, 의식은 수동적인 빈 서판으로 다뤄진다.

위와 같은 맥락에서 나는 밀렛과 오클리와 같은 페미니스트들이 처음 제안했고 초도로우가 이어받은 탈젠더화 프로그램이 남성성과 여성성을 조건화된 행동 형태로 오해(이는 트랜스섹슈얼리즘의 발생에 대한 스톨러의 잘못된 주장에서 비롯한다)한 데서 근거한다고 주장한다. 더 정확히 말하면, 나는 '남성성'과 '여성성'은 생물학 층위의 '남성'과

• • •

55. 바렛의 경우 이는 명백하다. 가령 *Women's Oppression*, pp. 53f[미셸 바렛, 『다시 보는 여성학』, 113쪽]를 참조.

56. 가령 T. Carrigan, 'Of Marx and Men', *Gay Information*, no. 11(1982); C. Johnston, 'Radical Homosexual Polities', *Gay Information*, nos. 2-3(1980)을 참조.

'여성'과 상상적 신체의 층위에서 상응한다고 주장한다. 반복하건대, 이 진술은 '남성성'과 '여성성'의 고정된 본질을 의미하는 것이 아니라 오히려 역사적 종별성을 함축하는 것이다.

평등의 페미니즘과 차이의 페미니즘이 낯선 대립 관계를 맺게 된 원인은 부분적으로는 소위 마르크스주의의 '위기'에서, 그리고 많은 페미니즘 작업에서 마르크스주의 경향이 퇴조한 것에서 찾을 수 있다. 또 다른 차원에서 프랑스 페미니즘의 영향[57]은 대체로 마르크스주의–페미니즘의 정치학과 대립하는 차이의 정치학을 정식화하고 방어하는 데 공헌했다.

성적 평등의 요구가 점진적으로 소멸하고 성적 차이의 강조가 부상한다는 점은 순수 실용적인 차원에서도 설명될 수 있다. 실제로 여러 분야에서 이러한 일들이 벌어졌다. 예컨대, 평등한 법적 지위에 대한 요구는 이제 누군가에게는 역효과처럼 여겨진다. 폭력적 남편을 살해한 죄를 선고받은 여성의 무죄를 주장하는 페미니스트 캠페인은 살해 유발에 관한 법이 대개 남성과 여성이 가진 불균형한 힘에 대해서는 설명하지 않는다고 주장한다.[58] 마찬가지로 많은 페미니스트들은 최근 도입된 차별 금지 법안이 남성에 의해 악용된다는 것을 지적했다.

하지만 평등에서 차이로의 전술적 전환에는 이론적인 이유들 또한 존재한다. 이 중 가장 중요한 것은 (인종이든, 계급이든, 성이든) 억압에 관한 분석에서 이론적 핵심 개념들에 대한 환멸이다. 합리론적 주체관을 그 토대에 두고 있는 이데올로기 통념이 딱 그런 사례이다. 이데올로기

• • •

57. Eisenstein and Jardine, *The Future of Difference,* pt. II를 참조.
58. W. Bacon and R. Landsdown, 'Women who Kill Husbands: The Battered Wife on Trial', in C. O'Donnell, and J. Craney, eds., *Family Violence in Australia*, Melbourne, Longmans–Cheshire, 1982를 참조.

를 극복하는 것은 계획된 사회 변혁이나 혁명에 전제조건인 것처럼 여겨졌다.

이러한 사회 변화에 대한 초기 페미니즘의 기여는 노동의 성적 분업이 지닌 자연성에 도전하는 것이었다. 따라서 이데올로기는 자본만큼이나 가부장제에 부역하는 것으로 이해되었다. 그러므로 자본주의에 맞선 투쟁은 가부장제에 맞선 투쟁으로 보충되어야 했다. 상정된 '평등 사회' 의 장애물은 여성의 생식 능력 그리고(또는) 양육에서 여성의 배타적 책임이었다. 이 문제에 대한 초기 페미니즘의 대응에는 파이어스톤 Shulamith Firestone의 '사이버네틱 공산주의'[59]도 포함되었는데, 이는 생식 능력의 완벽한 테크놀로지화 및 사회화를 통한 문자 그대로 신체들의 중성화를 제안하는 것이었다.

파이어스톤이 간과한 것은 그녀가 원한 중성성이 사실 중성성이 아니라 (남성이 정상과 표준으로 보이는 사회 속에서) 여성의 '남성화' 또는 '표준화'라는 것, 즉 '여성'을 '남성'으로 만드는 것이라는 사실이 다.[60] 이 운동은 많은 페미니스트들이 끊임없이 제기할 만큼 담론과 정치에서 많은 반향을 가져왔다.[61] 신체를 중성화하고자 하고, 그 결과 이데올로기에 우위를 할당하는 데서 내포된 것은 신체의 완전한 수동성

• • •

59. S. Firestone, *The Dialectic of Sex*, London, Paladin, 1972[『성의 변증법』, 김민예숙·유숙열 옮김, 꾸리에, 2016]의 특히 제 10장을 참조.

60. 이러한 맥락에서 자연 상태에 여성은 없다는 환상에 대한 설명으로 J. Flax, 'Mother—Daughter Relationships: Psychodynamics, Politics and Philosophy', in H. Eisenstein and A. Jardine, eds., *The Future of Difference*, Boston, G. K. Hall & Co., 1980, esp. pp. 29f를 참조.

61. 예컨대 S. Moller Okin, *Women in Western Political Thought*, Princeton, N. J., Princeton University Press, 1979; C. Miller and K. Swift, *Words and Women*, New York, Anchor Doubleday, 1977의 제 10장; D. Spender, *Man—Made Language*, London, Routledge & Kegan Paul, 1980을 참조.

이라는 가정이다. 이러한 분석은 기껏해야 가부장적 성역할의 사회화와 가부장적 의식 간의 주로 영미英美식의 어리석은 경험 방정식을 산출할 뿐이다.

성적 차이의 중립화와 더불어 섹스/젠더 구별은 성적 차이를 무시하고 '계급', '담론', '권력' 또는 여타의 '좋아하는 화제'를 우선시하려는 욕망을 드러내는 집단이나 개인들에게나 적합하다. 그들의 설명은 마치 여성들의 신체 및 여성들의 신체에 대한 재현과 통제가 페미니즘 투쟁에서 결정적 지분을 갖지 않는다는 듯이, 성의 정치학을 젠더 차이로 축소시키고, 젠더와 권력, 젠더와 담론, 젠더와 계급 간의 관계들을 근본적인 것으로 상정함으로써 페미니즘 투쟁과 이론을 함부로 끌어다 쓰고 하찮은 것으로 만든다.

제2장

정치체 속 신체적 재현/정치체와 신체적 재현[*]

    이 글에 다소 어색한 제목을 지은 것은 정치 이론에서 '재현'이라는 용어가 가지는 애매성에 주목을 끌기 위해서이다. 첫째, 나는 근대 정치체의 이미지 구성이라는 측면에 초점을 맞추고자 한다. 이는 정치체가 인간 신체를 이미지, 모델, 은유로 사용하는 하나의 창조적 행위에 의해, 즉 어떤 기예나 인공적 작업에 의해 구축된 것이라는 주장에 대한 검토를 수반한다. 이러한 주장의 배경에는 군주적 정치적 권위의 규약성 또는 인공성을 옹호했던 17세기(및 18세기)의 사회계약 이론가들이 있다.[1] 군주적 정치적 권위가 자연적인 것 또는 신으로부터 주어진 것이 아니라

· · ·

* 이 장의 초기 판본은 1987년 시드니의 퍼포먼스 스페이스^{Performance Space} 행사에서 발표되었고, R. Diprose and R. Ferrell, eds., *Cartographies: Poststructuralism and the Mapping of Bodies and Spaces*, Sydney, Allen & Unwin, 1991에 수록돼 출간된 바 있다.

1. 가령, J. Locke, *Two Treatises of Government*, London, Cambridge University Press, 1967[존 로크, 『통치론』, 강정인·문지영 옮김, 까치, 1996]. J. J. Rousseau, *The Social Contract*, Harmondsworth, Penguin, 1968[장 자크 루소, 『사회계약론』, 김영욱 옮김, 후마니타스, 2018].

동의와 규약에 토대를 둔 것이라면 그것은 가변적인 것이 된다. 여기서 신체의 은유는 유비의 방식으로 작동한다. 인간이 신의 창조력의 재현으로서 이해될 수 있듯이, 정치체는 인간의 창조력의 재현, 곧 기예(인공물)로서 이해될 수 있다.

'재현'의 두 번째 의미는 이 정치 조직체에 의해 재현될 자격이 있는 것은 누구의 신체인지를 고찰할 때 드러난다. 이는 하나의 신체 또는 행위자가 다양한 신체들로 이루어진 집단을 대표한다는 의미로 '재현'을 이해하는 것이다. 우리는 여기서 복합적 신체가 그 신체의 특권적 부분으로 환유되는 재현을 고려하는 것이다. 여기서 은유는 환유로 미끄러진다. 이 문제와 관련된 배경 문헌에는 17세기 이래로 다양한 저작들이 있는데, 이들은 여성에 대한 남성의 자연적 권위 및 남성 가장이 가정 전체의 관심사의 대표를 맡는 것의 타당성을 다루고 있다.[2]

내가 은유적인 것이라 칭한 '재현'의 첫 번째 용법은 이러한 이미지가 정치체에 의해 재현되는 자는 누구인지에 영향을 미치는 방식과 관련된다. 이 첫 번째 갈래(은유적인 것)를 다루기 위해 나는 17세기 중반의 한 저작을 인용하며 시작할 것이다. 그 시대의 전형적인 방식으로 인간 신체의 부분들 및 기능들과, 정치체의 부분들 및 기능들 간의 세밀한 조응을 상정하고 있는 저작이다. 그 저작은 바로 『리바이어던』, 저자는 토마스 홉스이다.

> 기예에 의해 커먼웰스, 곧 국가, 라틴어로는 키비타스라고 불리는
> 저 거대한 리바이어던이 창조된다. 이는 인공적 인간이다. 인공적

• • •

2. 로크와 루소 모두 이러한 입장을 견지한다. Locke, *Two Treatises of Government*, bk. II, s. 82[『통치론』, 80쪽]. Rousseau, *Emile*, London, Dent & Sons, 1972, p. 370, 412, 442[『에밀』, 김중현 옮김, 한길사, 2003, 736, 812, 866쪽]를 참조

인간은 자연적 인간보다 키가 더 크고 힘도 더 세지만, 자연적 인간의 보호와 방어를 목적으로 한다. 주권자는 신체 전체에 생명과 운동을 부여하는 인공적 영혼이며, 치안판사와 사법부의 행정관리들은 인공적 관절들이다. 보상과 처벌은 주권자를 모든 관절 및 구성원을 연결시켜 그의 의무를 수행하게끔 하며, 신경이 자연적 신체에서 하는 것과 동일한 일을 한다. 모든 구성원들의 부와 재산은 힘이며, 인민의 복지, 인민의 안전은 그 힘이 할 일이다. 조언자는 그가 알 필요가 있는 모든 것들을 제안하는 기억이다. 공평과 법은 인공적 이성과 의지이다. 일치는 건강이고, 소요는 질병이며, 내란은 죽음이다. 마지막으로, 이 정치체의 부분들을 처음 만들어내고 모으고 결합시킨 협정과 신약은 창조의 신이 내린 언명, 인간을 만들자는 그 명령을 닮았다.[3]

나는 이러한 홉스의 견해의 두 가지 중요한 측면에 주목하고자 한다. 첫째, 홉스는 인공적 인간의 창조 이면에 있는 동기는 자연적 인간의 '보호'나 '방어'라고 주장한다. 우리는 자연적 인간이 누구 또는 무엇으로 부터 보호가 필요하다는 것인지 궁금해진다. 홉스의 답변은 자연적 인간이 다른 인간들 및 자연으로부터 보호를 필요로 한다는 것이다. 홉스에 의하면, 자연 상태에서 인간은 "지속적인 공포"와 "생사의 갈림 길"에 놓여 있고, 그의 삶의 질은 "고독하고, 빈곤하며, 험악하고, 잔인하고, 짧다"는 말로 요약된다.[4] 내가 강조하고 싶은 두 번째 지점은 정치체에 생명을 불어넣은 신의 선언과 같은 그 명령이다. 홉스에게 이 명령은

• • •

3. T. Hobbes, *Leviathan*, Harmondsworth, Penguin, 1968, pp. 81−82[『리바이어던: 교회국가 및 시민국가의 재료와 형태 및 권력』 1·2, 진석용 옮김, 나남, 2008, 21−22쪽].
4. Ibid., p. 186[같은 책, 172쪽].

남성들이 남성들 간에 맺은 계약과 협약을 가리키기 때문이다. 이 신격화된 통치자들은 그의 말이 어마어마한 창조력을 가짐에도 불구하고, 신이 그랬듯이 인공적 이브를 창조하는 데까지는 나아가지 않는다. 아마도 아들들은 아버지의 실수로부터 배웠던 것 같다.

따라서 연합한 남성들의 '말'이 창조해낸 인공적 인간은 여성과 자연 모두를 상대해야 하는, 필요하지만 어려운 그 위험으로부터 벗어나게 된다. 여성과 자연으로부터의 독립 및 연합이라는 이 남성적 이미지는 유아기의 불안 및 그에 대처하기 위해 만들어진 환상에 대한 정신분석학적 설명과 확실히 공명한다.[5] 인공적 인간의 이미지, 즉 정치체는 모성의 신체로부터 독립하고자 하는 유아기의 열망을 완벽하게 반영한다. 이 환상은 또한 신화에서도 발견된다. 보통 최초의 진정한 정치체로 간주되는 고대 아테네의 어원인 아테나Athena는 '여성'이 아닌 '남성'에게서 태어났다. 즉 아테나는 제우스의 머리에서 다 자란 모습으로 튀어나왔다. 아테네는 '미개한' 신들로부터 도시를 해방시킨 아테나에 대한 헌사 격으로 아테나로부터 이름을 딴 것이다. 아테나가 복수의 세 여신Furies을 아테네의 지하 구역으로 몰아넣었을 때, 그녀는 아테네 정치체의 남성성을 공식화한 것이다. 아테나는 어머니가 없다는 점에서 홉스의 인공적 인간처럼 남성 이성의 산물인 것이다. 그런데 만일 그녀가 어머니가 없었던 게 아니라면? 이 신화에서 종종 간과되는 부분은 제우스가 아테나를 '출산'한 것은 그가 임신한 아내의 신체를 통째로 삼키고 난 후라는 점이다.

여성 리바이어던이 부재하는 상황에서, 자연적 여성은 보호되지도

. . .

5. J. Flax, 'Mother–Daughter Relationships: Psychodynamics, Politics and Philosophy', in H. Eisenstein and A. Jardine, eds., The Future of Difference, Boston, G. K. Hall, 1980, esp. pp. 29f를 참조.

방어되지도 못하기 때문에 괴물 같은 리바이어던의 희생자가 되기 십상이다. 자연적 여성은 불운한 요나Jonah처럼 인공적 인간의 뱃속에 산다. 통째로 삼켜지고, 계약이나 협약이 아닌 통합incorporation에 의해 조직의 일부가 된 것이다. 근대 정치체는 여성의 신체들을 소모하는 것으로 '연명'해왔다. 여성들은 눈에 띄지 않게 이 인공적 신체의 내적 기관들과 필요들을 제공하며 이 신체의 생존력, 통일성, 온전성을 보존하고 신체의 부분들을 대신해온 것이다.

통일된 정치체라는 은유는 정치 이론에서 두 가지 중요한 효과를 가져 온다. 첫째, 인공적 인간은 여성의 신체를 통합하여 통제, 조절하면서도 자신이 내세우는 자율성을 손상시키지 않는데, 여성의 공헌은 보이지도 인정되지도 않기 때문이다. 둘째, 인공적 인간이 통합을 통해 이 외면적 통일성을 유지하는 한, 그는 차이를 승인할 필요가 없다. 은유는 우리의 정치적 용어를 오직 하나의 목소리에 제한하도록 기능한다. 그것은 하나의 신체, 하나의 이성, 하나의 윤리만을 말할 수 있는 하나의 목소리인 것이다.

아마도 인간 신체의 은유는 정치적 삶을 기술하는 명쾌한 방법일 것이다. 그 은유는 일반적 용법의 일부가 될 만큼 확실하여, 더 이상 그 기원에 대해서 유념하지 않는다. 사정이 이렇기에 정치체 개념이 의인적인 것이라고 주장하면 얼토당토않은 것처럼 여겨진다. 그러나 이 주장을 '인류anthropos'의 문자 그대로 또는 어원론적인 이해가 '남성'을 의미하는 것으로 한정한다면, 정치 형태의 이미지가 의인적이라는 것은 의미가 있다. 이는 근대 정치 이론에서 '재현'이 활용되는 두 번째 갈래(환유적인 것)로 우리를 인도한다. 여기서 우리는 신체적 통일이라는 이미지에 의해 재현되는 것은 과연 누구인지 생각할 필요가 있다. 확실히, 그 어떤 인간 형상도 인간성을 띠고 있다는 이유만으로 정치체의 저자나 배우로 간주될 자격이 생기지 않는다. 그리스 철학의 고전적 표현에 따르면, 이성과 희생의 능력이 있다고 여겨지는 신체만이 정치체의 능동적 구성원이 될 수 있다. 이러한 허가는 언제나 박탈을 함축한다. 신과 아브라함 간의 본래적 협약(살과 음경 포피의 박탈이 포함되는 계약)에서부터 신체적 희생은 협정의 변함없는 특성이 되었다. 심지어 우리가 '알고' 있는 유일한 여성적 정치체인 아마존에서도 유방절제 의식을 행했다.

서로 다른 시대에 다른 종류의 존재들이 단순히 그들의 신체적 종별성 때문에 계약에서 배제되곤 했다. 노예, 외국인, 여성, 피정복자, 아이들, 노동 계급은 모두 한 번쯤 그들의 신체적 종별성을 이유로 정치적 참여에서 배제되었다. '적절한 박탈을 수행할 수 없는 이들'이라는 것이 이러한 배제의 공통분모가 될 수 있는가? 즉, 그들의 신체적 종별성이 정치체에 부적절한 유사체임을 나타내는가? 여성을 군사적 의무를 수행할 수 없는 존재로, 따라서 공격으로부터 정치체를 방어할 수 없는 존재로 구성하는 것이 이러한 예에 해당한다. 구성된 것이든 아니든, 이러한 무능력은 여성을 능동적 시민권에서 배제하기에 충분한 이유가 된다. 이 단계에서 신체에 대한 은유의 환유적 측면은 배제의 기능을 한다. 적절한 정치적 박탈을 할 수 없는 이들은 정치적, 윤리적 관계로부터 배제된다. 그들은 단지 자연으로, 단지 신체성corporeality으로 정의되었기에, 그들은 가장 기본적이고 물질적인 수준에 봉사하는 것 말고는 신성한 정치체에 참여할 여지가 없다. 정치체 이미지의 환유적 측면들이 어떻게 배제로서 기능하는지 설명하기 위해, 신체적 통일이라는 이미지를 좀 더 세부적으로 검토할 필요가 있다.

이러한 통일된 신체 이미지를 차용하는 담론들은 인간 신체의 은유가 일관된 것이라고 가정하지만, 물론 그렇지 않다. 적어도 나는 하나의 인간 신체에 대한 하나의 이미지와 마주친 적이 없다. 인간 신체들의 이미지들은 남성의 신체들 또는 여성의 신체들의 이미지들이다. 그 어떤 표준적 해부학 교본을 슬쩍 보기만 해도 '인간 신체'라는 구절이 가지고 있는 문제점이 시각적으로 증명된다. 인간 신체의 재현들은 대부분 남성 신체의 재현들이다. 젖을 분비하는 가슴, 질, 난소의 여성적 재생산 체계의 재현과 같은 신체의 일부, 신체 조각들의 삽화들은 아마도 가장자리에 위치할 것이다. 그 삽화들은 젖가슴, 음부, 엉덩이와 같이 분리되고, 조각화되고, 분해된 부분들의 사진을 보여주는 전문화된 포르노그래피 잡지들을 연상케 한다. 여성적 부분들, 파편들은 한 번에 한 조각씩 소비되고, 구독된다.

이러한 이미지에 상응하는 것은 정치 이론에서도 찾을 수 있다. 최근 페미니즘 연구는 자유주의 국가가 가정하는 중립적 신체란 암묵적으로 남성적 신체라는 점을 보여주었다.[6] 우리의 법적, 정치적 배치는 남성을 중심 모델로 설정하고, 낙태, 강간, 출산 수당 등등에 관한 입법적 삽화를 이따금씩 덧붙인다. 그러나 이 삽화들 중 어느 하나도 여성의 체현을 진지하게 취급하지 않는다. 그것은 여전히 예외이고, 일탈이며, 문자 그대로 남성 재현의 가장자리에 국한될 뿐이다. 여전히 '인류'는 보편적 유형, 보편적 신체를 재현할 수 있다고 여겨진다. 남성이 원형이며, 그의 신체가 인간의 신체로 여겨진다. 남성의 이성이 인간의 이성으로 여겨지며, 남성의 도덕이 하나의 윤리 체계로 공식화된다.

비교적 최근의 우리 역사에서, 다른 목소리, 다른 이성, 다른 윤리로 감히 발언하는 이들을 침묵시키기 위해 사용된 전략들은 시사점을 준다.

• • •

6. C. Pateman, *The Sexual Contract*, Cambridge, Polity Press, 1988[캐럴 페이트먼, 『남과 여, 은폐된 성적 계약』, 이충훈·유영근 옮김, 이후, 2001]. 특히 4장을 참조

여기서 나는 페미니스트가 개입한 역사에서 지배적인 것으로 보이는 두 가지 전략을 간단히 언급하겠다. 첫 번째 전략은 화자를 '동물화하는' 것이고, 두 번째 전략은 여성을 그녀의 '성'으로 환원하는 것이다. 정치체에서 자신에게 지정된 자리 바깥으로 나온 여성들은 욕심쟁이, 잔소리꾼, 암여우, 암캐, 성질 더러운 여자와 같은 용어로 비난받기 일쑤였다. 이는 여성이 정치체 속에서 정치체에 대해 말하고자 시도한다고 해도, 여성의 말은 인간의 말로 인식되지 않는다는 사실을 분명히 보여준다. 예컨대, 메리 울스턴크래프트Mary Wollstonecraft가 당돌하게도 여성의 정치적 권리라는 쟁점을 다루었을 때,[7] 월폴Horace Walpole은 그녀를 '속치마를 입은 하이에나'라고 불렀다. 여성을 '성'으로만 환원시키는 두 번째 전략은 여성의 말과 행동을 히스테리로 취급하는 것과 관련된다. '히스테리'의 어원은 자궁을 뜻하는 희랍어 '히스테라hystera'이다. 따라서 여성이 조성한 정치체의 무질서는 여성의 성에 고유한 것으로 간주되는 육체적 무질서로 재번역되었다.

이러한 두 전략 모두 정치체와 여성의 신체 이미지 간의 차이를 강조한다. 이러한 차이는 정치적 영역에서 여성의 부적합의 증거로서 해석된다. 하지만 아마도 이 차이는 더 이상 존재하지 않을지도 모른다. 결국 여성들은 현재 공적 영역에 허용되고 정치에 참여하며, 때때로 수상의 지위에 오르기도 한다. 그러나 이렇게만 말하는 것은 핵심을 놓친 것이다. 여성이 사적 영역의 따분한 반복 주기에서 벗어나고자 하다면, 보통은 가능하다. 여성이 가정에 갇혀서 겪는 히스테리와 함구증에서 탈출하고 싶어 한다면, 대개는 가능하다. 그러나 그 대가는 무엇인

• • •

7. M. Wollstonecraft, *A Vindication of the Rights of Woman*, Harmondsworth, Penguin, 1975[메리 울스턴크래프트, 『여권의 옹호』, 손영미 옮김, 연암서가, 2014].

가? 우리가 단순한 동물적 존재에서 '치료'될 수 있는 것은 '남성 되기'를 통해서이며, 히스테리에서 '치료'될 수 있는 것은 '자궁적출술'을 통해서이다.

나는 정치체의 은유가 다소 시대착오적이고, 현재 정치적·사회적 실천에 불안정하게 정박해 있다는 점을 인정한다. 이러한 정치체는 노예, 외국인, 여성, 노동 계급과 같은 배제된 이들의 잇따른 공격으로부서지고 약화되어왔다. 그렇다고 해서 이것이 우리가 현재 다형적인 정치체를 가지게 되었음을 의미하는 것은 아니다. 확실히, 지난 2~300년동안 많은 배제의 제도적 장벽과 제도적 방식이 제거되는 것을 목격했다. 하지만 제도화된 평등 원리보다는 배제의 방식에 대해 할 이야기가더 많다. 예컨대 여성이 이러한 정치체 속에서 말하고자 한다고 해도, 말할 수 있는 것은 제한적일 것이다. 여성이 이러한 이성과 이러한 윤리로 살아간다고 해도, 여전히 다른 신체로 살게 될 것이다. 즉 여배우, 여전히 신체의 한 부분, 주둥이일 것이다.

이러한 정치체의 구성의 역사를 설명함에 있어서 내게 분명하지않은 것은 그것이 동일한 것만을 수용할 수 있는지 하는 것이다. 나는근대 정치체가 남성적 신체의 가치와 역량에 대한 환상을 반영하는 남성적 신체 이미지에 기초를 둔다고 주장했다. 이러한 이미지의 효과는우리의 사회적, 정치적 행위에서 그 현대적 영향력을 드러낸다. 우리가말하는 방식과 말하는 내용에서 알 수 있듯이, 여전히 특정한 신체들과그들의 관심사에 암묵적으로 특권이 부여되고 있다. 남성 신체의 이성과윤리를 남성 신체의 목소리로 표현할 수 없는 이들의 허용은 거부된다. 그 정치적 언어는 다른 문제들을 표현할 그 어떤 어휘도 공간도 가지고있지 않다. 우리의 정치체는 자신의 능동적 구성원이 재생산 노동으로부터 자유롭고 집안일로부터 자유로우며, 그의 홉스적 '조언자'가 '속삭인'

것이나 그의 법률이 '의지한' 것을 제외한 다른 어떤 욕망으로부터 자유롭다고 여전히 가정하고 있다. 이러한 정치체가 다룰 수 있는 것은 '미리 정해진' 지위와 '미리 구성된' 권력이나 권위의 지점에 접근하는 문제이다. 어떻게 또는 어떠한 방식으로 이러한 지위와 지점을 차지하게 되었는지의 문제는 다룰 수 없다. 또한 선점자에게 가능한 행동들이 그의 신체적 종별성에 의해 어떤 제한 조건들을 가지게 되었는지도 물을 수 없다. 다양한 신체들이 '비어 있는' 사회적, 정치적 공간을 어떻게 동일한 것으로 '채우는'지에 대해서도 다룰 수 없다. 이러한 맥락에서, 나는 1987년 팻 슈로더Pat Schroeder가 미국 대선 후보에서 사퇴한 것도 이 문제와 관련이 있지 않을까 한다. 그녀는 자신의 욕망, 행동, 계획들이 자신의 의도와 상관없이 미리 결정된 의미에 귀속되지 않으면서 공적 영역을 차지하는 법을 '알아내지' 못했기 때문에 사퇴한다고 말했다.

나는 이 문제가 적어도 부분적으로는 하나의 신체 이미지에 우리가 지속적으로 매료되어 있다는 사실과 관련이 있다고 주장한다. 이 이미지는 신체적 교환 가능성에 기초를 둔 평등의 꿈에 속하는 것으로, 19세기 자유주의에서 만개했던 것이다. 그러나 그것은 '남성들의 꿈'이다. 여성과 타자들은 이 꿈의 동반자가 아니다. 따라서 늦게나마 이 꿈에 동참하고자 하는 것은 누군가의 정신병을 공유하고자 시도하는 것만큼 헛된 일이다. 사회적으로 공유되는 평등주의라는 정신병은 17세기(와 18세기) 정치학의 권력 구조를 확산시키는 문제를 다루기 위해 구성되었다. 근대 정치체에 대한 이러한 환상은 연합한 남성들의 '말'에 의해 구성된 것으로서, 여성과 타자들 및 정치체에 종별적으로 배제된 이들에게는 적합하지 않다. 이러한 '타자들', 즉 자신들을 '전부' 또는 '완전히' 반영한 이미지를 갖는 만족감을 절대 경험해본 적 없는 이들에게 이 꿈이 갖는 마력은 그렇게 구속적이지 않는다. 문화적 자아 이상이란 엄청난 자기기만의 행위가 없다면 유지될 수 없는 것이다. 그렇다면, 대안은 무엇인가?

우리가 하나의 신체, 하나의 목소리, 하나의 이성에 매료되어 있다면, 어떤 일탈도 횡설수설의 형태로 인식될 것이다. 여성이 여성의 신체로, 여성의 목소리로 말한다면, 누가 들을 수 있겠는가? 히스테리적 언어, 하이에나의 울부짖음, 야만인의 지껄임을 누가 해독하겠는가? 또 다른 히스테리, 하이에나, 야만인이 아니라면 말이다. 우리의 정치적 어휘는 너무나 제한적이어서, 신체적 차이의 표현을 허용하라는 종류의 문제들을 제기하는 것은 그 안에서는 가능하지 않다. 어떤 체현된 말은 허용되지 않을 것이다.

우리의 정치적 어휘가 무력하다는 사실은 이 문제를 윤리적 영역에서 고려하는 것이 더 적절하다는 주장으로 이끈다. 여기서 나는 '윤리적'이라는 말을 아마도 오랫동안 망각되었던 의미, 윤리학이 우리 체현의 종별성과 결정적으로 관련되어 있다는 의미로 사용하고 있다. 그것은 틀림없이 칸트 이전의 통념이다.[8] 그것은 점점 협소해지는 윤리의 정치적 조직화보다 선행하는 것이며, 이성(누구의 이성?)이 지시하는 일련의 보편적 원리로 환원 가능한 것으로 개념화하는 윤리보다 선행하는 것이다. 이는 우발적 삶의 형태가 아니라 하나의 필연적인 삶의 형태임을 자임하는 어떠한 윤리 체계와도 대립한다. 보편적 윤리가 허용할 수 있는 것은 기껏해야 하나의 신체의 **확장**일 뿐이다. 평등에 대한 스스로의 고집에서 오는 압력 때문에, 여성, 노예, 타자들을 받아들이게 될 수도

• • •

8. 내가 염두에 두는 윤리학의 통념은 신체와 그것의 쾌락, 권력, 역량을 고찰하는 것이다. 스피노자의 『윤리학』이 그 좋은 예이다. 스피노자의 윤리 이론이 오늘날 우리에게 제공하는 바에 대한 설명으로 G. Deleuze, *Spinoza: Practical Philosophy*, San Fransisco, City Lights Books, 1988[질 들뢰즈, 『스피노자의 철학』, 박기순 옮김, 민음사, 2001]. 특히 2장과 6장을 참조.

있다. 그러나 두 번째, 세 번째, 네 번째 신체가 상정되는 것은 용인되지 않을 것이다. 호크Bob Hawke 총리가 1988년 호주 200주년 기념일을 앞두고 원주민 토지 권리 운동에 화해의 몸짓을 보낸 것은 내가 여기서 주장하는 바를 보여주는 하나의 예가 될 수 있다. 그는 정치체를 미용실로 데리고 가서 성대한 생일 파티에 최고의 모습으로 나타나기를 바랐다. 미용 시술에서 중요한 요소는 원주민의 신체를 학대한 역사 때문에 정치체에 생겨난 흠집을 처리하는 일이었다. 호크가 17세기 정치적 문헌에서 더 흔하게 쓰였던 용어인 협정compact의 체결을 요구하며 화해하길 바랐다는 점은 시사하는 바가 있다. 이 용어는 하나의 신체를 이루는 유사한 존재들, 평등한 자들 사이의 합의를 함축하고 있다. 반면에 일부 원주민들은 상호 간의 차이를 존중하는 서로 다른 존재들 사이의 합의를 함축하는 용어인 조약treaty의 체결을 요청했다. 이것은 또한 두 개의 신체를 인정해 달라는 요구를 포함하는 것이다. 호크는 조약의 체결을 거부했는데, 이것은 다른 목소리, 다른 신체를 인정하는 것으로, 가장 깊은 두려움을 불러일으키는 것이기 때문이다. 다른 신체를 인정한다는 것은 내 자신을 떠나서 대화와 토론에 열려지고, 타자의 법과 타자의 윤리와 관계 맺는다는 것이다.

대화와 관계의 가능성을 열어두기 위해서는, 페미니즘 정치가 이러한 통일의 환상 속으로 완전히 허용되기를 끊임없이 요구하는 것이 부질없다는 사실을 인식해야 한다. 이는 여성의 신체가 '주인'이 되기를 더 이상 요구하지 않는 것이다. 왜냐하면 이는 여성에게 자기 자신을 먹고 살기를 요청하는 것이 되기 때문이다. 어떻게 스스로를 잡아먹는 일에 참여할 수 있는가? 나는 오히려 다음과 같은 질문을 제기하고 싶다. 이것은 누구의 신체인가? 그것은 얼마나 많은 변형을 겪었는가? 그리고 그것이 취할 수 있는 가능한 형식은 무엇인가? 이러한 질문들에 답변하는 데 있어서 중요한 것은 몇몇 페미니즘 저작에서 눈에 띄는 유혹, 즉 하나의 신체를 두 개의 신체로, 하나의 윤리를 두 개의 윤리로, 하나의 이성을 두 개의 이성으로 대체하고자 하는 유혹을 견디는 것이다. 이는 우리 자신의 이미지를 응시하는 것과 관련된 낡은 나르시시즘적 매혹을 이중의 방식으로 반복하는 것이 될 뿐이기 때문이다. 이것으로 이룰 수 있는 최선의 것은, 말을 해도 아무도 듣지 않아 결국 웅덩이에 나르키소스와 합류한 에코의 페르소나를 떨쳐버리는 데 성공한다는 것일 뿐이다.

이 글은 모종의 남성적 환상을 전형적으로 보여주는 인용문으로 시작했으므로, 또 다른 인용문으로 끝맺으려 한다. 이탈로 칼비노Italo Calvino의 『보이지 않는 도시들』에서 인용하고자 하는데, 이 작품은 (신성 국가) 설립자 쿠빌라이 칸과 (자신이 방문한 많은 도시들에 대한 설명으로 쿠빌라이 칸을 즐겁게 만든 호기심 많은 탐험가) 마르코 폴로 사이의 대화들로 구성되어 있다. 다음은 '도시와 욕망'이라는 제목을 가진 장에 나오는 부분이다.

거기에서부터, 여섯 번의 낮과 일곱 번의 밤이 지나면, 달빛이 비치고 거리들이 실타래처럼 감기는 하얀 도시, 조베이데Zobeide에 당신은 도착한다. 거리들은 도시의 건립에 관한 이야기를 들려준다. 서로 다른 나라의 남성들이 똑같은 꿈을 꾸었다. 그들은 한밤중에 한 여성이 낯선 도시 사이를 달리고 있는 것을 보았다. 그녀는 발가벗고 긴 머리카락을 뒤로 넘기고 있었다. 그들은 꿈속에서 그녀를 뒤쫓았다. 그들은 구불거리며 방향을 바꾸다가 모두 그녀를 놓치고 말았다. 꿈에서 깬 뒤 그들은 그 도시를 찾아 나섰다. 그들은 도시를 찾을 수 없었지만 서로를 발견했고, 꿈속 도시와 똑같은 도시를 짓기로 결정했다. 거리를 만들 때 그들은 각자가 추격했던 길을 따라갔다.

여성의 자취를 놓쳐버린 곳에서는 꿈과는 다르게 그녀가 다시는 도망칠 수 없도록 공간과 벽을 배치했다.

이것이 도시 조베이데이다. 남성들은 그곳에 정착하여 꿈속에서 본 장면이 어느 밤엔가 반복되기를 기다렸다. 꿈에서든 깨어서든, 그들 중 어느 누구도 그녀를 다시 만나지 못했다. 도시의 거리는 그들이 매일 일하러 나가며 지나는 곳이지만, 더 이상 꿈속의 추격과는 관련이 없다. 그 추격은 오래전에 잊혀졌다.

처음 도착하면, 이 보기 흉한 도시 조베이데, 이 덫으로 사람들을 이끄는 것은 무엇인지 이해할 수 없다.[9]

나는 이 꿈이 상당히 비전형적이라고 생각한다. 통일성의 상징물 안에 차이를 '잡아서', '억누르려는' 욕망의 덧없음에 대해 말하고 있기 때문이다. 또한 이 꿈은 경험했지만 기억나지 않은 상실을 마주하는 남성적 무기력에 대해 말하고 있다. 도시와 국가에 대한 이러한 꿈과 환상에는 흥미롭게 겹쳐지는 지점이 있다. 복수의 세 여신이 아테네에 구금되어 있는 것처럼, 조베이데의 여성들은 도시의 벽 속에 갇혀 있다. 여성들과 타자들의 말을 들을 수 있는 가능성은 이 최초의 꿈을 추모하고 '통과하는' 것과 결정적으로 연관되어 있다.

• • •

9. I. Calvino, *Invisible Cities*, London, Picador, 1979, p. 39[이탈로 칼비노, 『보이지 않는 도시들』, 이현경 옮김, 민음사, 2007, 60–61쪽].

제 3 장

여성과 여성의 이중성(들): 섹스, 젠더, 윤리학*

섹스와 젠더라는 용어는 최근 페미니즘 이론의 전개 과정에서 점점 더 논쟁적인 관계를 가지며 관심의 대상이 되고 있다. 여성이라는 것과 여성적 특성을 드러내는 것 간의 연관, 또는 남성이라는 것과 남성스러움 간의 연관은 필연적·자연적 연관에서 사회적·임의적 연관에 걸쳐 있는 어떤 것, 또는 두 극단의 어떤 혼합으로 특징지어져 왔다. 수많은 집단에서 젠더라는 용어는 섹스라는 용어를 완전히 대체하게 되었으며, 후자는 이제 주로 성관계의 약어로 쓰이고 있다. 자신의 성을 묻는 질문에 '남'이나 '여'라고 하지 않고 '네'라고 답한다는 농담이 있을 정도이다. 적어도 내가 보기에 최근에는 또 다른 종류의 농담이 생겨날 수 있는데, 바로 젠더에 대해 '남'이나 '여'를 물을 때이다. 여성적 남성은 F에 표시하고, 남성적 여성은 M에 표시해야 하는가? 나는 그렇지 않다고 생각하는데, 구하는 정보가 그것이 아니라는 단순한 이유 때문이다. 물음의 대상은 그녀나 그의 젠더가 아닌 그 개인의 생물학적 섹스인 것이다.

섹스에서 젠더로의 이 같은 미끄러짐은 어떻게 생겨났는가? 흔해진 젠더 용어 사용의 토대를 이루는 것은 무엇인가? 물론 이 질문에 간단하게 답할 수는 없다. 어떤 경우든 복잡한 답변이 불가피하다. 가능한 답변에는 다음과 같은 것들이 포함될 수 있다.

1. 생물학적 분류로서의 섹스와 성적 행위로 이해되는 섹스를 혼동하지 않기.
2. 생물학적 남성들이 적대자나 페미니즘 비판의 표적이 아니라는 것을 보여주기. 오히려 그 표적은 남성성이 권력 및 지배와 연관되는, 역사적이고 문화적으로 생산된 짜임이라는 것을 보여주기.
3. 젠더의 사회학적 범주를 강조함으로써, 따라서 현재의 사회적 관계의 가변성을 강조하고 사회적 변화의 가능성을 열어둠으로써, 성별들 간의 사회적·정치적 관계를 생물학적이거나 본질주의적으로 설명하지 않기.
4. 남성이든 여성이든 제우스 머리에서 나온 아테나처럼 완전히 형성된 문화에서 튀어나오는 것이 아님을, 오히려 "여성은 태어나는 것이 아니라, 만들어지는 것"[1]임을 표명하며 인간 삶과 행위의 복잡성을 나타내기.

섹스/젠더 구별로 구성해낼 수 있는 다른 중요한 방어 논리들이 있다는 것은 의심할 여지가 없다. 그러나 이 구별의 유지를 주장할 때 방어되는

* * *

* 이 장은 *Australian Feminist Studies*, no. 10(Summer 1989)에 수록돼 출간된 바 있다.

1. S. de Beauvoir, *The Second Sex*, Harmondsworth, Penguin, 1975, p. 295[시몬 드 보부아르, 『제2의 성』 상, 조홍식 옮김, 을유문화사, 1993, 392쪽].

것은 정확히 무엇인가? 젠더란 무엇인가? 물론 우리는 남성성(공격성, 강인함, 독립성, 능동성)과 여성성(순종성, 나약함, 의존성, 수동성)과 관련된 특성들을 나열할 수 있지만, 이것들은 단지 목록일 뿐 젠더의 의미나 발생에 관해 말해주는 바는 거의 없다. 기껏해야 그러한 목록은 여성성과 남성성 간의 반정립적이고도 상호 보완적인 관계에 주목을 끌 뿐이다. 수동성과 능동성은 반정립적이고 상호 보완적인 관계에 있으며, 강인함과 나약함, 공격성과 순종성, 독립성과 의존성의 관계도 마찬가지이다. 우리는 여기서 각각이 다른 것을 전제하거나 함축하며, 전체를 형성하기 위해 결합하는 용어 내지 행위의 이중화(doubling)에 주목할 수 있다. 이 '이중화'와 '이중성the double'이라는 통념에 대해서는 아래에서 좀 더 다룰 것이다.[2]

남성성과 여성성에 대한 우리의 이해와 관련된 또 다른 문제는 '순수한' 유형이란 존재하지 않는다는 것, 즉 경험적 남성과 여성은 남성적 특성과 여성적 특성이 혼합되어 나타난다는 것이다. 로버트 스톨러와 지그문트 프로이트는 남성과 여성의 삶 속에 남성적 특징과 여성적 특징의 다양한 요소들이 있음을 강조한다. 그러나 둘 모두 이러한 종류의 혼합을 단지 양적 변이의 측면에서만 바라본다. 두 이론가는 여성이 남성보다 더 많은 양의 여성성을 소유하고, 남성은 여성보다 더 많은 양의 남성성을 소유한다는 규범적 기준을 받아들인다.[3] 여성이 여성성을 살아가는 방식과 남성이 여성성을 살아가는 방식이 비교되는 질적 차이

• • •

2. '이중성' 통념에 관한 좋은 개관으로는 D. L. Eder, 'The Idea of the Double', *Psychoanalytic Review*, vol. 65, no. 4(1978), pp. 579–614가 있다.

3. *The Standard Edition of the Complete Psychological Works of Sigmund Freud*(이하 S. E.로 약칭), J. Strachey, ed., London, Hogarth Press, 1978, vol. VII, pp. 219–220[『성욕에 관한 세 편의 에세이』, 김정일 옮김, 열린책들, 2004, 121–122쪽]과 R. Stoller, *Sex and Gender*, London, Hogarth Press, 1968, p. 9를 참조.

는 고려하지 않는다.[4]

남성과 여성이 경험하는 젠더 차이에서의 **질적** 차이를 다루지 못한다는 사실만으로도 우리가 젠더 용어를 주의해서 사용해야 하는 충분한 이유가 된다. 이러한 실패는 젠더 용어가 추상적이고 관념적인 방식으로, 즉 **체현된** 존재에서 추상하는 방식으로 사용되고 있다는 점을 알려준다. 적절하고, '보기 좋으며', (사회적으로) 적합한 남성인 것처럼 만드는 동일한 행동이 부적절하고, '보기 싫으며', (사회적으로) 부적합한 여성으로 보이게 만들 수 있다. 동일한 행동 유형으로 취급될지라도, 어떤 경우에는 보상받고 인정받는 것이 다른 경우에는 처벌받고 비난받는다. 이러한 사회적 반응은 관련된 개인에게 있어 남성성과 여성성의 의미에 막대한 영향력을 행사할 수밖에 없으며, 결국 그 또는 그녀만의 남성적 특징과 여성적 특징의 특정한 (양적) 결합을 살아가고 경험하는 방식에 있어서 질적 차이를 가져올 것이다. 나는 우리가 남성적이거나 여성적인 특성의 특정한 균형(또는 불균형)을 살아가는 방식에서의 이러한 질적 차이는 우리의 신체와 결정적으로 연관되어 있다는 점을 다른 곳에서 주장했다. 우리의 신체란 곧 우리 자신의 신체가 갖는 의미와 의의, 또 (이것과 분리될 수 없는) 문화 속에서 성별화된 신체의 의미와 의의이다. 그러한 성별화된 신체가 갖는 의의를 가려버리는 것이 바로 섹스/젠더 구별이다. 이 구별은 전형적으로 섹스는 생물학적으로 주어진 것으로, 젠더는 이 생물학을 지워버리는 사회적 구성으로 이해한다.

섹스/젠더 구별을 향한 비판의 다수는 정신분석 이론에 대한 페미니즘적 해석들의 관점에서 이루어졌다. 이 관점은 섹스/젠더 구별에 대한 대부분의 설명을 뒷받침하는 사회화 이론을 명시적으로 거부한다. 정신

• • •

4. 이 점에 대해서는, 그리고 여기서 단지 언급만 한 다른 점들에 대해서는 이 책의 제1장에서 더욱 자세히 다루었다.

분석은 생물학 그 자체를 문제적인 용어로 여긴다. 정신분석에서 인간 신체는 문화 외적인 것이거나 불변하는 자연의 일부가 아니다. 인간 신체는 항상 문화 속에서 살아가며, 인간 신체의 작동에 대한 이해는 그 자체로 문화적 생산물이다. 또한 문화의 가치와 전제는 불가피하게 우리의 이론화 속으로 들어오게 된다. 이 글에서 나는 정신분석 이론에서 가져온 두 가지 개념, 즉 신체 이미지[신체상]와 신체 이중성을 활용해 내가 '젠더' 용어에 대한 유용하고 생산적인 이해로 여긴 것을 살필 것이다.

분명 모든 인간은 자신의 신체 및 타인의 신체에 대해 (긍정적인 동시에 부정적인) 투여investment를 한다. 자기 자신의 신체에 대한 투여는 '환각지', 히스테리, 거식증, 폭식증으로 나타난다. 신체에 대한 투여를 인식하게 되는 것이 이러한 병리학의 존재를 통해서만은 아니다. 일상적인 우정, 가족, 연인 관계는 우리가 사랑하거나 동경하는 이들의 몸짓, 움직임, 말버릇 등을 '익히는' 방식으로 그들의 신체에 대한 우리의 투여를 보여준다. 이러한 내투사 또는 모방적 경향은 사랑하는 대상이 상실된 경우에 특히 분명해진다. 프로이트가 「애도와 우울증」[5]에서 보여주었듯, 우리는 상실한 것을 우리 자신의 자아에 통합시킴으로써 보존하고자 한다. 중요한 것은 이러한 통합 대부분이 신체 자아, 신체 이미지나 신체의 위치 모형postural model의 수준에서 이루어지며, 여기서 그것은 **모방**의 구조를 띤다는 것이다. 이 신체 이미지는 우리가 생물학으로 여기는 것과 관계가 없을 뿐만 아니라 어떤 **단일한** 신체와도 전혀 관계가 없는데, 인간 발달과 마찬가지로 이 모방적 활동은 계속되며, 과거의 투여는 삭제되는 것이 아니라 오히려 증대되기 때문이다.

• • •

5. S. Freud, S. E. *XIV*, pp. 239f[「슬픔과 우울증」, 『정신분석학의 근본 개념』, 윤희기 옮김, 열린책들, 2004, 239쪽 이하].

이러한 동일시 구조는 인간 조건에 내재하며, 인간 조건을 구성한다. 이 구조가 갖는 중요한 함축은 모든 인간 신체들이 교환, 동일시, 모방 체계의 일부라는 사실이다. 게다가 이 체계는 역동적이고 유연하다. 프로이트, 자크 라캉, 모리스 메를로퐁티, 파울 쉴더, 앙리 왈롱Henri Wallon 등이 신체의 이 뒤얽힌 체계를 이론화하는 다양한 방식들에 대해 다루는 것은 이 글의 범위를 벗어난다. 그것은 책 한 권 분량의 기획이다. 내가 여기서 할 수 있는 것은 이 이론가들의 주장의 가장 중요한 측면을 대략적으로 소개하고, 이들이 젠더 및 성차에 관한 현대 페미니즘 이론화에 영향을 줄 수 있는 몇 가지 중요한 방식들을 보여주는 것이다.

위에서 열거한 이론가들의 의견이 수렴되는 유일하고도 가장 중요한 지점은 아마도 자기self를 자연적으로 주어진 것이 아니라 사회적 구성물로 여긴다는 점일 것이다. 이 이론가들은 자기의식의 발생에 대한 헤겔의 견해와 공명하는 방식으로 자기의식이 의식들의 이원성 또는 이중화를 전제한다고 주장한다. 자기는 타자에 대립하여(일부 견해로는, 관계하여) 출현한다. 근대 시기 대부분의 이론가들과 마찬가지로, 헤겔은 대립을 통한 자기의식의 출현이 완전히 성숙한 두 의식 사이에서 발생한다고 가정하며, 성숙하고 동등한 대결이라는 인상을 자기의식에 부여한다. 이는 대부분의 근대 사회·정치 이론의 경향, 즉 인간 삶의 발달적 측면을 부정하고 특히 유아기 인간의 생존을 위한 타자(전통적으로, 어머니) 의존성을 부인하는 경향을 반영한다. 제인 플랙스Jane Flax는 이러한 부정을 특징적으로 여성과 아이를 배제하는 17세기(와 18세기)의 자연 상태에 대한 논의와 관련하여 증명하였다.[6] 이후의 이론가들은 그렇게 태만하

• • •

6. J. Flax, 'Mother/Daughter Relationships: Psychodynamics, Politics and Philosophy', in H. Eisenstein and A. Jardine, eds., *The Future of Difference*, Boston, O. K. Hall, 1980.

지는 않았다. 실제로 많은 사람들은 현대 정신분석 이론가들이 다른 방향으로 너무 나아갔다고, 모든 성인 특이성의 병인을 어린 시절에서 찾는 경향이 있다고 생각한다. 이는 정당한 비판일 수 있다. 그러나 자기의 발생 및 발달에 대한 대부분의 현대적 설명은 정신분열증(예컨대, 로널드 데이비드 랭R. D. Laing과 데이비드 쿠퍼D. Cooper 참조)에서 트렌스섹슈얼리즘(예컨대, 로버트 스톨러 참조)에 이르는 모든 병인에서 어머니와 아이의 원초적 관계가 결정적이라고 여기고 있다.

보다 최근에는 제시카 벤자민Jessica Benjamin,[7] 캐롤 길리건Carol Gilligan,[8] 낸시 초도로우,[9] 샌드라 하딩Sandra Harding[10]과 같은 페미니즘 이론가들이 자기 출현의 발달 이론을 젠더 차이의 구성뿐만 아니라 사도마조히즘, 도덕성의 다양한 형태가 갖는 젠더 종별성, 심지어 철학 및 과학의 특성을 설명하기 위해 활용하고 있다. 그러나 이들은 (『르네의 사생활The Story of O』을 분석하며 남성 신체와 여성 신체가 수행하는 역할을 암묵적으로나마 보여주는 벤자민을 예외로 한다면) 남성 자기 및 여성 자기의 출현을 다양하게 설명하면서도 신체라는 장소에는 거의 주목하지 않는

• • •

7. J. Benjamin, 'The Bonds of Love: Rational Violence and Erotic Domination', in H. Eisenstein and A. Jardine, eds., *The Future of Difference*, Boston, G. K. Hall, 1980.

8. C. Gilligan, 'In a Different Voice: Women's Conceptions of Self and Morality', in H. Eisenstein and A. Jardine, eds., *The Future of Difference*, Boston, G. K. Hall, 1980[캐롤 길리건, 「자아와 도덕의 개념」, 『다른 목소리로: 심리 이론과 여성의 발달』, 허란주 옮김, 동녘, 1997].

9. N. Chodorow, *The Reproduction of Mothering*, Berkeley, University of California Press, 1978[낸시 초도로우, 『모성의 재생산』, 김민예숙·강문순 옮김, 한국심리치료연구소, 2008].

10. S. Harding, *The Science Question in Feminism*, Milton Keynes, Open University Press, 1986[샌드라 하딩, 『페미니즘과 과학』, 이재경·박혜경 옮김, 이화여자대학교 출판부, 2002].

다. 이러한 간과는 게슈탈트로서 신체, 즉 전체로서의 신체보다는 아이가 내면화하는 신체의 **부분**에 주목하는 대상관계 이론에 대한 그들의 의존으로 부분적으로 설명될 수 있다.

대상관계 이론은 아이와 그 또는 그녀의 환경 간의 상호 관계를 강조한 클라인Melanie Klein학파 정신분석에 힘입은 바가 크다. 이는 유대감을 버리고 분리를 강조한 데서 탈이 났던 정통 정신분석 이론에 중요한 수정을 가하는 것처럼 보인다. 그러나 자기의 출현에서 유대감을 강조하는 것은 아이의 발달에서 하나의-전체-로서의 신체가 수행하는 역할에 충분히 주목하지 못하는 데서 탈이 난다. 아이의 신체는 '부분들과 조각들'로 구성될 수 있지만, 아이는 이를 게슈탈트 같은 총체적 도식으로 이해하기도 한다. 전체로서의 타자의 신체는 아이가 타자와 구별되는 정체성을 획득하는 데 결정적이다. 분리보다는 상호 관계를 강조하는 페미니즘 이론가들은 목욕물 버리려다 (전체) 아기까지 버리지 않도록 주의해야 한다.

프로이트에게서 상대적으로 덜 발전된 통념들을 따르는 이론가인 왈롱, 쉴더, 라캉, 메를로퐁티는 아이의 주체성 형성에 있어서 타자(어머니)의 전체 신체의 중요성을 강조했다. 주체와 대상 간의 구별이 최초로 학습되는 것은 타자(어머니)와 아이의 관계에서이다. 더욱이 이 관계는 적어도 부분적으로는 아이의 운동, 시각, 청각, 촉각 기능의 차등적 발달에 따라 결정된다. 구체적으로, 아이는 타자의 전체성, 타자의 신체적 온전성의 이미지를 인식할 수 있으며, 자신의 운동 능력이 그러한 온전성을 '정당화'하기 전에, 즉 자신의 운동 감각의 경험이 통합되기 전에, 이 온전성이 자신의 것이 '되리라고' 예상할 수 있다는 것이다. 이런 이유로, 거울 단계에 있는 아이의 게슈탈트 또는 신체 이미지는 "분명 구성된 것이라기보다는 구성하는 것이다"[11]라는 라캉의 유명한 구절이 따라 나온다. 확실히 이 설명은 시각적인 것에 상당한 강조점을 둔다. 아이는 자신의 전체성을 느끼기 전에 보며, 이러한 보기는 실제로 아이의 이후의 정체성을 개별적이고 완전한 것으로 구성한다.

정신분석 이론의 이러한 시각 애호 경향을 비판해왔던 페미니스트들은 여성적인 것과 더욱 밀접하게 연결된다고 가정되는 촉각과 같은 다른 모든 감각들에 비한 시각의 특권화에는 특히 남성적인 무언가가 있다고 주장한다.[12] 보이는 것을 특권화하는 이러한 경향은 아마도 성차에 대한 프로이트의 설명에서 가장 명시적으로 드러날 것이다. 예컨대, 여성의 거세 콤플렉스에 관한 프로이트의 논평을 떠올려보라. "그녀는 눈 깜짝할 사이에 판단하고 결정한다. 그녀는 그것을 보고 자신에게 그것이 없다는 것을 알고는 가지고 싶어 한다."[13] 시각적인 것에 대한 이러한 편향은 거울 단계에서의 자아의 '원초적 형성'에 대한 라캉의 이론화에서 더욱 명시적이다. "여성 섹슈얼리티 자율성의 옹호자들"은 이 사실을 좋아하지 않겠지만, "페니스는 신체 이미지의 형태에 지배적"이며, "이는 단지 문화적 영향으로 깎아내릴 수 없다."[14]

그러나 이처럼 보이는 것과 볼 수 있는 것을 특권화하는 주장에는

- - -

11. J. Lacan, *Ecrits*, London, Tavistock, 1977, p. 2[『에크리』, 홍준기·이종영·조형준·김대진 옮김, 새물결, 2019, 115쪽].

12. 예컨대, L. Irigaray, 'This Sex Which is Not One', in E. Marks and I. Courtivron, eds., *New French Feminisms*, Amherst, University of Massachusetts Press, 1980, p. 101[『하나이지 않은 성』, 이은민 옮김, 동문선, 2000, 34–35쪽]; H. Cixous, 'Sorties', ibid., p. 92[「출구」, 『메두사의 웃음/출구』, 박혜영 옮김, 동문선, 2004, 52–53쪽]을 참조.

13. 'Some Psychological Consequences of the Anatomical Distinction between the Sexes', S. E. XIX, p. 252[「성의 해부학적 차이에 따른 심리적 결과」, 『성욕에 관한 세 편의 에세이』, 김정일 옮김, 열린책들, 2004, 308쪽].

14. J. Lacan, 'Some Reflections on the Ego', *International Journal of Psychoanalysis*, vol. 34(1953), p. 13.

낡은 부정의 방어 장치가 숨겨져 있다. 프로이트는 부정이란 부인과 인정이 함께 작동하는 것을 허용하는 과정이라고 기술한다. 주체는 갈등적이고 모순적인 두 관념들, '실재'를 인정하는 관념과 부인하는 관념을 동시에 받아들인다. 무의식과 같은 부정의 장치는 기꺼이 모순율을 위반한다. 프로이트는 부정이 "아이들의 정신생활에서는 드문 것도 위험한 것도 아닌 것처럼 보이지만, 성인의 경우에는 정신이상의 시작을 뜻하는 과정"[15]이라고 주장했다.

의미심장하게도 프로이트는 후기 작업에서 이 법칙의 예외를 단 하나에 허용한다. 부정의 메커니즘이 성인 남성의 성생활 영역에서 일어날 때는 정신이상을 유발하는 것이 아니라 단지 페티시즘에 지나지 않는다는 것이다. 오직 성인 남성의 페티시만이 남성이 거세된 여성을 성적 대상으로 두려움 없이 접근할 수 있게 한다. 페티시스트가 여성을 성적 대상으로 취급할 수 있는 것은 그가 상실한 팔루스의 가치를 여성 신체나 여성 의복과 같은 또 다른 부분으로 대체했기 때문이다.[16] 사실 페티시는 '보기'로부터, 정확히는 '볼 만한 것이 없음'을 본다는 것으로부터 페티시스트를 보호한다. 따라서 프로이트에게 남성의 이성애는 정신이상이 되지 않으며, 정도의 차이가 있을 뿐인 페티시이다.

이 모든 것은 실재의 사회적 구성과 정신이상적 구성을 구별하는 것이 과연 무엇인지 질문하게 만든다. 그 구별은 개인적 '정신착란'인지

* * *

15. 'Some Psychological Consequences', p. 253[「성의 해부학적 차이에 따른 심리적 결과」, 『성욕에 관한 세 편의 에세이』, 김정일 옮김, 열린책들, 2004, 309쪽].
16. 'Fetishism', S. E. XXI[「절편음란증」, 『성욕에 관한 세 편의 에세이』, 김정일 옮김, 열린책들, 2004]과 'Splitting of the Ego in the Process of Defence', S. E. XXIII[「방어 과정에서 나타난 자아의 분열」, 『정신분석학의 근본 개념』, 박찬부 옮김, 열린책들, 2004]을 참조.

아니면 사회적으로 공유되고 구성되는 '실재'인지에 따라 좌우되는가? 프로이트 자신은 여성 생식기의 생김새가 "공포, 멸시, 연민"[17]을 일으키는 것은 (남자) 아이의 발달의 특정한 단계일 뿐이며, 그 이전에 목격했을 때는 이 반응이 유도되지 않는다고 말한다. 그렇다면 실제로 (전-오이디푸스 단계에 남자) 아이가 보는 것은 무엇인지 궁금해진다. 상징계와 아버지의 법에 관한 라캉의 설명에서 분명히 알 수 있는 사실은 아이가 자신과 자신의 대응물을 나르시시즘적으로 동일시하는 거울 단계를 차이가 방해해야 한다는 것이다. 라캉에 따르면, 만일 사회성이 결국 성취된다면 세 번째 요소인 법이 개입하여 아이의 사로잡힌 응시를 깨뜨려야 한다. (법, 차이, 언어를 초래하는) 상징계 아버지의 개입으로 인해 아이는 문화 속에 삽입된다. 이러한 단계가 지나서야 비로소 남자 아이는 여성의 거세를 '본다'. 차이는 (팔루스의) 존재와 (팔루스의) 부재에 의해 소거된다. 그 후부터 타자는 (팔루스적) '동일자'이거나 (거세된) '결여'가 된다. 실증적 차이는 억압되며, 문자 그대로 시야에서 사라진다.

그러나 주체는 그가 '알고' 있는 것을 부인하는 동시에 시야에서 사라질 필요가 있는 것이 무엇인지 '알고' 있어야만 한다. 페미니즘이 프로이트에 대항하여 남성적 페티시즘을 독해한다면, 페티시스트가 '알고' 있는 것은 성별들 간의 실증적 차이이며, 그의 부정은 차이를 (팔루스의) 존재 또는 부재로서 구성하는 데 대한 묵인으로 이루어진다고 주장할 수 있다.

정신분석에서 가장 간과되는 통찰 중 하나는 지각 체계가 단순히

• • •

17. 'Some Psychological Consequences', p. 252[「성의 해부학적 차이에 따른 심리적 결과」, 『성욕에 관한 세 편의 에세이』, 김정일 옮김, 열린책들, 2004, 308쪽].

의식의 소관이 아닌 무의식 체계에 의해 검열되고/되거나 구조화될 수 있다는 사실이다. 다른 말로 하면, '보기'는 수동적 경험이라기보다 그 자체로 능동적이고 구성적인 과정인 것이다.[18] 이러한 맥락에서 보기 관념의 중요성은 수동적 시각 경험이 여성 신체 이미지를 '불완전'하거나 거세된 것으로 설명할 수 없는 것처럼, 남성 신체 이미지의 지각을 '완전'하거나 팔루스적인 것으로 설명할 수 없다는 데 있다. 이 이미지들은 그 자체로 사회적이며, 오직 사회적인 것만이 '결여'에 사로잡힐 수 있다. 그러한 '결여'는 구성되고 학습되는 것이지, 발견되는 것이 아니다. 라캉주의 용법에서조차, 결여는 상징계 수준에서만 나타날 수 있다. 실재계에서는 아무것도 결여되지 않는다.

  아마도 이러한 관점에서 왜 정신분석 이론에서 시각이 특정한 특권을 갖는지, 왜 보이는 것이 사회적인 것/상징계를 구성하는 작업에 특별히 적합한 것인지 재평가할 수 있을 것이다. 플라톤 이래로 미학자들은 거리낌 없이 수용하고, 보지 않으면 믿지 않는 눈의 성향을 잘 알고 있는 듯하다. 그들은 예술 이론과 실천에서 트롱프뢰유trompe-l'œil를 받아들여 시각을 유혹하기 위해 사용된 기술들을 잘 알고 있다. 예술 대상과 마찬가지로 문화적 대상이 그 기능 조건에 대한 분석을 요청한다는 것은 주지의 사실이다. 그렇다면 신체 또한 문화적 산물이므로, 우리는 신체의 사회적 기능이 가능할 수 있는 조건을 탐구할 필요가 있다. 인간 신체가 외관상 독립적 존재로 기능할 수 있는 중요한 측면 중 하나가 신체 이미지이다. 신체 이미지에 대하여 논자들은 그러한 이미지나 게슈탈트가 우리의 지향적이고 사회적인 삶의 기초를 이룬다고 주장한다. 나는 신체 이미지가 우리의 윤리적 삶에도 결정적이라고 이 글의

* * *

18. 'Project for a Scientific Psychology', S. E. I.[「과학적 심리학 초고」, 『정신분석의 탄생』, 임진수 옮김, 열린책들, 2005]를 참조

후반부에서 주장할 것이다.

이러한 신체 이미지는 우리가 놓인 현재 상황에서 우리 자신을 상상하고 반성할 수 있게 하는(어떤 의미에서 우리 자신의 '타자'가 되는) 이중성에 속하는 것이지만, 그것은 또한 우리 자신을 미래 상황에 투사하고 과거 상황으로 돌아가게 만드는 것과 관련된다. 우리는 스스로에게, 스스로에 대해 대상이 될 수 있다. 즉 우리 자신의 사디즘/마조히즘, 존경/멸시, 처벌/보상, 사랑/증오의 수령자가 될 수 있다. 우리의 신체 이미지는 모든 진정한 '타자'가 그런 것처럼 우리에게 '타자'로 존재할 수 있는 신체적 이중성이다. 이 점은 특히 강박적 편집증에서 분명하게 나타난다.[19] 우리 스스로의 '타자성'을 스스로에게 강조하는 데 핵심적 요소는 나의 신체에 대한 나의 경험이 타자의 신체에 대한 나의 경험과 마찬가지로 사회적으로 구성된다는 함축을 끌어내는 것이다. 각 개인이 그 또는 그녀 자신의 신체에 갖는 특권적 관계는 그것의 구성을 넘어서는 특권을 포함하지 않는다. 우리는 스스로의 신체를 모든 '소유물' 중 가장 사적인 것으로 생각할지 모르지만, 사실 우리가 (정신적으로나 신체적으로) 아플 때나, 사회 환경에서 소외되었다고 느낄 때나, 타자에 의한 대상화에 취약해질 때에, 특히나 강력하게 신체(및 우리 각자가 신체를 '살아가는' 방식)에 대해 섬뜩한 익명성과 타자성을 느낀다.

어떤 이론가와 철학자는 이러한 타자성의 조건이 누군가에게는 존재의 영속적 구조라고 주장한다. 타자성에 대해 사회 정치적으로 정의되는 것, 즉 자신이 속한 문화의 영속적 타자로서 정의되는 것은 소외의 구조를 존재의 한 방식으로 산다는 것을 뜻한다. (여성해방론을 포함한) 억압과 해방에 관한 1960–70년대의 문헌 대부분은 이러한 소외 구조를

• • •

19. 슈레버의 사례를 참조. S. E. XII, pp. Iff[『편집증 환자 슈레버: 자서전적 기록에 의한 정신분석』, 『늑대인간』, 김명희 옮김, 열린책들, 2004, 103쪽 이하].

다루고자 했다.[20] 소외는 사회적 규범 및 태도의 비성찰적 내면화에서 비롯된다고 이해되었다. 요컨대 억압적 이데올로기를 내면화한 결과라는 것이다. 이러한 종류의 사회 이론은 이전에 비성찰적으로 수용하고 살아왔던 내면화된 이데올로기에 대해 비판적으로 반성할 수 있는 능력에 해방적 힘이 놓여 있다고 생각했다. 지배적 문화가 그것의 타자에게 투사하는 특성들을 내면화하는 것은 유대인과 흑인과 같은 사회집단의 피억압 조건을 구성한다고 이해했다. 반유대주의적·인종주의적 문화에서 반유대주의자와 인종주의자는 자신에게 있다는 사실을 인정할 수 없는 비호감적 특성들의 전형적인 예로 유대인이나 흑인을 삼는다. 정형화된 집단들은 불쾌한 특성들의 보고寶庫처럼 기능할 뿐만 아니라 사회적·정치적 불만의 희생양이 될 수도 있다. 이러한 구조와 관련된 증거는 많다.[21] 그러나 이러한 동역학에서 이중화가 수행하는 역할은 거의 주목받지 못했다.

이 이중화 메커니즘은 (대개 일란성) 쌍둥이를 다루는 영화와 문학에서 분명히 드러난다. 쌍둥이 한 편은 다른 한 편의 반정립이자 상호 보완으로 존재한다. 최근에 영화 <대드 링거>는 이를 특히 극명하게 보여주었다. 쌍둥이는 서로를 반영하면서 전도한다. 각자는 자신의 동일성을 보완하는 것으로서 상대방의 존재를 전제한다. 다른 한 명을 (거의) 통제하는 지배적인 '악' 내지는 사디스트적인 쌍둥이는 항상 존재한다. 이 비대칭적 권력 관계 역시도 분명 정형화된 것이다. 물론 유대인과 흑인이 그 또는 그녀가 불쾌하게 여기는 특성들을 반유대주의자와 인종주의자에게 투사하는 것도 가능하다. 그러나 이 집단들이 개인적 편견을

• • •

20. 예컨대 R. D. Laing, *The Divided Self*, Harmondsworth, Penguin, 1965를 참조.
21. 예컨대 J. P. Sartre, *Portrait of the Anti-Semite*, London, Secker & Warburg, 1948을 참조.

사회적 실재로 변형시키기에 필요한 사회적·정치적 권력을 결여하는한, 이 견해는 사회적으로 '승인받지 못한' 상태로 남을 것이다. 결과적으로, 반유대주의자나 인종주의자가 이 특성들이 자신들에게도 있다는사실을 인정하거나 내면화할 가능성은 거의 없을 것이다. 인종주의자는그 또는 그녀의 인종주의를 유지하기 위해 흑인에게 의존할지도 모른다.하지만 (인종주의자에 대한 영화적 성격 묘사는 차치하더라도) 인종주의자의 정체성은 보통 그 또는 그녀의 인종주의보다 훨씬 더 많은 것으로구성되어 있다. 흑인과 인종주의자의 상황에는 결정적으로 호혜성의결여가 존재한다. 즉 정의定義하는 권력은 상호적이지 않은 것이다. 그렇다면 이 동역학은 상호적 요소나 상호 정의의 요소를 함축하지 않으며,따라서 (무의식적이거나 비자발적인) 상호 공모를 드러내지 않을 것이다.이러한 상호 공모의 부재는 일란성 쌍둥이의 사례에서 매우 깔끔히입증된 자기 확인의 원환을 단락시킨다.

나는 이중화 현상에서 작동하는 것과 매우 유사한 동역학이 성별들간의 젠더화된 관계에서 식별될 수 있다고 주장한다. 각 젠더는 다른젠더에 반정립적인 동시에 상호 보완적이다. 각각은 자신 및 자신의'이상적 이미지'에 반정립적인 특성들을 자신의 이중성에 투사한다(그리고 당연하게도 발견한다). 따라서 각각은 서로에게 필수불가결한보완물이 된다. 각자는 그 또는 그녀 자신의 신체 이미지뿐만 아니라그것이 가정하고 있는 타자의 신체 이미지를 유지하는 데 깊이 공모한다.공격은 항복을 필요로 하고, 독립은 의존을 필요로 하며, 사디즘은 그것의마조히즘적 대응물을 필요로 한다. 각자는 단지 자신에 반정립적이고자신을 보완하는 것을 '본다'. 그리고 이러한 '보기'는 그 자체로 사회적으로 구성된다. 이는 체계가 어떤 예외들을 발생시키지 않는다는 것이아니다. 오히려 그 체계가 반정립적이지만 상호 보완적인 관계로서 성차를 재생산하는 한에서, 성별들 간의 심원한 공모를 가정한다는 것이다. 그것은 **호혜성** 및 필연적 상호 정의를 내포하는데, 이는 위에서 고찰한 사회적으로 정형화된 관념에 속하는 사례들에서는 찾기 어려운 것이다. 이러한 호혜적 상호 정의는 성별들 간의 관계를 자연적이고 필연적이며 불변하는 것처럼 여기게끔 만든다. 제시카 벤자민[22]은 이러한 공모의 존재를 성별들 간의 사도마조히즘적 관계라는 맥락에서 매우 명확하게 보여주었다. 그러나 사도마조히즘은 차치하더라도, 왜 여성들은 자신들의 종속적 지위의 중요한 측면을 실질적으로 구성하는 상호 정의의 과정에 공모하는 것처럼 보이는지는 여전히 수수께끼로 남아 있다.

젠더 관계의 경우는 (일란성 쌍둥이의 경우와 같은) 개인적 권력 관계나 (인종주의나 다른 고정관념의 경우와 같은) 사회 정치적 관계로 **환원될 수 없다.** 성별들 간의 관계는 이 두 가지 점이 묘하게 혼합된 것처럼 보인다. 보부아르 및 그 이후에 많은 다른 이들이 언급했듯이, 남성과 여성 간의 상황은 특히 복합적이다. 그것은 애정 관계에 의해, 서로를 필연적으로 묶는 듯 보이는 종種에 의해, 에로티시즘에 의해, 그리고 정치적, 사회적, 경제적 억압에 의해 복합적이다. 성별들 간의 이러한 관계들 중 적어도 일부는 성적 선호와 전혀 관계가 없다는 사실을 덧붙일 필요가 있는 것 같다. 우리 문화에서 모든 여성은 규범적으로 남성의 반대이자 보충으로서 정의된다. 일탈은 어떤 규범적 표준을 참조함으로써만 일탈로 정의될 수 있다. 이러한 이유로, 나는 헤테로섹슈얼이 아닌 '인터섹슈얼'이라는 용어를 사용하여 성적 선호가 성차를 재생산하는 특정 측면의 기능과 무관하다는 것을 나타낼 것이다.[23] 어떻

• • •

22. Benjamin, 'The Bonds of Love'.
23. '인트라섹슈얼'이라는 용어는 여성들 사이의 관계나 남성들 사이의 관계,

게 그리고 왜 여성이 자신의 억압에 (보부아르가 1970년대 페미니스트로 부터 경멸을 샀던 용어를 다시 써서) 공모하는지는 테베의 스핑크스 수수께끼와 같다.『제2의 성』에서 보부아르 자신은 오이디푸스 역할을 수행하고 싶은 유혹을 느끼지 않았다. 수수께끼는 아직 풀리지 않은 채 남아 있다. (그냥 지나치는 것이 오이디푸스의 운명이라면, 그 상태로 남아 있어야만 할 것이다.)

나는 역사, 경제학, 심리학이나 정치학이 이 질문에 명확한 답변을 제공할 수 있을지 모른다는 통념에 관한 보부아르의 회의주의에 함께 하고 싶다. 좀 더 적절하게 말하자면, 필요한 것은 해답이 아니다. 우리는 '정밀과학'이 아니라 살아 있고 역동적이며 매우 변동적인 인간을 다루고 있다. 또한 보부아르가 지적한 것처럼, 우리는 편향되지 않은 관점으로 이 질문에 접근한다고 주장할 수도 없다. 성차 쟁점에서 중립적 당파는 존재하지 않는다. 성차의 사회적 구성에서 이중화의 메커니즘은 각 성이 다른 성에 대해 투여를 한다는 점을 확고히 한다. 각자가 그 또는 그녀 자신의 신체 이미지에 대해 행하는 투여는 반정립적이고 상호 보완적인 신체 이미지에 상응하는 투여를 필연적으로 내포한다. 결국 각 성과 다른 성의 반사적인 관계는 성차 구성에 대한 반사적인 이해를 요구하며, 이는 현재와 미래의 남성 또는 여성의 존재 방식을 변형시키려 는 창의적이고 실험적인 시도를 가져올 수 있다. 우리는 보부아르가 현재 우리에게 비춰지는 것만큼 우리의 '상상'과 '창조'에 한계가 있을 수 있다는 사실을 충분히 인식하면서, 인터섹슈얼 관계에서 가능성의 새로운 조건들을 상상하고 창조해야 한다.[24]

• • •

즉 하나의 성 내부의 관계를 정의하는 것으로, 두 성들 간의 관계와 구별하여 사용될 것이다.
24. 현대적 맥락에서『제2의 성』의 중요성을 평가하기 위해서 C. Mackenzie,

이 실험적이고 상상적인 정신으로 아래에서 제시할 세 가지 쟁점을 고찰해야 한다. 그렇다고 세 가지 제안이 단지 이론적이거나 추상적인 가능성으로 이해되어야 한다는 것은 아니다. 자기, 섹스, 젠더의 구성의 개념적 해체를 (엄격하게) 텍스트적인 것이나 (엄격하게) 담론적인 것에 제한되는 활동으로 다루는 것은 그러한 텍스트와 담론이 우리의 삶, 우리의 신체, 우리의 젠더화된(또는 성별화된) 자기 등과 맺는 상호 텍스트성(맥락성)을 놓치는 것이다. 다르게 말하자면, 이리가레의 『하나 이지 않은 성』을 읽는 많은 여성들은 자신들의 두 입술의 인접성의 현상학을 인식하게 된다. (추측건대, 대부분의 남성들은 이 텍스트를 유비의 방식으로 '읽지' 않을 것인데, 바로 이 점이 중요하다. 아마 그들의 독해(들)는 의문을 표할 것이다. 남성 신체의 팔루스적 이미지?) 신체라는 텍스트 자체는 다른 신체들, 다른 텍스트에 의해 '쓰인' 것이며, 반대로 그것이 다른 신체와 다른 텍스트들에 대해 '쓰기'도 한다. 바로 이러한 맥락에서 신체 이미지나 게슈탈트에 대한 이론가들의 작업이 부각된다.

자기와 타자 사이에는 우리 자신의 (사회적) 이미지들의 필연적 상호연관성에 기초한 심원한 공모가 존재한다. 앞에서 말한 바와 같이, 이러한 공모는 특히 성별들 간의 관계에서 강력하다. 충만하고 팔루스적인 남성적 신체는 그것의 반정립, 즉 남성 신체의 상호 보완이자 남성의 신체 이중성인 결여되고 거세된 여성적 신체를 **필연적으로** 가정한다. 적나라하게 말하자면, 팔루스 없는 결여 없고, 결여 없는 팔루스 없다. 충만한 여성 형상을 표현하고 구성하고 '발명'하는 페미니즘 기획은

. . .

'Simone de Beauvoir: Philosophy and/or the Female Body', in C. Pateman and E. Gross, eds., *Feminist Challenges*, Sydney, Allen & Unwin, 1987을 참조

'분리주의적 전략'에 해당할 수 없다. 이러한 충만한 여성 형태학의 정립을 자율적 여성 섹슈얼리티나 여성적 주체성을 위한 작업으로 이해한다면 명백한 오산이다. 이러한 작업은 자신의 대응물을 부정함으로써만 유지될 수 있는, 거울 단계 아이의 자율성에 대한 환상으로의 퇴행을 수반한다. 필요한 것은 상호 연관성에 대한 인정이지, 자율성에 대한 (전형적으로 남성적인) 주장의 되풀이가 아니다. 자기는 그것의 다양한 관계들의 복합적 그물망 속에만 존재한다. 이 관계들 '너머 또는 이상'은 존재하지 않으며, 선험적이거나 초월적인 '나' 역시 존재하지 않는다. 충만한 여성 형태학을 정립하는 것은 남성 형상의 팔루스적 형태학을 다루는 것을 포함한다. 그물망 전체에 걸쳐 느껴지는 반향 없이는, 인터섹슈얼리티 그물망 어떤 부분의 변화도 일어날 수 없다. 파울 쉴더는 다음과 같은 방식으로 이 점을 지적했다.

> 우리 자신의 신체 이미지가 그 가능성과 존재를 가질 수 있는 것은 오로지 우리 신체가 고립되지 않았기 때문이다. 신체는 필연적으로 다른 신체들 사이에 있는 신체이다. 우리는 주변에 타자들이 있어야 한다. '당신'이 없다면, '자아'라는 말은 아무 의미가 없다.[25]

남성과 여성 각각이 자신의 대립물과 보완물을 자신의 이중성으로 취하는 특정한 종류의 '젠더화된' 신체 이미지를 지속하는 데 공모했다는 위의 지적들을 재구성하면, 자기와 타자, '자아'와 '당신' 간의 필연적 연관의 중요성이 드러나기 시작한다. '여성 신체에 대한 글쓰기'[26]는

• • •

25. P. Schilder, *The Image and Appearance of the Human Body*, New York, International University Press, 1978, p. 281.
26. 글쓰기와 여성적 신체에 관한 설명으로 E. Gross, '*Philosophy, Subjectivity*

페미니즘의 분리주의 운동과는 거리가 먼 것으로, 우리의 사회적 관계의 타자, 즉 당신을 다루는 것을 (필연적으로) 포함한다. 이처럼 자율성의 유아론을 폐기하는 것은 인트라섹슈얼 관계와 인터섹슈얼 관계 모두에서 타자를 인정하는 것을 포함한다. 모든 타자들과의 상호 연관성은 다음과 같은 관점에서 따라 나온다.

> 어떤 점에서 하나의 신체 이미지는 언제나 공동체 속에 다양한 관계들과 일치하는 공동체의 신체 이미지들의 총합이다. … 신체 이미지에서의 에로스적 변화는 언제나 사회적 현상이므로, 상응하는 현상이 타자들의 신체 이미지에서 동반된다.[27]

이러한 개략적인 배경에서, 나는 신체 이미지, 젠더, 성차에 관한 고찰을 위한 세 가지 쟁점을 제기할 것이다. 첫째, 신체 이미지는 윤리적 관계 영역에서 어떻게 기능하는가? 여기서 나는 신체에 대한 우리의 (문화적) 이해가 그 신체가 윤리적으로 취급되는 방식을 변용하는 방법을 탐구하고자 한다.[28] 둘째, 젠더는 신체 이미지에서 극히 두드러진 요소로서, 인트라섹슈얼 및 인터섹슈얼의 윤리적 관계와 관련하여 어떻게 기능하는가? 다르게 말하면, 남성 체현 및 여성 체현에 대한 우리의 관념은 여성이 다른 여성을 대하는 방식, 여성이 남성을 대하는 방식,

• • •

    and the Body: -Kristeva and Irigaray', in C. Pateman and E. Gross, eds., *Feminist Challenges*, Sydney, Allen & Unwin, 1987과 동일한 저자의 *Sexual Subversions*, Sydney, Allen & Unwin, 1989를 참조.

27. Schilder, *Image and Appearance of the Human Body*, p. 302.
28. 브라이도티는 어떻게 성차가 윤리와 관계하는가에 관한 쟁점을 제기한 바 있다. R. Braidotti, 'The Ethics of Sexual Difference: The Case of Foucault and Irigaray', *Australian Feminist Studies*, no. 3(1986).

남성이 다른 남성을 대하는 방식, 남성이 여성을 대하는 방식을 어떻게 변용하는가? 마지막으로, (내가 보여주고자 했던 것처럼, 실상 하나의 신체와 그것의 결여 또는 보완인) 두 개의 신체라는 현재의 이원론적 개념화가 다른 가능성을 향해 열려지기 위해 신체적 다양체 통념이 이용될 수 있는지, 만일 그렇다면 어떻게 이용될 수 있는지 질문을 제기할 것이다. 결국 이는 소위 성 적합 행위나 젠더 정체성의 이원론적 개념화에 대한 비판적 반성의 공간을 제공하게 된다.[29] 신체적 차이에 대한 이항적 이해를 혼란시키고 동요시키는 것은 그러한 신체에 대한 적절한 윤리적 취급이라고 여기는 것을 어지럽힌다는 점에서 이 마지막 쟁점은 다른 두 쟁점과 관련된다고 할 수 있다.

첫 번째 쟁점과 관련해서 우리는 철학자들이 윤리, 도덕, 타자에 대한 관심을 논함에 있어서 타자에 대한 관심의 발생이라는 문제는 거의 다루지 않는다는 점에 주목해야 한다. 철학자들은 윤리적 삶의 발달적 또는 원초적 토대에 대해 거의 고찰하지 않는다. 근본적 수준에서 윤리적 판단은 이 또는 저 신체가 어떻게 다루어져야만 하는지에 대한 판단에 해당된다. 근본적 수준에서 윤리적 관계는 우리 자신의 신체와 충분히 유사한 것으로서 관심 갖게 되는 또 다른 신체에 대한 인정에 달려 있다. (이는 우리가 인간이 아닌 동물이나 환경 등에 대해 관심을 가질 수 없다는 것이 아니라 그들과 윤리적 **호혜성의 관계**를 가질 수 없다고 말하는 것이다.) 물론 모든 윤리적 관계가 신체적 유사성에 근거한 동일시 수준으로 환원될 수 없지만, 이는 여기서 주장하고자 하는 바가 아니다. 나의 주장은 윤리적 관심과 판단의 **원초적 핵심**을 형성하는 것이 타자에 대한 이러한 식의 관심이라는 것이다. 윤리(그리고

• • •

29. 나는 이원론에 대한 스피노자의 거부 및 그의 작업이 체현과 윤리학에 관한 페미니즘적 이론화와 맺는 관련에 대해 이 책의 제 4장에서 탐구했다.

물론 잔인함)를 종별적인 인간의 가능성으로 만드는 것이 바로 이러한 동일시이다. 예컨대 타자에 대한 이러한 원초적 형태의 관심은 유아의 전가 행위transitivism라는 공통적 현상 속에서 식별될 수 있다.

정신분석 이론, 특히 라캉의 작업에서 이 현상은 자아나 원초적 자기의 발생을 통해 설명된다. 이러한 원초적 의미의 자기는 반사적 이미지에 근거를 둔다. 프로이트가 주장했던 것처럼, 원초적 자아는 "무엇보다도 신체적 자아", 더 명확하게는 통일된 신체 이미지의 투사이다.[30] 유아의 삶 단계에서 그녀 또는 그는 이미지, 동일시, 이중성에 사로잡혀 있고 심지어 얽매여 있다. 이후의 타자와의 관계에서 이 단계가 갖는 중요성은 윤리적, 도덕적 삶에 관한 철학 이론에서 종종 간과된다. 나는 자기의 발생에 관한 이러한 이론이 다양한 종류의 신체들 간의 윤리적 관계에 대한 이론을 발전시키는 데 유용하다고 생각한다. 나의 신체와 타자의 신체의 이 관계는 유사성에 대한 인지와 타자에 대한 자기로의 오인에 동시에 기반하고 있기 때문이다. 이러한 모순의 긴장 속에서 타자를 향한 사랑/마조히즘과 증오/사디즘이 발생한다. 이 때문에 메를로퐁티는 아이가 그 또는 그녀 자신의 통일된 이미지를 "기쁨과 고통 속에" 가정한다고 강조한 바 있다. 그는 거울 단계에 대해 다음과 같이 말한다.

새로운 내용뿐만 아니라 새로운 기능, 즉 나르시시즘 기능의 습득까지도 재현한다. 자기에 대한 이미지는 자신에 대한 인식을 가능하게 만드는 동시에 일종의 소외를 가능하게 한다. 반사적 이미지의 일반적 기능은 우리를 직접적 실재로부터 떼어놓는 것이다. 즉 '탈–실재화하는' 기능을 한다. … 불가피하게 내가 느끼는 나와, 내가 보는 나 또는

• • •

30. S. Freud, 'The Ego and the Id', S. E. XIX, p. 27[「자아와 이드」, 『정신분석학의 근본 개념』, 윤희기 옮김, 열린책들, 2004, 367쪽].

타자가 보는 나 사이에 갈등이 존재하게 된다. 다른 무엇보다도 반사적 이미지는 타자를 향한 공격성이 그 자체로 드러나는 첫 번째 계기일 것이다. 아이는 반사적 이미지를 기쁨과 고통 속에서 가정하기 때문이다. 따라서 반사적 이미지의 획득은 우리의 이해의 관계뿐만 아니라 존재의 관계, 세계 및 타자와의 관계와도 관련된다.[31]

이로부터 아이는 처음으로 타자를 향해 친절함과 잔인함을 동시에 내비칠 수 있을 것이다. 위에서 말했던 것으로부터 분명해지는 사실은 자아 및 타자에 대한 이러한 이미지가 이후의 모든 동일시의 기초가 된다는 점이다. 자아와 타자, 사랑과 증오, 사디즘과 마조히즘의 모순은 분명 오이디푸스 이후로 '남성적' 요소와 '여성적' 요소로 분할된다. 이 글의 서두에서 언급한 남성적 특성과 여성적 특성의 반정립적이고 상호 보완적인 목록을 이 관점에서 다시 고려해보자. 아이 발달에서의 다양한 단계는 그 또는 그녀 자신의 신체의 종별적 문화적 가치와 함께 젠더화된 신체의 가치를 드러낼 것이다. 또한 이러한 신체와 그 이미지는 우리가 생물학적 신체로 이해하는 것과 단지 잠정적 관계만을 가질 뿐이다. 신체가 문화 및 문화의 영향력에 외부적인 것처럼 말하는 것은 터무니없다. 신체(심지어 생물학적 신체)에 대해 말하거나 쓰는 것조차 그 자체가 문화적 산물인 언어에 이미 종속된 것이다.

따라서 윤리에 대한 우리의 고찰에 신체 이미지를 도입하는 것은 윤리적 삶에 대한 사회생물학적 이론에 헌신하는 것이 아니다. 오히려 무엇이 변화될 수 있고, 무엇이 정립될 수 있으며, 무엇이 분열될 수 있는지를 질문하는 가운데 윤리적 삶의 토대 자체를 뒤흔드는 것이다.

• • •

31. 'The Child's Relations with Others', in *The Primacy of Perception*, J. M. Edie, ed., Evanston, Ill., Northwestern University Press, 1964, pp. 136–137.

요컨대 신체 이미지의 발생, 풍부함, 유연함에 대한 이해에서 출발하는 대안적 윤리적 관계를 창조할 수 있는 가능성이란 무엇인가? 신체 이미지는 결코 고정적이거나 폐쇄적이지 않으며, 오히려 역동적 교환 회로의 구성요소이다.

두 번째 쟁점은 성별들의 신체 이미지에 대한 젠더 중심성 및 이러한 젠더화된 신체 이미지가 인트라섹슈얼과 인터섹슈얼의 윤리학에서 기능하는 방식과 관련된다. 여기서 자기의 발생에 관한 정신분석 이론은 사회적 기입을 위한 중립적 표면으로서의 신체에 대한 비판을 제공할 수 있다. 신체 이미지에 관한 이론은 우리의 신체들이 신체들의 네트워크의 부분으로 살아가고 구성된다는 것을 보여준다. 이 신체들은 깊이를 가지고 있으며 역동적이다. 이러한 네트워크의 역동성은 신체들에 대한 우리의 이해를, 또 우리가 우리의 신체들을 '사는' 방식을 변화시킬 잠재성과 가능성을 실현하는 데 결정적이다. 우리 문화에서 여성 신체는 외피, 배, 그릇으로 여겨지고, 의심의 여지없이 대개는 그렇게 '살아졌다'. 프로이트의 말로 바꾸어 표현하면, 오이디푸스 이후의 여성 신체는 처음에는 페니스를 위한 집이고 나중에는 아기를 위한 집이다. 그러나 이것은 오이디푸스 이후의 여성 신체(특정한 신체 이미지라고 말하는 것이 맞을 것이다), 여성적 신체, 젠더화된 여성 신체일 뿐이라는 사실을 상기하는 것이 중요하다. 그리고 이 신체는 시초에는 원초적 자기 내부의 갈등이었던 이원론에서 수동적이고 가치 절하된 측면을 '부여받는다'. 프로이트에게 오이디푸스 이후의 남성 신체 이미지는 완전하고 능동적인 주체, 즉 팔루스적 신체 이미지이다. 따라서 남성 유형은 이원론의 능동적이고 가치 있는 면을 '겸비한다'.[32] 오이디푸스 이후의 여성 신체

• • •

32. 나는 프로이트가 여성성과 남성성의 맥락에서 사용한 '부여받다'와 '겸비하다'는 말을 의도적으로 되풀이했다. 'Infantile Genital Organization', S. E.

이미지는 부분적이고 수동적인 대상의 이미지, 즉 처음에는 남성을 필요로 하고 그 다음에는 자신을 '완성'할 아기를 필요로 하는 거세된 신체이다. 직설적으로 말하면, 여성 신체는 온전성을 갖는 것으로 여겨지지 않는다. 여성 신체는 불완전과 결여로서 사회적으로 구성되는 것이다. 또한 여기서 우리는 온전성과 도덕성 간의 어원학적 연관성에 주목해야 한다. 온전성의 어원(라틴어로 인테그리타스^{integritas})은 완전성의 통념뿐만 아니라 도덕적 건전성, 명예, 정직의 통념 또한 포함한다.

데일리즘^{Dalyism33}을 표방하지 않으면서도, 나는 이러한 어원학적 연관이 우연이 아니라고 주장한다. 여성은 '도덕적으로 건전'하다거나 '명예'를 소유한다고(즉, 온전성을 갖는다고) 여겨지지 않는데, 정확히 여성들은 완전한 존재로 생각되지 않기 때문이다. 여기서 이를 더 진전시킬 수는 없겠지만, 도덕성과 완전성의 관계에 대한 이러한 설명은 강간, 문화적으로 강제된 헤테로섹슈얼리티, 강요된 임신의 맥락에서 더 깊이 연구되어져야 한다는 점을 언급할 필요가 있다. 자궁 내에 태아가 여성 몸의 '부가물'이라기보다 여성 몸의 '완성'을 재현한다고 보는 것이 보통의 시각이지 않은가? (우리 사회가 남성과 소년에 대한 강간을 바라볼 때의 심각성과는 다르게) 여성과 소녀에 대한 강간과 관련된 사회적 안일함은 여성의 신체를 성행위에 의해 '완성'되는 것으로 '단정짓는' 관념과 연관되는가? 확실히 여성 신체에 대한 포르노그래피와

• • •

XIX, p. 145[「유아의 생식기 형성」, 『성욕에 관한 세 편의 에세이』, 김정일 옮김, 열린책들, 2004, 290쪽].

33. [옮긴이 쥐] 메리 데일리^{Mary Daly}(1928-2010)의 견해를 가리킨다. 데일리는 미국의 신학자이자 급진 페미니스트이다. 대표작인 『하나님 아버지를 넘어서』에서 서구 기독교의 남성중심성을 비판하며 여성을 위한 신학을 발전시켰다. 남성을 배제한 여성들만의 유대를 주장하는 대표적인 분리주의자로 분류되기도 한다.

같은 재현들은 여성의 신체를 '채움'이 필요한 '구멍들'로 나타내는 데 있어 강박적 투여를 드러낸다. ("여성의 성기"는 "틈을 여는" 음란성이며, 하나의 "존재 부름", 즉 여성의 무와 대조되는 남성 존재에 대한 부름이라는 사르트르의 견해를 떠올려보라.)[34] 여성에 대한 성적 학대는 '남성 중에 남성'이 중재하는 법적 문제만큼 여성을 상대로 저질러진 윤리적 잔학 행위로 간주되지 않는다.

남성들은 여성으로서의 여성에 대해 어떤 윤리적 의무를 지는가? 왜 성별들 간의 윤리적 관계는 배타적으로 가족 윤리 및 부부 윤리 영역으로만 제한되는가? 철학사와 법학사에서 여성은 아내/어머니의 역할로 환원되지 않고서는 정치적 존재나 도덕적 존재로 설명되지 않았다는 점은 의미심장하다. 그것은 단순히 여성은 완전한 존재로 생각되지 않았기 때문이다. 윤리적 관계는 완전한 개인들 사이에서만 발생하므로, 결과적으로 윤리적 관계는 남성의 전유물이 된다. 완전하며 독립적인 주체로서, 즉 인간으로서 문명화되는 것은 남성들뿐이다. 여성(및 아이들)은 남성에게 부가되는 한에서만, 즉 아내/어머니(및 아들/딸)로서만 윤리적 대우를 기대할 수 있다. 여성들 간의 윤리적 관계는 사유할 수 없는 영역에 있다는 점에서 여성과 남성 간의 윤리적 관계보다 훨씬 더 나쁘게 진행된다. 어떻게 두 '부분적' 존재들이 윤리적 관계를 맺을 수 있겠는가?[35] 자매애라는 포괄적 통념은 이 상황을 전혀 완화시키지 못한다. 분명 (소위) 생물학적 공통성은 윤리적 공동체를 구성하기에 충분하지 않다. 설사 배타적으로 여성들만으로 이뤄진 윤리적 공동체라

• • •

34. J. P. Sartre, *Being and Nothingness*, London, Methuen, 1977, pp. 613–614[『존재와 무』, 정소성 옮김, 동서문화사, 2009, 990쪽].

35. A. Rich, 'Women and Honour: Some Notes on Lying', in *On Lies, Secrets and Silence*, London, Virago, 1980을 참조.

할지라도 말이다. 보부아르는 부당하게 무시당한 저작 『애매성의 윤리학』[36]에서 사회적으로 가치 절하된 집단들 사이에서 윤리적 공동체를 성취하는 것의 어려움에 대해 말했다. 거기서 그녀는 그러한 공동체를 위해서는 낮은 가치의 존재로 정의되는 타자와 관계 맺기가 결정적임을 강조한다.

이러한 윤리적 견해는 위에서 젠더화된 차이와 성적 차이의 뒤섞인 본성에 관해 주장했던 것과 부합한다. 타자를 무시하고 자율적 정의定義의 권력을 가정하는 것은 윤리적 정의를 시도하고 있는 바로 그 집단들 내부에 억압적 관계를 반복하는 결과를 낳는다. 많은 페미니즘 이론화에서 인터섹슈얼리티보다 헤테로섹슈얼리티에 집중하는 것은 여성과 남성 간의 관계를 부부 모델로 환원하는 전통적 함정에 빠지는 것이다. 뤼스 이리가레는 『성차의 윤리학』[37]에서 성별들 간의 윤리적 관계를 고찰하는 까다로운 작업을 시작했다. 이 작업을 헤테로섹슈얼 관계에 대한 헌신으로 이해한다면, (윤리적) 핵심을 완전히 놓치는 것이다. 게다가 그것은 인터섹슈얼 윤리학과 인트라섹슈얼 윤리학 간의 상호 조건적인 관계를 이해하지 못하는 것이다.

마지막으로 고려해야 할 핵심은 신체적 다양체에 대한 것이다. 이 쟁점을 제기하는 것은 우리 문화에서 성차가 지배적인 조직 원리라는 사실을 부인하는 것이 아니다. 오히려 왜 그러한 것인지, 그러한 차이로서 유지되기 위해 무엇이 투여되었는지 질문하는 것이다. 최근 오스트레일리아, 영국, 미국에서 전개되고 있는 낙태 논쟁은 그 어느 때보다도

• • •

36. S. de Beauvoir, *The Ethics of Ambiguity*, Secaucus, N. J., Citadel, 1975[『그러나 혼자만은 아니다: 보부아르의 애매성의 윤리학』, 한길석 옮김, 꾸리에, 2016].

37. L. Irigaray, *An Ethics of Sexual Difference*, trans. C. Burke and G. C. Gill, Ithaca, Cornell University Press, 1993.

이원론적으로 성별화된 신체를 강조하게끔 만드는 것 같다. 낙태 쟁점은 보통 모든 여성의 실존에 결정적인 것으로 이해되곤 한다. 그러나 여기에서조차 우리는 낙태 쟁점이 다른 여성들보다 특정한 종류의 여성들(특히 산업화된 국가의 여성들)에게 더 중요하다는 것에 주목해야 한다. 어떤 여성들에게는 비자발적 불임과 강제적 낙태의 문제가 더 중요하다.[38] 모든 여성들의 이해관계가 겹쳐진다고 말할 수 있는 단 하나의 쟁점은 존재하지 않는다. 여성의 자율성에 대한 요구조차 보편적인 동의를 얻지 못한다. 다양한 신체 유형들과 그들의 특정한 권력과 쾌락을 고찰하는 것은 두 개의 신체, 두 개의 섹스, 두 개의 젠더라는 규범적 이원론에서 자유로워지는 데 조력할 것이다. 사실 이러한 다양체는 이미 존재한다. 호모섹슈얼 신체, 헤테로섹슈얼 신체, 독신 신체, 나르시시즘 신체, 도착적 신체, 모성적 신체, 강건한 신체.

이러한 신체들 각각은 저마다의 특정한 권력, 쾌락, 역량을 갖는다. 어떤 의미에서 전–오이디푸스 신체는 이 모든 신체들의 규정되지 않은 근원이다. 전–오이디푸스 신체는 다형적 신체로, 이 신체의 쾌락과 역량은 프로이트나 라캉에서와 달리 문화가 가능하기 위해 오이디푸스성에 종속될 필요가 없다. 이러한 종속은 특정한 종류의 문화, 즉 실증적 차이를 부정하는 기능을 핵심으로 하는 팔루스 중심적 문화가 성립되는 데 필수적이다. 다형적 신체는 남성과 여성이라는 두 종류로 엄격하게 구분될 필요가 없다. 사실 이 엄격한 구분이 바로 가부장제의 훈장이다. (비–오이디푸스화된) 다양한 종류의 신체들이 인정된다면, (이들은 종속되지도, 정복당하지도 않기 때문에) 우리의 윤리적 관계들 또한 다변성을 향해 발전할 수 있을지 모른다. 이것은 보편적 윤리라는 계몽주의적

* * *

38. A. Rich, 'Motherhood: The Contemporary Emergency and the Quantum Leap', in *On Lies, Secrets and Silence*, London, Virago, 1980을 참조.

통념에 종지부를 찍게 할 것이다. 보편적 윤리는 하나의 법과 같은데, 그 저자는 자신을 '보편적인 인간'으로 오해하고 여성, 식민지인, '야만 인', '원시인' 등을 종속시킨다. 이것은 (인종적, 성적, 계급적) 차이에 대한 서구의 전통적인 설명 대부분이 차이를 하나의 가치화된 용어와 그 반정립, 상호 보완, 결여로 환원시켜왔다고 주장하는 것이다. 이리가 레는 이를 '동일자의 경제로 모든 타자들을 환원하는 (철학적 로고스의) 권력'[39]이라고 말했다. 이렇게 차이를 '동일자'로 환원하는 것이 바로 남성적 주체 및 여성적 주체 구성의 기반인 것이다.

남성과 여성의 젠더화된 신체 이미지(성별화된 남성과 여성으로 '살아 가도록' 만드는 것)란 신체 이중성이다. 이러한 차이를 모든 맥락에서 그러한 차이로 고집하는 것은 우리가 이중성에 사로잡혔음을 고백하는 것이다. 팔루스 중심적 문화를 유지하는 데 있어 여성들(과 남성들)의 기이한 공모는 그들의 이중성(들)에 대한 복합적 투여와 결정적으로 얽매여 있다.

• • •

39. L. Irigaray, 'The Power of Discourse and the Subordination of the Feminine', in *This Sex Which Is Not One*, Ithaca, Cornell University Press, 1985, p. 74[『하나이 지 않은 성』, 이은민 옮김, 동문선, 2000, 96쪽].

제2부

제4장

신체 페미니즘 철학을 위하여*

페미니스트들은 여성의 신체를 수많은 투쟁들의 요충지로 만들어왔다. 여성 신체의 자율권은 낙태, 피임, 출산 방법과 관련해서 주장되었다. 페미니스트들은 여성 신체에 대해 알 권리, 여성 신체의 건강할 권리, 여성 신체의 자율적 쾌락에 대한 주장 등을 다양한 맥락에서 강조해왔다. 이러한 '권리들'을 옹호하거나 요구하려던 시도들은 대개 교회와 국가의 직접적 반격을 수반했다. 여성들이 개인적 선택이라고 여겼던 행위가 국가에 의해 금지되거나 처벌받았을 때, "개인적인 것이 정치적인 것이다"는 초기 여성해방운동 구호의 의미는 부가적이고 환영할 수 없는 차원의 것이 되었다. 이는 여성의 신체와 국가의 관계라는 문제를 제기한다. 여성 신체에 대한 사회적, 정치적 집중에도 불구하고, 나는 여전히 페미니스트들이 신체에 대한 이론을 일관성 있게 제시하지 못했다고 주장할 것이다. 특히 여성들의 신체와 국가, 즉 여성 신체와 정치체의 관계에 대한 개념적 차원에서의 비판적 작업은 거의 이루어지지 않았다. 이러한 이론의 부재 속에서, 많은 페미니스트들은 부지불식간에 문화적으로 지배적인 신체관에 이끌렸다.

내가 이 장에서 목적하는 바는 첫째, 이 지배적 신체관의 특성 몇 가지를 비판적으로 검토하는 것이다. 둘째, 신체성에 관한 전통적 철학의 파악 방식이 정치-윤리적 영역에 대한 여성의 능동적 참여 가능성과 더불어 여성 신체에 대한 자율성 개념을 구성해내는 데 역효과를 낸다고 주장할 것이다. 마지막으로, 스피노자의 존재론적-윤리적 저술들이 신체성에 관한 페미니즘적 이론화를 위한 작업에 풍부한 원천이 됨을 시사할 것이다.

우리가 신체의 개념에 대해 무엇을 말하든, 신체를 개념화하는 **방법**은 신체를 문화 속에서 다양한 방식으로 형성하고 제한한다는 점은 분명하다. 여성과 신체성 사이의 역사적·철학적 연관 방식은 다양하고 복잡하다.[1] 의미심장하게도 여성과 신체성에 대한 문화적 태도는 대개 부정적이며, 이성, 문명, 진보와 같이 문화적으로 가치가 부여된 항들보다 아래에 놓이는 것으로 개념적으로 기능한다. 대부분의 철학자들은 영혼이나 정신을 본질상 성적으로 중립적인 것으로 다루는 경향이 있다. 정신들 간에 명백히 존재하는 차이들은 일반적으로 신체의 정념들의 영향에서 기인한다고 여겨졌다. 신체성이 지닌 이 감각적이고 정념적인 요소는 철학자들로 하여금 개인적·성적 차이를 고려하면서도 정신의 본질적 중립성을 고수하도록 만들었다. 가장 우월한 정신이라 하더라도 신체의

• • •

* 이 장은 The Women's Studies' Centennary Conference, Sydney University, 1985에 발표되었고, B. Caine, E. Grosz, and M. de Lepervanche, eds., *Crossing Boundaries*, Sydney, Allen & Unwin, 1988에 수록돼 출간된 바 있다.

1. E. Spelman, 'Woman as Body: Ancient and Contemporary Views', *Feminist Studies*, vol. 8, no. 1(1982)을 참조.

침입으로부터 고통 받는다. 많은 경우에 여성은 신체의 정념들을 거의 통제하지 못한다고 이해되며, 이러한 실패는 대개 여성 신체 자체가 지닌 선천적 무질서나 혼란에서 찾아졌다. 몇몇 페미니스트들은 이러한 신체의 이원론적 통념이 여성과 비합리성 간의 암묵적 연계를 수반한다고 주장했다. 다르게 말하자면, 합리성에 관한 이상적 개념은 여성적인 것의 전형적 특질들의 정반대의 것으로 표현된다는 것이다.[2]

여성 신체가 본질상 혼란스럽고 무질서하다는 통념은 여성의 정치적 참여 적합성에도 영향을 끼친다. 몇몇 페미니스트들, 특히 18·19세기의 평등주의자들은 여성이 본질적으로 비이성적인 것은 아니며 단지 그렇게 되도록 교육받았을 따름이라고 주장했다(예컨대, 울스턴크래프트, 해리엇 테일러Harriot Taylor Mill, 존 스튜어트 밀J. S. Mill). 이들은 여성이 적절한 교육을 받는다면 합리적으로 정치적 참여를 할 수 있을 것이라 주장했다. 이는 현 시대에 여성과 그들의 정치적 영역에 접근 간의 관계를 다루는 가장 생산적인 방법은 아닐 것이다. 제너비브 로이드가 말했듯, 여성이 비합리적이라고 명시적으로 개념화되기보다는 합리성 자체가 '여성스러운' 것과 반대인 것으로 정의된다. 이러한 맥락에서, 여성은 생물학적으로 정치적 참여에 부적합한 것이 아니라 정치적 참여가 여성의 신체를 배제하는 방식으로 구조화되고 정의되었다는 생각을 탐구하는 것이 적절해 보인다. 만약 그러하다면, 여전히 정치체를 규정하는 여성 신체성의 배제에 대한 분석 및 정치적·윤리적 존재의 다른 존재 방식들을 사유하고 살아가도록 작동하는 틀에 대한 분석을 동반하지 않는 한, 여성들을 현재의 정치체에 포함시키고자 하는 투쟁은 역효과를 낳을 것이다.

• • •

2. M. Le Dœuff, *The Philosophical Imaginary*, trans. C. Gordon, London, Athlone Press, 1989; G. Lloyd, *The Man of Reason*, London, Methuen, 1984.

어머니가 없는 탄생들: 남성적 자가생식의 기적

여기서 우리는 17세기에 적어도 두 가지의 흥미로운 탄생을 목격한다. 첫째, 인간 주체의 탄생. 인간 주체는 정신이나 이성이 신체와 정념을 지배하는 내적 지배 관계를 따르는 통치의 주체이자, 통치에 종속된 주체이다. 둘째, 근대 정치체의 탄생. 근대 정치체는 이성의 산물로서 재현된 것이며, 그에 속한 주체들의 필요와 욕망을 통치하고 관리하며 집행하도록 고안된 것이다. 쌍둥이의 탄생? 확실히 하나의 존재는 다른 하나의 존재를 전제하고 있다. 이러한 근대 정치체와 근대 주체 간의 인접성이 시사하는 바는 인간 주체 및 그 신체성에 대한 근대적 파악 방식을 이해하기 위해서는 근대 정치체와의 반영적 관계를 파악해야 한다는 점이다.

근대 정치 이론이 이해하는 정치적 삶이란, 계약에 의해 창조되고 합리적 결정으로 개입한 상태, 신체와 그 필요들을 보호하고 지키도록 고안된 상태이다. 오직 남성들만 참여한 계약이라는 점에서 우리는 그 계약이 남성 신체의 욕망과 필요를 보증하도록 고안되었다고 추정해야 한다. 또한 이 계약은 인공적 신체를 창조했다고 간주된다. 예컨대, 홉스의 리바이어던은 '인공적 인간'이다. 페미니즘 이론가들은 이 '인공적 인간'과 여성의 관계를 탐구해야 한다. 여기서 나는 전통적인 여성 신체관의 중요성 및 이러한 신체관이 여성의 역사적(이고 현재적)인 사회적 역할을 정당화하기 위해 정치적 담론 속에서 기능하는 방식을 제시하고자 한다.

사실상 여성은 신화적 '자연 상태'에서 정치체로 이행하지 못했다.

여성은 자연이 되었다. 여성은 문화적 삶을 작동시키는 데 필요하며, 문화적 삶을 가능하게 하는 기반 그 자체이지만, 문화적 삶의 일부가 되지는 못한다. 자연과 문화 간의 이 분할, 즉 생산에 대립되는 것으로서 그저 생물학적인 삶의 재생산과 사회적 삶의 규제 간의 이 분할은 사적 영역과 공적 영역, 가족과 국가 간의 구별에 반영된다. 이 분할은 여성을 단지 자연으로서 단지 신체로서 머물게 하고 사적인 가족 영역 속에 재생산하면서 개념적·역사적으로 성별화된다. 이러한 연관들의 근거는 여성의 존재론에 있는 것처럼 여겨진다. 성별들 간의 구별은 이러한 이분법으로 문화 속에 재현될 수 있을 뿐인 자연의 근본적 특질로 간주된다. 문화가 자연을 구성한다는 통념이나 문화적 실천이 신체를 이분화된 성으로 구성한다는 통념은 근대적 설명에서는 이론적으로 승인될 수 없다.

근대적 관점에서 신체는 문화의 발전에 의해 점진적으로 통합되거나 극복되는 '날 것의' 자연의 일부로 이해된다. 나는 여기서 이러한 관점이 초기 페미니즘에 일으킨 반향을 보여주고자 한다. 예컨대 파이어스톤과 보부아르는 자연과 신체 모두 문화의 외부, 역사의 외부로 여겨지는 자연/문화, 신체/사회라는 명확한 분할에 동참했다. 언젠가 자연과 신체의 권력이나 효과는 문화가 진전됨에 따라 역사 속에서 점진적으로 약화될 수 있다. 1970년대 초반 페미니즘 이론에서 매우 결정적이었던 섹스/젠더 구별 역시 신체와 문화 사이의 분할에 대한 수용을 보여준다.[3] 섹스는 신체의 사실이며, 젠더는 섹스에 대한 사회화된 부가물로 이해되었다. 이러한 초기 페미니즘 비평이 신체를 비문화적이고 몰역사적인 현상으로 여기는 근대적 관점을 어느 정도까지 공유하는지에 주목하는

---

3. 제1장 「섹스/젠더 구별 비판」을 참조.

것이 중요하다. 이러한 모델에 대해 역사와 문화가 할 수 있는 모든 것은 정비공이 이미 구성된 기계의 작동에 개입하는 것과 비슷하다.

반인간주의의 입장은 이러한 전통에 대한 결정적 단절을 표시한다. 반인간주의는 신체가 선험적 필요와 욕망을 갖는다거나 문화와 정치의 형태를 결정하는 기능을 한다는 관념에 의문을 제기한다. 예컨대, 미셸 푸코Michel Foucault는 신체가 '살' 수 있는 가능한 사회 정치적 구조를 한계 짓는 고정된 특징이 신체에게 있다는 생각을 거부한다. 그는 근대적 문제 설정을 뒤집고, 사회 정치적 구조가 어떻게 특정한 종류의 필요와 욕망을 갖는 특정한 종류의 신체를 구성하는지 탐구할 것을 제안했다. 예컨대, 성별화된 신체는 자연의 산물이 아니라 신체에 작용하고 신체를 통해 수행되는 정교하고도 만연한 실천들을 통해 이분법적으로 성별화 되도록 구성된다고 주장할 수 있다.[4] 신체의 형태와 기능은 문화의 조직화를 결정하는 요소라기보다는 문화가 스스로를 조직하고 조절하고 개조하는 방식의 산물이라고 할 수 있다. 이러한 접근은 우리의 개념적 기반을 "신체는 문화 속에서 어떻게 수용되는가"라는 질문에서 "문화는 어떻게 신체를 생물학적으로 주어진 것으로서 이해하도록 구성하는가?"라는 더 유익한 질문으로 옮겨놓는다.

반인간주의적 근대 비판에서 페미니즘의 가장 두드러진 기여는 소위 '중성적' 인간주의 주체의 남성적 편향에 대한 폭로이다. 최근의 페미니즘 연구는 여성 체현의 특수성에 주목함으로써 평등한 대우라는 이른바 자유주의적 원리 및 신체적 온전성의 권리가 교란되고 허위로 드러날 수 있다는 점을 보여주었다. 그러나 그러한 원리 및 권리의 (암묵적으로

• • •

4. M. Foucault, *The History of Sexuality*, vol. I, New York, Pantheon, 1978[『성의 역사 1: 지식의 의지』, 이규현 옮김, 나남, 2010]; M. Foucault, *Herculine Barbin*, New York, Random House, 1980을 참조.

남성적) 주체와 정치체의 재현들이 일치를 이룬다는 점에는 충분히 주의를 기울이지 못했다. 많은 이론가들은 이 일치 관계가 단지 정치적 삶과 그 재현들의 구성에서 남성적 경험에 부여된 특권에 관한 역사적 사실을 반영한다고 가정하는 것 같다. 정치적 삶을 이해하는 데 있어 이러한 '저자로서의 남성'을 넘어서는 게 필요하다. 특히, '중성적' 인간 신체에 대한 철학적 재현들과 정치체 간의 동형성을 고찰할 필요가 있다.

뤼스 이리가레의 저작은 서구 문화의 남성적 편향을 폭로하고자 하는 최근 페미니즘 비평의 탁월한 사례이다. 이리가레는 철학을 검토하면 철학과 남성 신체 간의 특정한 동형성 또는 서구의 논리, 언어, 형이상학 구조에서 남성적 형태를 암묵적으로 특권화하는 형태상의 거울 관계가 드러난다고 주장했다.[5] 그녀의 주요 표적은 형이상학이다. 그녀는 여성성을 재-현하는 공간을 창조해내는 내적 교란을 통해 형이상학의 기반을 약화시키고자 한다.[6] 우리는 그녀의 접근법이 지닌 몇 가지 측면들을 활용해 인간 신체의 재현과 정치체의 남성적 본성, 그리고 이 둘 사이의 관련성에 대해 도전장을 내밀 수 있다. 이는 다양한 정치적·윤리적 관계들을 사고할 수 있는 공간을 열 것이다. 이 '공간'은 정치-윤리적 삶에 대한 현재의 재현들에서 억압된 것은 무엇인지를 질문할 때 열릴 수 있다.

이러한 맥락에서 프로이트는 어머니-아들 관계에 대한 한 가지 흥미로운 관찰을 제시한다. 프로이트에게 어머니-아들 관계는 전-사회적인 것과 사회적인 것 사이에 놓인 원초적 '경첩 관계'이다. 프로이트가

• • •

5. L. Irigaray, 'Women's Exile', *Ideology and Consciousness*, no. 1(1977).
6. L. Irigaray, *Speculum of the Other Woman*, Ithaca, Cornell University Press, 1985.

보기에 문화의 수수께끼, 즉 테베의 스핑크스가 오이디푸스에게 낸 수수께끼의 핵심은 결국 이 관계에 놓여 있다. 프로이트는 말한다. "그(아들)의 애정, 감사, 욕정, 반항, 독립과 같은 모든 충동들은 자신의 아버지가 되고 싶다는 하나의 소망에서 만족감을 찾는다."[7] 아버지의 자리를 차지하고자 하는 이 원초적 소망은 정치적으로는 남성이 만든 사회체, 즉 어머니가 없기 때문에 불멸할 수 있는 신체의 발생이라는 환상으로 표현된다. 우리의 문화적 무의식에는 여성에게서 태어나지 않은 자들이 무시무시한 힘을 가지고 있음을 암시하는 사례들이 많이 포함돼 있다. '여성에게서 태어난 남자가 휘두르는 검'을 경멸하며 비웃던 맥베스는 '어머니의 몸에서 나지 않은' 맥더프에 의해서만 살해될 수 있다. 어머니가 없는 아테나는 어머니를 죽인 오레스테스를 복수에 불타 추격하던 세 여신을 질책하며 두려움 없이 맞설 수 있다. 복수의 세 여신을 (문자 그대로) 지하로 보내는 것으로 자신의 권위를 과시한 아테나는 혈연과 비교하여 (남성) 시민권의 우위를 확립하고, 고전적 가부장 국가, 즉 그녀의 이름에서 따온 아테네를 세웠다. 어머니가 없는 존재들은 자율적이고 불사이며 철저히 남성적이다. 남성 이성의 생식력의 산물인 어머니 없는 정치체 역시 죽음도 건드릴 수 없는 신체이다. 남성적 자가생식이라는 이 환상은 서구 정치 이론에서 진기한 것이 아니다. 페미니스트는 그리스, 중세, 근대 저작들에서 등장하는 이 환상을 다룰 필요가 있다.

신체에 대한 담론과 정치체에 대한 담론은 각각 서로에게서 용어들을 차용한다. 이 상호 참조는 예컨대 'constitution(헌법/체질)', 'regime(체제/

• • •

7. S. Freud, 'A Special Type of Object−Choice Made by Men', *The Standard Edition of the Complete Psychological Works of Sigmund Freud*, J. Strachey, ed., London, Hogarth, 1978, vol. XI p. 173[「남자들의 대상 선택 중 특이한 한 유형」, 『성욕에 관한 세 편의 에세이』, 김정일 옮김, 열린책들, 2003, 216쪽].

요양법)', 'diet(의회/식이요법)' 같은 어휘를 공유하는 것으로 나타난다. 정신과 신체 간의 적절한 관계에 대한 철학적으로 공통된 비유는 마치 하나(정신)가 다른 하나(신체)를 지배하고 예속시키거나 통치해야 하는 정치적 관계인 것처럼 관계를 상정한다.[8] 이러한 개념적 상호 연관들은 역사적으로 안정적일 수 없다. 이 상호 연관들은 거기에 어떤 명확한 의미가 주어지든 간에, 대개 17세기에 출현한 일련의 이분법들에 대한 호응 속에서 현재의 형태를 취한 것이다.

데카르트와 홉스, 그 이후에 라메트리Julien Offray de La Mettrie가 통상 신체의 기계화와 연관된 이름들로, 이들은 신체-기계를 지배할 수 있는 이성의 능력을 상정했다. 17세기 담론은 적어도 두 가지 맥락에서 권력의 적법한 행사라는 문제에 골몰했다. 첫째, 어떻게 이성의 적법한 권력은 제멋대로인 신체를 단속하는가(예컨대 데카르트의 『정념론』을 보라). 둘째, 어떻게 사회적인 것(사회체)에 대해 왕(머리)이 갖는 권력의 적법성이 수립되는가(또는 신임을 잃는가). 사회적·정치적 권위의 적법성과 관련된 이 논의들은 정신과 신체 및 국왕과 신민들 간의 적절한 통치 관계에 대한 이해뿐만 아니라, 남성과 여성 간의 관계에도 막대한 효과를 미친다.

캐롤 페이트먼Carole Pateman[9]은 가부장적 정치체를 '아버지의 통치'로 이해하는 것에 대해 반대한다. 그녀는 (로크John Locke의 저작들로 재현되는) 아들들이 (필머Sir Robert Filmer의 저작들로 재현되는) 아버지를 패배시켰지만, 아들들이 도입한 것은 민주주의가 아니라 형제애라고 주장한다.

• • •

8. E. Spelman, 'The Politicization of the Soul', in S. Harding and M. B. Hintikka, eds., *Discovering Reality*, Dordrecht, Reidel, 1983을 참조.

9. C. Pateman, 'The Fraternal Social Contract', paper delivered to the Annual American Political Science Association, Washington, D. C., 1984[「형제애적 사회계약」, 『여자들의 무질서』, 이평화·이성민 옮김, 도서출판 b, 2018].

이러한 맥락에서 아들들의 승리가 자연적 권위와 규약 상의 권위 간의 엄격한 분리를 요구했다는 점을 강조하는 것 또한 중요하다. 아들에 대한 아버지의 권위는 문제였지만, 여성에 대한 남성의 권위는 그렇지 않았다. 남성이 여성을 '적법하게' 지배하기 위해 여성을 정치 영역에서 배제하는 것, 즉 '인공적 인간'에 의해 대표될 수 있는 자격을 여성에게는 부여하지 않는 것이 필요했다. 이는 여성을 남성과의 관계에서만 그 의미를 부여받을 수 있는 역할로, 즉 아내/어머니/딸로 환원시키는 것을 뜻했다. 17세기 후반과 18세기 정치에서 여성을 사적/가족적 영역에 가둬놓도록 하는 데 막대한 물리적 억압이 행사되었다는 점은 언급할 가치가 있다. 무시할 수 없는 사회적 불안을 이유로 여성의 시도들은 대개 진압되었다. 여성의 정치체 진입을 제한하는 데 사용되곤 했던 가혹한 조치들은 침입, 타락, 감염으로부터 사회체를 건강하게 보호한다는 명분으로 정당화되었다.[10]

1792년에서 1794년 사이의 파리 혁명정부 앞에 제시된 주요 청원 중 하나는 새롭게 형성된 정치체에서 여성들에게 '목소리'를 부여하라는 요구였다. 이 청원을 기각했던 용어들은 내가 여기서 지적한 상당수를 확인시켜준다.

> 남성들에 대한 정치적 교육이 여전히 걸음마 단계이고, 모든 원리들
> 이 아직 발전하지 못했다는 점, 그리고 우리가 여전히 '자유'라는
> 말을 더듬는다는 점을 고려하면, 여성들은 얼마나 덜 계몽되었겠는가.
> 여성들에 대한 도덕 교육은 실질적으로 존재하지도 않았다. 그렇다면
> 민중 협회들에 여성을 참석시키는 것은 남성에 비해 훨씬 더 오류와

• • •

10. J. Abray, 'Feminism in the French Revolution', *American Historical Review*, no. 80(1975)을 참조.

유혹에 노출된 사람들에게 통치에서의 능동적 역할을 부여하는 것이 된다. 게다가 여성들은 체질적으로 공적 삶에 불길한 것일 수 있는 기고만장함에 빠질 여지가 있다. 국가의 이익은 곧 히스테리가 초래할 모든 종류의 혼란과 무질서에 의해 희생될 것이다.[11]

만일 여성들이 사회체에 허용되고 '목소리'를 부여받는다면, 히스테리라는 여성적 질병은 사회체로 전이되어 정치적 히스테리를 야기할 수 있을지 모른다. 우리는 위 인용문에서 푸코가 지적했던, 왕의 신체의 안위에 대한 관심에서 사회체의 건강과 무균성에 대한 관심으로의 전환을 볼 수 있다.[12] 위 인용문의 발화자 아마르는 새롭게 구성된 '사회보장위원회' 대표로, 이 위원회의 업무는 갓 탄생한 사회체의 건강과 안전을 돌보는 것이었다. 이 업무 가운데에는 여성 격리도 포함되었다는 점이 시사적이다. 엘렌 식수Helene Cixous[13]와 장 프랑수아 리오타르J. F. Lyotard[14] 등이 논평한 것처럼, 여성이 사회적으로 '가입되는' 것은 비유적으로(함구증) 또는 문자 그대로(롤랑 부인Mme Roland과 올랭프 드 구주Olympe de Gouges의 단두대를 상기하라) 참수에 의해 가입되는 것이다. 여성이 박탈당하는 것은 그녀의 '목소리', 그녀의 머리, 그녀의 이성뿐이다.

• • •

11. Ibid., p. 56.
12. M. Foucault, *Discipline and Punish*, London, Allen Lane, 1977[오생근 옮김, 『감시와 처벌』, 나남, 2016]; *History of Sexuality*, vol. I[『성의 역사 1: 지식의 의지』, 이규현 옮김, 나남, 2010]을 참조.
13. H. Cixous, 'The Laugh of the Medusa', in E. Marks and I. Courtivron, eds., *New French Feminisms*, Amherst, University of Massachusetts Press, 1980[『메두사의 웃음』, 박혜영 옮김, 동문선, 2004]; H. Cixous, 'Castration or Decapitation?', *Signs*, vol. 7, no. 1(1981).
14. J. F. Lyotard, 'One of the Things at Stake in Women's Struggles', *Substance*, no. 20(1978).

여성이 정치체와 맺는 관계는 신체적인 것에 한정될 것이며, 자연적 원천으로서만 활용될 것이다. 여성은 억압당하는 용어인 '신체'로서 기능하기를 지속할 것이며, 덕분에 남성적 정치체의 환상은 '생동'하게 될 것이다.

　최근의 페미니즘 저술은 남성들이 탄생시킨 정치체가 삶을 재생산하는 여성의 능력에 대한 승인과 부인을 모두 전제한다는 점을 지적함으로써 철학자들의 자기 표상에 응답했다.[15] 이러한 응답은 근대 정치학 저자들을 새로운 각도에서 독해할 수 있게 만든다. 확실히 이 시기 대부분의 저자들은 여성과 신체적인 것으로부터의 정치적 남성의 자율성, 특히 모성 신체로부터의 자율성에 대한 환상을 공유한다. 근대 정치체가 여전히 **체현되지** 않았다고 주장하고 싶을 수 있다. 그러나 정치체의 체현을 개념화하려는 모든 시도는 즉각적으로 근대 주체의 '중립성'이라는 문제에 부딪힌다. 합리적인 것, 그렇기 때문에 정치적이고 윤리적인 것으로부터 여성의 배제라는 문제이다. 그렇다면 이 상황은 이성과 신체 그리고 정치–윤리적 관계들 사이의 연관성을 근본적으로 재고찰할 것을 필요로 한다. 요구되는 것은 남성 신체들과 정치체들 간의 동형성에 지배받지 않는 이론적 공간인 것이다.

　그러나 대안적 관점을 구성하는 것은 우리에게 실천적·이론적 난점을 안겨준다. 인간의 신체성을 살아가는 다양한 방식을 구성하고자 지배적인 사유 범주들을 사용하는 것의 개념적 난점은 그 범주들이 사회적, 정치적, 윤리적 삶의 현재 형태에 복잡하게 결합되어 있기 때문에 발생한

• • •

15. C. Pateman, 'The Fraternal Social Contract'[「형제애적 사회계약」, 『여자들의 무질서』, 이평화·이성민 옮김, 도서출판 b, 2018]. Irigaray, *Speculum of the Other Woman*; L. Irigaray, *This Sex Which is Not One*, Ithaca, Cornell University Press, 1985[『하나이지 않은 성』, 이은민 옮김, 동문선, 2000].

다. 예컨대, 데카르트의 주체성에 대한 이원론적 이해는 서구 사회에서 본질적인 것으로 간주될 수 있다. 정신/신체 이원론은 정신이 의지에 의해 임금을 대가로 자신의 신체–기계의 노동 역량을 양도할 수 있다는 통념을 입증시킨다. 여성과 임노동의 관계에 대한 일관된 설명을 제시하는 것은 정치 이론가들에게 오래된 문제이다. 이러한 설명을 발전시키는 데 맞서서 작동하는 개념적 배제들이 존재함을 주장하는 것은 정당한 듯하다. 물론, 존재론이나 정치학이 **무로부터** 창조될 수는 없다. 우리는 우리의 실천적 역사만큼이나 이론적 역사에도 구속된다. 그러나 철학사에는 지배적 설명에서 나타나는 것보다 더 풍부한 신체관이 있다. 이 장의 나머지 부분에서, 나는 영미철학에서는 대개 등한시되어 왔던, 스피노자의 저작에서 연원하여 신체를 개념화하는 한 가지 전통의 활용을 제안한다. 이 전통은 복합적이고 **체현된** 정치–윤리학의 토대를 이룰 일종의 다면적 가치를 지닌 존재론을 제공한다.

스피노자적 신체

17세기 신체관으로 귀환하는 것은 그 이후의 생물학과 자연과학의 발전을 생각하면 다소 이상해 보일 수 있다. 그러나 멀리 떨어진 스피노자의 설명을 선호하는 데는 그만한 이유가 있다. 스피노자의 이론이 제시하는 또 다른 관점은 과학과 생물학의 주장들 및 결론들이 이원론의 그림자와 연관되어 왔다는 사실을 평가할 수 있게 해준다.

여성이 현대 정치에서 능동적 역할을 하고자 한다면, 여성적 체현이 그 어떤 자율적인 정치적 재현이나 윤리적 재현도 거부당하는 맥락에 우리가 어떻게 참여해야 하는지를 고찰하는 데서 출발해야 한다. 단순히 이분법적으로 **성별화된** 신체가 아닌 **다양한** 신체를 수용하는 정치-윤리적 입장과 맞물려 전개될 수 있는 다른 존재론들에 대한 탐구를 시작하는 것이 중요하다는 것이다.

이러한 맥락에서 중요한 것은, (상대적으로) 사회적 권력의 지위에 있는 페미니스트라면 그 권력을 다른 사회적 집단들과 관련하여 부정적으로 기능하는 양극성을 더욱 확고히 하는 데 사용하지 않아야 한다고 주장하는 것이다. 근대 정치체의 역사 및 이러한 역사를 둘러싼 담론들을 고려할 때, 페미니스트들은 정치체라는 신체가 가진 명시적·암시적 남성성에 대해 강력한 대항 권력을 행사할 필요가 있다. 이 대항 권력은 여성들이 놓인 특수한 상황들 속에서 어떤 동질성의 주장을 필연적으로 수반할 것이다. 이는 정치 사회에 관한 실체적인 역사적 사실에 대한 필연적인 첫 대응일 것이다. 그러나 이 대응은 역사에 닫혀 있는 여성들에 관한 존재론적 진리라기보다 전략적 지성에 토대를 둔 것으로 이해되어야 한다. 페미니즘 이론은 주로 '희생자' 입장을 동반하는 낭만주의를 참호로 삼는 것에 저항할 수 있는 개방적 존재론을 발전시킬 필요가 있다.

내가 스피노자 형이상학으로부터 발전시킬 것을 제안하는 정치적 실천의 종류는 페미니즘의 지배적 원리 몇 가지에 대한 재고찰을 요구한다. 남성과 여성의 양극성은 무시할 수 없는 우리 사회 정치적 역사의 일부분이다. 그러나 이 이원론을 무비판적으로 수용하는 것은 그 구성이 충분히 이해되지 않는 관계들을 영속시킬 뿐이다. 내가 구상하는 정치적 실천에서는 차이가 선험적으로 결정되지 않는다. 오히려 차이는 신체들의 집단들이 공유(하거나 갈등)하는 목적들과 목표들의 펼쳐짐 속에서 인식되는 것이다. 모든 존재가 나름의 방식으로 자신의 활동 가능성을 극대화하길 추구하는 정치-윤리적 조직을 창조하기 위해서는 다양한 존재들과 그들의 욕망, 그리고 그들의 존재와 욕망에 대한 그들의 이해 방식들을 고려해야 한다. 윤리학이 더 이상 보편적인 것을 내세우고자 하지 않음은 체현된 윤리학 구성의 불가피한 (또한 환영할 만한) 귀결이다.

스피노자 철학은 전통적 근대 철학을 지배해왔던 이원론에 의존하지 않으면서도 신체에 대한, 그리고 신체가 사회적 삶, 정치학, 윤리학과 맺는 관계에 대한 설명을 제시할 수 있다. 그러나 스피노자 철학은 차이를 중립화하는 철학은 아니다. 오히려 이분화되거나 양극화되지 않는 차이를 개념화하는 철학이다. 스피노자 저작은 페미니즘 이론과 지배적 이론 간의 수많은 논쟁들 중 현재적 난점 일부를 해결할 수 있는 가능성을 제시한다.[16] 이 '해결'은 난점에 대한 '해답'과 관련된다기보다 매우 다양한 이론적 문제를 제기할 수 있는 어떤 틀을 제공하는 것과 관련된다.

(신체적, 자연적, 여성적인) 사적 영역과 (이성적, 문화적, 남성적인) 공적 영역 간의 분할은 페미니즘 개입에 특히나 굴복하지 않는다는 것이 증명되었다. 정치 영역과 가족 영역 간의 긴장을 다루는 것은 '남성'과 '여성'의 개념들 간의 긴장을 다루는 것이다. 따라서 이는 궁극적으로는 '보편적' 인간 주체에 대한 현재의 정치–윤리적 구조화 내부의 긴장을 다루는 것이다. 이성, 권력, 활동, 코나투스(즉 모든 실재들이 자신의 존재 속에서 지속하고자 하는 경향)에 대한 스피노자적 이해는 이 긴장의 해소를 위한 작업을 시작할 잠정적 용어들을 제시한다. 정신 대 신체, 자연 대 문화의 이원적 존재론에서 탈피함으로써, 우리는 현대

* * *

16. M. Gatens, 'Feminism, Philosophy and Riddles Without Answers', in C. Pateman and E. Gross, eds., *Feminist Challenges: Social and Political Theory*, Sydney, Allen & Unwin, 1986을 참조.

페미니즘 이론이 빠진 양자택일, 즉 문명의 진보에 의해 드러날 본질적인 정신적 평등 주장과 본질적인 신체적 차이 주장 간의 교착상태를 우회할 수 있다. 스피노자적 관점은 의식/신체, 섹스/젠더 구별이라는 용어로 성차를 이해하는 데는 유용하지 않다. 스피노자에게 신체는 능동적 정신에 의해 지배되는 수동적 자연의 부분이 아니다. 신체는 인간 행동의 근원이다. 정신은 신체의 현재적 실존의 긍정에 의해 구성되고, 이성은 정확히 특정한 신체적 실존의 긍정인 한에서 능동적이며 체현된 것이다. 능동성 자체는 신체 또는 정신, 자연 또는 문화에 특별히 관련되기보다 우리의 사회적이고 정치적인, 심지어 동물적인 실존의 수동적 '삶'과 반대되는 상황에 참여할 수 있는 가능성에 대한 이해에 관련된다. 이러한 능동적 지성은 신체-기계에 대한 정신의 지배와는 다른 것이며, 그렇게 될 수도 없다. 왜냐하면 사유의 능동성은 신체의 성격 및 신체가 스스로를 재창조하는 방식과 맥락에 따라 달라지기 때문이다.

스피노자는 신체를 생산적이고 창조적인 것으로 설명한다. 신체는 시간을 가로질러 항상 동일한 것이 아니기 때문에 신체에 대해 확정적으로 '알' 수 없다. 신체는 과정이며 신체의 의미와 능력은 신체가 놓인 맥락에 따라 변화하기 때문에, 신체는 '진리'나 '참된' 본성을 갖지 않는다. 우리는 신체의 한계들이나 신체가 획득할 수 있는 권력들에 대해 알지 못한다. 그러한 한계들 및 역량들은 신체와 신체의 환경 간의 지속적 상호작용에 의해 드러날 뿐이다.

전통적 정치 이론은 신체와 신체가 지닌 정념들, 형태, 기능을 사실상 주어진 것으로 여긴다. 따라서 그 형태는 신체의 선험적이고 생물학적 본성에 따른 그 존재 방식대로 문화 속에서 지속된다고 이해된다. 자연에 대한 비-기계론적 관점과, 자연과 문화에 관한 비-이원론적 관점을 받아들이는 것은 신체의 문화적·역사적 특수성에 대한 인식을 수반할 것이다. 그렇다면 어떤 신체의 특정한 형태, 구조, 성격, 역량들이 가정 영역과 아내/어머니의 역할로 한정된다는 것은 역사적으로 특수한 신체의 역량들이 그 신체의 활동 영역 및 그 신체가 재창조되는 조건들로 환원된 것이라고 여길 수 있다. 이러한 관점은 여성적 형태 및 그 역량들에 대한 본질주의적 설명을 문제적인 것으로 만든다. 여성 신체와 사적 영역, 남성 신체와 공적 영역 간의 전통적 연계를 뒷받침하는 역사적 사실을 부인하지 않으면서도, 이 연계에 대해 질문하도록 만드는 것이다. 이 구분된 영역의 각각의 활동이 특정한 종류의 작업을 수행하도록 특정한 종류의 신체를 구성하고 재창조하는 방식에 좀 더 주목해야 한다.

철학이나 여하한 학술 분야에서 작업하는 페미니스트들에게 여성의 현존을 긍정하는 것과 관련하여 가장 절박한 난점은 우리가 다루는 담론들 속에 함축되어 있는 이론적 배제들이다. 여성의 수동성이나 비가시성을 수반하지 않으면서 인간 문화를 개념화하는 다른 양식들을 창조하는 것이 분명 가장 중요하다. 성별화된 신체에 대한 재현들과 정치—윤리적인 것에 대한 재현들 사이의 연관을 다루는 신체 철학은 그 어떠한 대안적 견해에서도 본질적 구성요소가 된다. 프랑스 페미니스트들의 신체에 관한 최근 저술들[17]은 생물학을 넘어 형태학을, '자연적' 신체를 넘어 체현의 문화적 구성을 강조하고, 욕망과 본능 사이 및 의식과 신체 사이의 전통적 경계들과 단절한다. 신체에 관한 형태학적 서술들은 신체를 능동적이고 욕망하는 신체로서 구성하는데, 신체의

• • •

17. E. Marks & I. Courtivron, eds., *New French Feminisms*, Amherst, University of Massachusetts Press, 1980; H. Eisentein & A.Jardine, eds., *The Future of Difference*, Boston, G. K. Hall, 1980; Irigaray, 'Women's Exile'; *Speculum of the Other Woman*; *This Sex Which is Not One*[『하나이지 않은 성』, 이은민 옮김, 동문선, 2000] 등을 참조.

형태가 곧 신체의 존재, 신체의 욕망이기 때문이다. 나는 이러한 형태학 개념이 유용한 교량 장치가 된다고 생각하는데, 이것이 이원론의 딜레마를 뛰어넘는 데 필수적이기 때문이다. 많은 페미니스트들은 정신과 신체, 자연과 문화, 생물학과 심리학, 섹스와 젠더의 지배적 이원론에서 빠져나오거나 거부하기 위한 대안적 장소론의 창조에 골몰하고 있다. 이러한 장소론을 이론화하거나 해명하는 데 스피노자의 체계가 유용하리라는 점을 나는 이 장에서 보여주고자 했다. 나는 스피노자의 작업이 신체를 생산적이고 역동적인 것으로 개념화한다는 점에서 흥미로운 가능성을 제공한다고 주장했다. 스피노자의 신체관은 존재와 인식, 존재론과 인식론, 정치학과 윤리학 간에 전통적 분할을 거부하기 때문이다.

당연하게도, 탐구해야만 하는 다른 비이원론적 주체관들도 존재한다. 나는 스피노자를 철학사의 유일한 예외로 제시한 것이 아니다. 니체의 저작, 좀 더 최근에는 푸코와 들뢰즈의 저작에서 나타나는 몇 가지 측면들 역시 페미니즘에 유용할 수 있다. 내가 멀리 떨어진 스피노자라는 인물을 개인적으로 선호하는 것은 좀 더 동시대에 속한 인물들의 경우는 페미니즘을 전이transferential의 지위로 빠뜨릴 수 있다는 우려 때문이다. 페미니즘은 그러한 지위 때문에 매우 취약해질 수 있다.[18] 우리 분야에 대해, 또 그 분야의 역사에 대해 자율적 관계를 정립하는 것은 적어도 이론적 독립을 위한 한걸음이다.

. . .

18. M. Le Dœuff, 'Women and Philosophy', *Radical Philosophy*, no. 17(Summer 1977)을 참조.

제 5 장

권력, 신체, 차이*

지난 20여 년 동안 이루어진 페미니즘 이론의 다각화는 마르크스주의 페미니즘, 자유주의 페미니즘, 급진 페미니즘이라는 편의적 구분을 사실상 무용지물로 만들었다. 이제 그 세 가지로는 최근의 페미니즘이 지배적 사회 정치 이론과 맺는 여러 관계 방식들의 핵심을 담아낼 수가 없다.[1] 가장 주목할 만한 것은, 오늘의 페미니즘 이론은 자신의 발언권을 표명하기 위해 (마르크스주의 페미니즘, 자유주의 페미니즘 등과 같이) 자기 앞에 수식어를 붙여야 한다고 생각하지 않는다는 점이다. 이러한 의미에서 마르크스주의와 자유주의는 아버지의 이름을 나타내거나 정당화하

* * *

* 이 장은 *Destabilizing Theory: Contemporary Feminist Debates*, ed. M. Barren and A. Phillips, Cambridge, Polity Press, 1992에 수록돼 출간된 바 있다.
1. 플라톤에서 하버마스에 이르는 정치 이론에 대한 페미니즘적 관점을 개관하는 탁월한 논집으로 M. L. Shanley and C. Pateman, eds., *Feminist Interpretations and Political Theory*, Cambridge, Polity Press, 1991[메어리 린든 쉐인리·캐럴 페이트먼 엮음, 『페미니즘 정치사상사』, 이남석·이현애 옮김, 이후, 2004]이 있다.

는 기능을 제공했던 셈이며, 여전히 종종 제공하고 있다. 급진 페미니즘은 이른바 가부장제 이론으로부터의 독립을 공언한다는 점에서 여타 페미니즘 이론들과 구별되었다. 오직 급진 페미니즘만이 아버지의 이름이라는 '표시가 없음'을 내세웠다.

　현대 페미니즘이 스스로를 아버지의 이름으로 정체화하기를 꺼린다는 것은 많은 페미니스트들이 지배적 사회 정치 이론들에 대해 뿌리 깊은 의혹과 불신을 갖고 있다는 징후로 간주할 수 있다. 대부분의 현대 페미니즘 이론가들은 여성의 사회 정치적 지위를 설명하거나 해명하는 데 기존 사회 정치 이론들이 유용할 수 있다는 믿음을 더 이상 갖지 않는다. 남류malestream, 팔루스중심주의 또는 단순히 남성중심주의 이론이라고 다양하게 명명되는 것에 대한 이 '신뢰의 상실'은 많은 페미니스트들이 그 이론들이 단지 얄팍한 성 맹목이나 성차별주의에 의해 손상된 것뿐이라고 더 이상 믿지 않음을 시사한다. 문제는 이제 더욱 근본적인 수준에 위치하게 되었다. 사회 정치 이론들에서 보이는 그 편향은 단지 제거하기만 하면 되는 문제가 아니다. 왜냐하면 편향은 문제가 되는 그 이론들의 구조에 내재된 것으로 이해되기 때문이다.[2] 예컨대 페미니즘 철학자들은 이성이란 곧 여성이 그로부터 배제되어 왔다고만 말할 만한 무언가가 아님을 분명히 했다. 차라리 합리성 자체가 여성성 및 전통적인 여성의 역할에 반하여 정의되어 왔다.[3] 마찬가지로 여성이 정치체로부터 배제된 것은 역사의 우발적 특성이 아니라 정치

● ● ●

2. 이러한 관점에 대한 좀 더 자세한 논의로는 M. Gatens, *Feminism and Philosophy: Perspectives on Difference and Equality*, Cambridge, Polity Press, 1991을 참조.
3. G. Lloyd, The Man of Reason: *'Male' and 'Female' in Western Philosophy*, London, Methuen, 1984; J. Grimshaw, Feminist Philosophers: *Women's Perspectives on Philosophical Traditions*, Brighton, Harvester, 1986, esp. ch. 2; M. Le Dœuff, *The Philosophical Imaginary*, London, Athlone, 1989를 참조.

사회에 대한 지배적 관념의 귀결이라는 점이 분명해졌다. 여성은 "특히 정치적 역량, 즉 정치적 권리를 창출하고 보유할 역량을 본성적으로 결여"한 것으로서 구축되었던 것이다.[4] 이러한 탐구는 사회적, 정치적 삶에 관한 지배적 이론이 여성의 상황에 적용될 때 불가피하게 여성에 대한 평가절하를 수반한다는 점, 따라서 여성들은 역사적으로 연결되어 있다는 점을 보여주었다. 이성이란 바로 그러한 이론들이 여성에 맞서 품고 있는, 결코 가볍지 않은 근본적 편향인 것이다.

이러한 분석은 많은 현대 페미니즘들의 이론적 접근 자체가 급진 페미니즘의 형태이거나 그 변형이라고 암시하는 듯 보일 수 있다. 분명 이는 다소간 단순화된 서술이다. 왜냐하면 현대 페미니즘 이론의 최근의 전개는 급진 페미니즘으로 쉽사리 동일화할 수 없는 태도, 즉 사회적, 정치적 삶에 대한 지배적 이론이나 '남류' 이론에 개입할 필요성을 명시적으로 강조하기 때문이다. 이 개입은 능동적이고 비판적이다. 이러한 페미니즘 이론가들은 '여성 문제'에 대한 '해답' 또는 '해법'을 바라며 마르크스주의나 자유주의로 향한 것이 아니라, 지배적 이론 및 거기에 함축된 편향을 문제 자체를 이루는 것으로 간주하며 접근하는 것이다. 이렇게 보면 지배적 사회 정치 이론에 대한 이러한 현대 페미니즘의 접근을 "탈구축적deconstructive"이라고 부르는 게 적절할 것 같다.

이 글의 목적상 '탈구축적'이라는 용어는 엄밀히 데리다적인 의미에서 사용되지는 않을 것이다. 오히려 '탈구축적'이라는 용어는 페미니즘적 접근이 마르크스주의, 자유주의, 실존주의, 정신분석 등의 이론을 여성의 상황을 '정확히' 파악할 수 있는 본질적으로 성 중립적인 담론으로

• • •

4. C. Pateman, *The Sexual Contract*, Cambridge, Polity Press, 1988, p. 96[캐럴 페이트먼, 『남과 여, 은폐된 성적 계약』, 이충훈·유영근 옮김, 이후, 2001, 144쪽].

간주하기를 거부한다는 점을 가리키기 위해 사용된다. 탈구축적 페미니즘은 그러한 이론들의 기본적 구조를 조사하고 그것들에 잠재된 담론적 수행을 폭로하는 일과 관련 있다. 예를 들면, 대부분의 정치 이론은 가족을 사회적 현상이 아닌 자연적 현상으로 다룬다. 탈구축적 접근은 자연적 구축물로서의 가족을 사회적 구축물로 이해된 공적 영역에 대립시킬 때 그 저의가 무엇인지를 조명한다. 그러한 대립을 전제함으로써 정치 이론가들은 성별들 간의 관계를 자연적인 것으로 다루는 가운데 그 관계가 갖는 정치적 특성들을 가려버릴 수 있다.[5]

전부는 아니더라도 대부분의 지배적 사회 정치적 이론의 공통적 특성은 서구 사상의 중심을 이루는 이원론, 즉 자연과 문화, 신체와 정신, 정념과 이성이라는 이원론에 연루돼 있다는 점이다. 이 이원론은 사회, 정치 이론 영역에서는 종종 재생산과 생산, 가족과 국가, 개인적인 것과 사회적인 것의 구분으로 변환된다. 많은 페미니스트들이 주장한 바대로 이 이원론의 왼편은 여성 및 여성성과, 오른편은 남성 및 남성성과 좀 더 밀접하게 연관되어 있다. 이 구분의 오른편만이 역사의 영역에 속하는 것으로 간주된다는 점에도 주목해야 한다. 오직 문화, 정신, 이성, 사회적 생산, 국가, 사회만이 역동적이고 발전적인 성격을 가진 것으로 이해되었다. 신체와 신체의 정념, 재생산, 가족, 개인적인 것은 대개 자연의 영원하고 불변하는 측면으로 여겨진다. 인간 존재를 개념화하는 이런 방식은 "여성은 역사를 갖지 않는다",[6] "재생산은 삶의 단순한

• • •

5. 존 롤스의 그 유명한 『정의론』에 대한 수잔 몰러 오킨의 비판은 이러한 접근의 좋은 예를 보여준다. S. Moller Okin, 'John Rawls: Justice as Fairness — For Whom?', in M. L. Shanley and C. Pateman, eds., *Feminist Interpretations and Political Theory*, Cambridge, Polity Press, 1991, pp. 181−198[캐럴 페이트먼 ·메어리 린든 쉐인리 엮음, 「존 롤스, 공정성으로서의 정의: 누구를 위하여?」, 『페미니즘 정치사상사』, 이남석·이현애 옮김, 이후, 2004, 289−314쪽]을 참조

반복을 수반한다"[7] 등의 주장과 깊이 연관된다.

사회 정치적 이론의 담론적 수행에 대한 이러한 철저한 심문을 거친다면 현재의 페미니즘 이론 형태를 그 선행자들과 다르게 보이게 만들 수 있다. 이로써 탈구축적 페미니즘은 '남류' 이론의 용어들을 확장시켜 여성 존재를 이론화하는 여타의 페미니즘 이론, 예컨대 마르크스주의 페미니즘, 자유주의 페미니즘, 실존주의 페미니즘 등과 구별된다. 그러나 탈구축적 페미니즘은 급진 페미니즘과도 구별된다. 왜냐하면 급진 페미니즘처럼 여성의 본질 또는 생물학을 여성이 가부장적이지 않은 순수한 이론을 무에서 생산할 수 있게 해주는 것으로 가정하지 않기 때문이다. 반대로 그러한 입장을 회의주의로 간주한다. 예컨대 미셸 르 되프는 다음과 같이 말한다.

우리는 좋든 싫든 철학 안에 있으며, 철학이 표현하고 가다듬은 남성적–여성적 분할에 둘러싸여 있다. 문제는 우리가 거기에 머물며 그 분할에 의해 지배되기를 원하는지, 아니면 그것에 대한 비판적 입장, 즉 여성에 관한 담론 속에 잠재되어 있는 근본적인 철학적 가정들을 판독해냄으로써 필연적으로 진화하게 될 입장을 취할 수 있을지를 아는 것이다. 최악의 형이상학적 입장은 우리가 철학을 벗어나서 말하고 있다고 믿거나 주장하면서, 무의식적으로 택하게 되는 입장들이다.[8]

• • •

6. C. Pateman, *The Sexual Contract*, p. 236, n. 24[캐럴 페이트먼, 『남과 여, 은폐된 성적 계약』, 이충훈·유영근 옮김, 이후, 2001, 326쪽]을 인용하자면, 예컨대 안드레아 드워킨은 "나는 여성의 상황이 기본적으로 비역사적이라고 생각한다"고 말한다.

7. S. de Beauvoir, *The Second Sex*, Harmondsworth, Penguin, 1975, p. 96[『제2의 성』 상, 조홍식 옮김, 을유문화사, 1993, 47쪽].

이 구절의 마지막 문장은 자신을 탄생시킨 문화에 아무것도 빚진 것 없는 페미니즘 이론을 창조하는 게 가능하다고 믿는 이들에게 경고를 보내고 있다. 그러나 이를 인정한다고 해서 기존 사회 정치적 이론들의 '잠재된 전제들'에 비판적으로 개입하며 대안을 모색하는 작업의 가능성에 대해 허무주의적이거나 체념적인 태도를 취하는 것은 아니다. 예컨대 스피노자[9]나 니체의 철학과 같이 억압된 철학, 과소평가된 철학은 전통 담론에 의해 가려지거나 생략되어온 존재의 특질들을 강조할 수 있다는 점에서 페미니즘 이론가들에게 유용할 수 있다.

여러 갈래로 뻗어 나가는 현대 페미니즘 이론을 글 한 편에 공정하고 폭넓게 제시한다는 것은 분명 불가능하다. 사실 다양한 탈구축적 페미니즘에 관한 개요를 공정하게 제시하는 것조차 불가능하다. 그보다 이 글에서는 내가 1970년대 페미니즘 이론들과 현대의 탈구축적 페미니즘 간에 가장 중요한 개념적 차이라고 여기는 것들을 개괄할 것이다. 이러한 대비는 세 가지 핵심 용어 권력, 신체, 차이에 대한 용법 전환에 집중함으로써 이루어질 것이다. 탈구축적 페미니즘과 여타의 페미니즘 이론가들 모두 같은 용어를 사용했음에도 그 용법은 상당히 다르다는 점, 서로 양립 불가능한 방식으로 활용했다는 점을 주장할 것이다. 이러한 종류의 글에서는 불가피하게 일반화가 많이 이루어진다. 이 글의 목적은 1970년대 페미니즘을 폄하하는 것이 아니라, 탈구축적 페미니즘이 역사적

• • •

8. M. Le Dœuff, 'Women and Philosophy', *Radical Philosophy*, no. 17(1977), pp. 2–11.

9. 나는 이 책 4장 「신체 페미니즘 철학을 위하여」에서 스피노자적 접근 방식을 활용했다. 제너비브 로이드 역시도 섹스/젠더 구별을 비판적으로 평가하면서 스피노자의 일원론을 활용한 바 있다. G. Lloyd, 'Woman as Other: Sex, Gender and Subjectivity', *Australian Feminist Studies*, no. 10(1989), pp. 13–22.

맥락에서 발전해왔음을 보여주는 것이다. 이 맥락에서 기존의 페미니즘 연구는 현대 페미니스트들의 관심사가 명확히 표현되는 데 필수적이고 긴요한 역할을 했다. 간단히 말하자면, 기존 페미니스트들이 여성의 사회 정치적 지위를 설명하기 위해 지배적 이론들을 활용하려고 하지 않았다면 그 기획에 내재된 난점들이 밝혀지지 않았다는 것이다. 탈구축적 페미니즘은 이 난점들을 가정하고 대응한다.

권력

자유주의 및 마르크스주의 정치 이론은 권력을 개인이나 집단이 소유하거나 그렇지 않은 것으로 개념화하는 경향이 있다. 권력은 권위, 지배 또는 착취와 밀접하게 연관된 것으로 간주된다. 자유주의 정치 이론에서 국가의 역할은 평화롭고 평등한 교환의 기회를 보장하기 위해 그 주체들에 대해 합법적 권력을 행사하는 것이라고 이해된다. 권력은 주권 안에 있고 주권으로부터 나온다고 생각된다. 물론 마르크스주의 정치 이론은 이 문제에서 상당히 다른 견해를 취한다. 권력이 주권자의 정당한 권위의 행사라고 생각하지 않는 것이다. 오히려 국가는 지배 계급에 봉사하는 존재이며, 사회에서 권력 행사는 한 계급의 다른 계급에 대한 권력 행사로 간주한다. 이런 의미에서 권력을 장악한 집단은 권력이 없는 다른 집단을 지배하고 착취하기 위해 이 권력을 사용한다. 그러나 두 철학 모두 권력은 주로 정치경제적 관계에 대한 규제 및 통제에서 나타난다는 점을 전제하고 있다. 마르크스주의자들이 권력은 이데올로기적 수단으로도 행사된다고 주장했지만, 그 권력이 물질적 형태를 전제한다는 사실은 이런 점과 관련이 있다. 루이 알튀세르는 경찰, 사법부, 군대 등을 포함하는 억압적 국가 장치와 학교, 종교, 가족 등을 포함하는 이데올로기적 국가 장치라는 국가 권력의 두 가지 구별되는 형태의 차이를 정식화했다.[10]

페미니즘 이론가들이 이러한 사회 정치적 이론을 활용하고자 할 때, 그들이 다루는 문제의 종류는 국가 권력이 여성들과 관련해서 작동하는 방식에 초점을 맞추는 경향이 있다. 자유주의 페미니즘은 여성이 사적 영역에 국한된다는 문제가 여성의 낮은 사회 정치적 지위의 핵심을 이룬다고 생각한다. 평등, 부, 기회는 공적 영역에 속한다. 따라서 여성에게 권력에 대한 접근권을 부여하는 데서 관건은 여성에게 공적 영역에 대한 평등한 접근권을 부여하는 것이 된다. 국가는 남성에게 부여하는 것과 동일한 기회를 여성에게 부여할 의무가 있다. 따라서 자유주의 페미니즘의 투쟁은 교육 및 작업장에서의 기회의 평등, 법 아래 평등 등을 수반하는 경향이 있다. 이 요구들은 당연하게도 육아나 출산 휴직 등과 관련된 요구들에 미치게 된다. 그러나 이 요구들은 성 중립적 조건에서 제시되어야 하기 때문에 출산 휴직은 남편의 육아 휴직과 대응해야 하며, 평등의 기회는 남성을 포함하는 용어로 표현되어야 한다.

권력에 대한 평등한 접근권을 부여하자는 자유주의 철학의 근본적 전제는 성적으로 중립적인 용어로만 표현될 수 있다. 이것이 함축하는 바는 여성에게 남성과 진정으로 평등한 조건으로 공적 영역을 점유하도록 하는 일이 불가능하지는 않더라도 어려운 일이라는 점이다. 단적으로 말해, 공적 영역이 역사적으로 거의 배타적인 남성의 영역이었다는

• • •

10. L. Althusser, 'Ideology and Ideological State Apparatuses', in *Lenin and Philosophy, and Other Essays*, London, New Left Books, 1977, pp. 121-173[루이 알튀세르, 「이데올로기와 이데올로기적 국가장치」, 『아미엥에서의 주장』, 김동수 옮김, 솔, 1991, 75-130쪽]을 참조.

점에서 알 수 있듯이 공적 영역은 그 점유자들이 남성 신체를 갖는다는 점을 전제로 발전해왔다. 공적 영역은 엄밀히 말해 재생산이 아니라 생산에 관계되는 영역으로, 그것은 (사적인) 가사노동이 아니라 (사회적) 임금노동에 관계된다. 요컨대 자유주의 사회에서 전제되는 것은 거기에 속한 시민들이 역사적으로 존재해온 바를, 즉 무급 가사 노동자/어머니/아내의 봉사를 마음대로 사용하는 남성 가장들이기를 지속한다는 것이다.

이러한 의미에서 자유주의 사회의 (전통적으로 남성의) 공적 영역 자체가 (전통적으로 여성의) 사적 영역과 대립하여 정의된다는 점을 이해할 수 있다. 자유주의 이론 및 사회에서의 여성의 지위는 페미니스트들에게 일련의 역설들로 나타난다.[11] 이러한 맥락에서 평등은 남성과 동등해질 추상적 기회를 함축할 뿐이다. 자유주의적 '개인'의 규범이나 표준으로 여겨지는 것은 바로 남성 신체 및 그것의 역사적이고 문화적으로 규정된 권력들과 역량들이다. 여성들이 이 표준을 성취할 수 있는 것은 자신의 신체적 종별성을 삭제할 때, 또는 사적 영역에서의 전통적 역할과 새로 발견된 '평등' 모두를 마음대로 주무를 수 있을 때이다. 이 상황은 여성들이 자신들의 역사적이고 문화적인 맥락에서 발전시켜온 종별적인 권력들과 역량들을 고려하지 못하게 하는데, 이 점은 다음 절에서 다룰 것이다.

마르크스주의 역시 경제 관계가 모든 권력 관계의 기원으로 이해되는, 권력에 대한 다소 좁은 용법에 집중하는 경향이 있다. 여성의 사회정치적 지위를 연구하는 맥락에서 이는 여성 존재의 종별적인 권력

- - -

11. 나는 자유주의 사회에서 여성이 남성과 대등한 관계로 포함될 가능성을 논박한 바 있다. M. Gatens, *Feminism and Philosophy*에서 특히 제2장을 참조할 것.

형식은 사회의 경제적 구조와의 관계 속에서만 파악될 수 있다는 식의 결과를 낳는다. 여성의 상황에 관한 마르크스주의적 비판이 타당성을 얻기 위해서 여성은 우선 자유주의 사회의 진정한 구성원이 되어야 한다는 말이 맞을지도 모른다. 이는 특히 사회구조가 그 경제적 토대에 의해 결정된다고 보는 마르크스주의 조류에 들어맞는 말이다. 1970년대 소위 가사노동 논쟁을 마르크스주의 페미니즘의 의제로 삼은 것이 바로 이러한 마르크스주의 이론의 경제주의였다. 경제주의는 연구 대상의 종별성과 무관하게 이론들이 어떤 문제를 '중심적'인 것으로 규정할 수 있는 방식을 강조한다. 그것은 사회 정치적 이론의 뿌리 깊은 편향이 어떻게 여성의 상황을 이해하는 데서 결정적일 수 있는 여성 존재의 특성들을 가려버리는지에 관한 일례를 보여준다. 그러한 편향은 여성의 상황 때문이 아니라 문제가 되는 이론의 근본적 수행 때문에 부각되어 보이는 쟁점들을 강조한다.[12]

가부장적 자본주의 하의 여성에 관한 마르크스주의적 분석에서 수반되는 난점은 마르크스주의적 용법에서 여성은 하나의 계급을 구성하는 것으로 여겨질 수 없다는 점과 분명 관련이 있다. 결론적으로 마르크스주의 페미니즘 이론은 여성들의 삶 속의 권력 작동을 설명하는 데 난점이 있는 것이다. 그 이론은 마치 문화처럼 오직 남성의 부속물이라는 형식으로만 여성을 여성으로서 생각한다. 자본은 임금노동에서 잉여가치를 창출하는데, 그 가격은 임금노동자뿐만 아니라 그의 가정의 최저생계비까지 가정한 것이다. 임금노동을 수행하는 여성은 성별화되지 않은

• • •

12. C. di Stefano, 'Masculine Marx', in M. L. Shanley and C. Pateman, eds., *Feminist Interpretations and Political Theory*, Cambridge, Polity, 1991, pp. 146-163[크리스틴 디 스테파노, 「남성 맑스」, 『페미니즘 정치사상사』, 이남석·이현애 옮김, 이후, 2004, 237-262쪽]을 참조.

노동으로 여겨지지만, 임금노동을 수행하지 않는 여성은 자본 및 사회관계에 간접적인 연관만을 가질 뿐이다. 여성의 삶에서 작동하는 권력은 대개 이데올로기 권력의 형태로 여겨졌다. 따라서 많은 마르크스주의 페미니스트들이 남성성과 여성성이라는 이데올로기가 남성과 여성을 자본주의 사회에서 적합한 가부장적 주체로 구성하는 방식을 설명하기 위해 정신분석 이론의 도입을 환영한 것은 놀라운 일이 아니다. 더구나 (전통적인) 여성의 일에 노동력의 재생산이 포함된다고 생각한 많은 마르크스주의 페미니스트들에게 정신분석은 적합한 종류의 노동자가 생산되는 방식을 탐구할 수 있는 이론적 관점을 제공했다.

정신분석 이론이 마르크스주의 페미니즘에서 갖는 효용을 설파한 것으로 가장 유명한 것은 줄리엣 미첼Juliet Mitchell의 『정신분석과 페미니즘』[13]이다. 미첼은 마르크스주의가 계급과 자본에 대한 설명을 제공한다면, 정신분석은 성과 가부장제에 대한 설명을 제공한다고 주장했다. 두 이론이 각각 경제적 토대와 이데올로기적 상부구조에 관계한다고 이해되었다는 점은 의미심장하다. 남성에 대한 착취가 국가 및 계급사회의 핵심이라면, 여성에 대한 특수한 억압은 이데올로기와 가부장적 사회의 핵심이다. 미첼은 알튀세르를 따라 정신적 삶을 이데올로기 영역으로 환원하기에 이르렀다. 이는 중요한 귀결인데, 왜냐하면 이 점이 주로 여성 투쟁의 부차화를 '정당화'하기 위해, 좀 더 호의적으로는 여성 투쟁의 성과를 계급투쟁의 성과와 결부시키기 위해 활용되기 때문이다.

여성의 삶 속에 권력 및 억압의 작동에 관한 이러한 견해는 성차가 권력 및 지배와 상호 교차하는 방식뿐만 아니라 젠더가 사회에서 작동하

• • •

13. J. Mitchell, *Psychoanalysis and Feminism*, Harmondsworth, Penguin, 1974.

는 방식에 대해서도 납득할 수 있는 분석을 담보하지 못한다. 예컨대 케이트 밀렛은 다음과 같이 말한다.

> 가부장제의 생물학적 토대는 매우 불안정해 보이므로 '믿음만으로', 즉 오직 획득된 가치체계만으로 보편적 조건을 지속시킬 수 있는 '사회화'의 힘에 우리가 탄복하는 것은 당연하다.[14]

이 구절은 생물학은 성별화된 신체(남성과 여성)를 지칭하는 것으로, 이데올로기는 남성적 또는 여성적 주체를 지칭하는 것으로 간주하는 밀렛의 이해 방식을 보여준다. 그러한 이해는 신체를 그 표적으로 삼는 사회적 실천들에서 가치들이 새겨져 있는 방식에 주목하지 못하게 한다. 생물학/이데올로기의 구별은 '가치체계(들)'를 관념적 방식으로 다루기 때문에 사회적 가치들이 단순히 '정신'이 아니라 신체에 새겨지는 방식을 가려버린다. (이 점에 대해서는 다시 다룰 것이다.) 사회에 대한 자유주의적 분석과 마르크스주의적 분석 모두는 여성의 사회 정치적 지위의 연구와 관련하여 유사한 문제를 안고 있다. 두 접근 방식이 암묵적으로 지지하는 권력 이론은 협소한 경제주의로서, 이는 여성들이 공적 영역 및 임금노동에 대해 역사적으로 임시적인 관계를 맺은 맥락에서는 적합하지 못하다. 권력에 관한 이러한 견해는 남성의 사회 정치적 삶의 어떤 측면을 분석할 때는 적합하다고 볼 수 있지만, 여성에 적용되거나 실제로 인종적 억압과 같은 다른 쟁점과 관련될 때는 적합하지 못하다. 문제는 자유주의 및 마르크스주의가 생물학적 '사실'이나 이데올로기가 아닌 어떤 용어로도 신체적 종별성의 쟁점을 다룰 수 없다는 데에

• • •

14. K. Millett, *Sexual Politics*, London, Granada, 1972, p. 31[케이트 밀렛, 『성 정치학』, 김유경 옮김, 쌤앤파커스, 2020, 83쪽].

있다. 두 이론 모두 신체/정신, 사실/가치, 과학/이데올로기 구별의 바깥에 있는 차이를 사고하지 못한다. 예컨대 이들은 정확히 섹스/젠더 구별에서 말해지는 용어들이다. 섹스는 신체, 사실, 과학(생물학)과 관련되는 반면에, 젠더는 정신, 가치, 이데올로기(조건화)와 관련된다.[15] 두 이론은 모두 인간 존재 또는 인간 신체가 갖는 필요, 역량, '본성'에 대해 역사와 문화를 가로지르는 근본적 보편성을 가정하는 인간주의라는 형식에 복무한다. 이는 부분적으로는 신체와 신체의 필요를 영원한 자연의 일부로 가정하는 데에 따른 결과이다. 이는 생물학적으로 주어진 인간이 사회적으로 생산된 남성적 주체 또는 여성적 주체가 되는 방식에 강조점을 둔다. 남성성과 여성성은 심리학적 특질로 이해되기 때문에 그것의 발생 및 재생산은 정신, 가치 또는 이데올로기 수준에 위치해야 하는 것이다.

성적 차이와 권력 및 지배 쟁점들에 대해 이렇게 접근하면, 권력이 특정한 종류의 신체를 다르게 구성하고 그 신체에게 특정한 종류의 작업을 수행하도록 권한을 주어 특정한 종류의 주체로 만들어내는 방식을 사고할 수 없다. 다르게 말하자면, 우리는 젠더란 곧 권력이 정신을 '조건화하는' 방식의 이데올로기적 효과라기보다 권력이 신체를 장악하는 방식의 물질적 효과라고 주장하는 것이다. 이 주장은 지배적 사회 정치적 이론들에서 사용되는 것과는 완전히 다르게 권력 및 신체 통념을 사용함을 수반한다.

아마도 이 대안적 권력 설명에서 가장 저명한 주창자는 미셸 푸코일 것이다. 그는 지배적인 권력론이 억압 모델 위에서 권력을 생각하는 경향이 있으며, 따라서 권력이 '안 돼'라고 말하는 것으로 환원된다는

• • •

15. 섹스/젠더 구별이 함축하는 난점에 대한 논의로는 이 책의 제1장 「섹스/젠더 구별 비판」을 참조.

점을 강조했다.[16] 푸코의 작업은 그가 권력의 생산적 작동을 함축한다고 여긴 담론과 실천 및 신체–권력 관계에 집중되어 있다. 이는 푸코가 국가 권력이나 억압적 국가의 실천들의 존재나 실제적인 중요성을 부정한다는 말이 아니다. 오히려 그의 작업은 권력의 덜 장엄하지만 더 음험한 형태를 강조하고자 한다는 것이다. 더구나 이러한 권력의 비–억압적인 형태는 이데올로기 통념에 의해 적합하게 파악될 수 없다. 그는 이데올로기 용어의 효용과 관련된 의구심을 세 가지 점으로 요약한다.

(첫째,) 좋든 싫든 그것은 언제나 진리로 간주되도록 가정된 어떤 것에 사실상 대립해 있다. 내 생각에 문제는 과학성 또는 진리 범주에 해당되는 담론에 포함된 것과 또 다른 범주에 포함된 것을 구별하는 데 있지 않고, 진리도 거짓도 아닌 담론 그 자체에서 어떻게 진리의 효과가 생산되는지를 역사적으로 확인하는 데 있다. 두 번째 약점은 이데올로기의 개념이 내가 볼 때는 필연적으로 주체의 질서에 속하는 어떤 것을 지칭한다는 데 있다. 셋째, 이데올로기는 그것의 토대로서, 그것의 물질적·경제적 규정 요소로서 기능하는 어떤 것에 대해 상대적으로 이차적 지위에 있다.[17]

이데올로기 개념에 대한 푸코의 의구심은 흥미롭게도 여성의 상황에 대한 마르크스주의적이거나 자유주의적인 사회 정치 이론의 효용과

• • •

16. 예컨대, M. Foucault, *The History of Sexuality*, vol. I, London, Allen Lane, 1978[『성의 역사 1 : 지식의 의지』, 이규현 옮김, 나남, 2010]의 제2장 1–2절과 제4장 2절을 참조.

17. M. Foucault, *Power/Knowledge*, C. Gordon, ed., Brighton, Harvester Press, 1980, p. 118[콜린 고든 편, 『권력과 지식: 미셸 푸코와의 대담』, 홍성민 옮김, 나남, 1991, 151쪽].

관련해 이 글에서 제시한 의구심과 겹쳐진다. 첫째, 과학/이데올로기 구별은 젠더화된 주체를 구성하는 가부장적 가치체계와 연결하여 여성 억압을 이해하는 반면, 여성 섹스의 '진리'는 생물학의 과학적 담론에 의해 결정되는 것으로 이해할 것을 요구한다. 둘째, 젠더가 인간 주체의 사회적 부가물이라는 통념은 인간 주체가 그의 사회적 맥락에 선행한다는 조건에서만 성립한다. 마지막으로, 가부장제가 주로 이데올로기적 수단으로 작동한다는 견해가 갖는 한계는 사회의 결정적인 토대가 경제라고 가정한다는 데에 있다. 이러한 이유에서 권력의 미시정치학에 대한 푸코식의 접근은 권력 및 지배가 성차와 관련하여 작동하는 방식을 탐구하는 데 특히 적합하다.

푸코의 접근 방식의 주요 강점 중 하나는 신체에 대한 그의 강조가 단순히 어떻게 담론과 실천이 이데올로기적으로 적합한 주체를 생산하는지가 아니라, 어떻게 이러한 실천들이 특정한 종류의 권력과 역량을 갖는 특정한 종류의 신체를 구성하는지, 즉 어떻게 신체들이 다양한 종류의 개인들로 변화하는지를 사고하게 한다는 점에 있다.[18] 요컨대 권력의 억압적 기능뿐만 아니라 권력의 생산성을 분석하게 한다는 것이다. 이러한 관점으로부터 우리는 신체가 역사를 갖는다는 말이 무엇인지 이해하기 시작할 수 있다.

신체

신체와 관련한 글쓰기가 최근 급증하는 것에 대해 간단하게 설명할

• • •

18. Ibid., p. 98[위의 책, 130쪽].

수는 없을 것이다. 분명 푸코의 작업은 신체가 현대철학, 사회학, 인간학에서 인기 있는 분석 주제가 되는 데 영향을 미쳤다. 그러나 사회과학에서 페미니즘 이론의 영향 역시 신체를 각광받게 한 것에 대한 공로를 주장할 수 있다. 공적 영역에서의 '평등'을 가장 많이 누릴 수 있었던 주로 중간계급인 여성들이 직면한 난점은 페미니즘이 신체에 대해 숙고하게 하는 기폭제로 작용했을 것이다.

공적 삶의 맥락에서 여성과 남성의 차별적 권력들 및 역량들에 대한 한 가지 대응 방식은 여성이 남성에 비해 생물학적으로 불리하다고 주장하는 것이다. 이러한 관점에서는 의학의 진보를 통해 성별 간 재생산에서의 차이를 더욱 약화시킬 것을 요구하는 것이 중요해 보인다. 이 견해에서 사회 개혁은 그만큼만 성취할 수 있을 뿐, 여성의 상황을 규정하는 나머지 것들에 대한 개혁은 자연이나 생물학에 대한 통제의 증가에 맡겨진다. 시몬 드 보부아르는 이 견해의 가장 확실한 주창자라는 의심스러운 명예를 보유하고 있다. 1970년대에 슐라미스 파이어스톤의 『성의 변증법』은 과학이 여성을 해방시키는 역할을 수행할 수 있다는 견해를 영속화시키는 데 영향을 미쳤다.[19] 두 이론가 모두 성적 평등이 실현되기 위해서는 재생산하는 신체의 종별성이 극복되어야 한다는 점을 전제했다.

신체적 종별성 문제에 대한 한 가지 대안적 대응은 여성이 '남성처럼' 되기를 열망해서는 안 된다고 주장하는 것이다. 흥미롭게도 이러한 대응은 페미니즘과 반페미니즘 모두에게서 나온다.[20] 최근 페미니즘

• • •

19. S. Firestone, *The Dialectic of Sex*, New York, Bantam Books, 1970[슐라미스 파이어스톤, 『성의 변증법』, 김민예숙·유숙열 옮김, 꾸리에, 2016].

20. 전자의 예로는 M. Daly, Gyn/Ecology: *The Metaethics of Radical Feminism*, Boston, Mass., Beacon Press, 1978을 참조. 후자의 예로는 C. McMillan, *Women, Reason and Nature*, Oxford, Basil Blackwell, 1982를 참조.

연구는 서구 사상의 역사가 신체에 대한 뿌리 깊은 혐오와 두려움을 내비친다고 주장한다.[21] 어떤 페미니스트들은 이 신체 혐오가 특별히 남성적인 것이며, 여성공포증 및 여성혐오와 긴밀하게 연관되었다고 이해한다.[22] 어떤 페미니스트들은 신체 및 여성을 향한 이러한 부정적 태도에 대한 대응으로 여성 신체 및 여성 신체가 지닌 재창조와 양육의 역량을 긍정하고 찬양한다. 이 견해의 가장 강력한 형태는 여성 신체의 종별적인 역량들 및 권력들이 남성과 여성의 본질적 차이를 함축한다고 주장하는 것이다. 여기서 여성은 본질적으로 평화를 애호하며, '생명 친화적'이거나 돌보는 존재로, 남성은 본질적으로 공격적이며, '죽음 친화적'이거나 이기적인 존재로 제시된다.[23] 이러한 이론가들은 과학적 개입에 의해 침식되어서는 안 되는 본질적 성차가 있음을 주장한다.

여성의 신체적 종별성에 대한 이러한 두 가지 대응은 '성적 평등 대 성적 차이 논쟁'이라고 일컬어지는 것으로 다루어지곤 한다. 그러나 사실 두 대응은 모두 같은 패러다임 안에 사로잡혀 있다. 둘 모두 신체를 특정한 비역사적 성질 및 역량을 가지거나 가지지 않는, 주어진 생물학적 실체로 이해한다는 점에서 마찬가지이다. 이런 점에서 성적 차이 대 성적 평등 논쟁은 신체/정신, 자연/문화 이원론을 전제로 삼는 틀 속에 놓여 있다. 서로 다른 두 대응은 모두 정신 또는 신체, 자연 또는 문화 중 어느 것에 우선권이 주어져야 하는가에 대한 답변인 것이다.

신체 및 권력에 대한 대안적 견해는 성적 차이의 쟁점을 표현하는 이원론적 방식을 거부하는 것일 수 있다. 구체적으로 말하자면, 신체의

• • •

21. E. Spelman, 'Woman as Body: Ancient and Contemporary Views', *Feminist Studies*, vol. 8, no. 1(1982), pp. 109-131을 참조.
22. Daly, *Gyn/Ecology*, pp. 109-112를 참조.
23. Ibid., pp. 61-62.

역사를 주장하는 것은 식습관, 환경, 신체의 전형적 활동이 역사적으로 변화하는 방식, 또 그러한 것들이 신체의 역량과 욕망, 신체의 실제적인 물질적 형식 등을 창조하는 방식을 진지하게 받아들임을 수반한다.[24] 예컨대 아내/어머니/가사 노동자의 역할로 제한되는 여성의 신체는 여성 올림픽 선수의 신체와는 거의 공통점이 없는 특정한 욕망, 역량 및 형태를 갖는다. 이 경우 생물학적 공통성은 두 신체들의 종별성을 설명하지 못한다. 실제로 여성 올림픽 선수는 아내/어머니의 역할로 제한된 사람보다 남성 올림픽 선수와 더 많은 공통점을 가질 수 있다. (이는 어떤 여성이 아내/어머니이며 동시에 올림픽 선수라는 점을 부인하는 것은 아니다.) 이 공통성은 단순히 이해관계나 욕망의 층위가 아니라 신체의 현실적 형태와 역량의 층위에 존재한다. 우리는 신체들이 움직이고 재창조하는 맥락에 주목함으로써 신체와 그 신체의 환경 간의 복합적 변증법에도 주목하게 된다. 신체에 역사가 부여된다면, 여성의 신체와 가정 영역, 남성적 신체와 공적 영역 간의 전통적 연관성은 생물학적 본질주의에 의존하지 않으면서도 역사적 효과를 갖는, 역사적 현실성으로 인정받을 수 있다. 대체로 현재의 여성 신체의 역량은 현재의 남성 신체의 역량과 큰 차이가 있다. 성차의 역사적 현실성을 표현하는 수단을 고안해 이 차이를 사물화하지 않는 것이 중요하다. 오히려 요구되는 것은 남성과 여성의 전형적 활동 영역 및 각각의 활동들이 특정한 종류의 신체를 구성하고 재창조해서 특정한 종류의 작업을 수행하도록 하는 방식에 대한 설명이다. 권력이 신체를 구성하는 방식의 역사적 효과를

• • •

24. M. Foucault, 'Nietzsche, Genealogy, History', in *Language, CounterMemory, Practice*, ed. D. Bouchard, Ithaca, Cornell University Press, 1977, pp. 139–164 [「니이체, 계보학, 역사」, 『미셸 푸코: 광기의 역사에서 성의 역사까지』, 이광래 옮김, 민음사, 1989, 327–359쪽]를 참조.

이해하고 그것에 도전하기 위해서는 이러한 종류의 분석이 필수적이다.[25]

이는 단순히 남성과 여성이 어떻게 남성적 주체와 여성적 주체가 되는지가 아니라 신체들이 어떻게 남성과 여성으로 표시되는지에 대한 연구를 포함할 것이다. 푸코는 다음의 것이 요구된다고 주장하면서 이 점을 분명히 한다.

> 최초의 사회학자들이 가졌던 진화주의처럼 생물학적이고 역사적인 것이 병행적으로 제시되지 않는 분석, 삶을 대상으로 하는 근대 권력 기술의 발전에 부합하도록 생물학적이고 역사적인 것이 점점 더 복잡한 형태로 함께 묶이는 분석이어야 한다. 그러므로 내가 염두에 두는 것은 신체들의 의미와 가치가 감지되고 주어지는 방식을 통해서만 신체를 설명하는 '심성의 역사'가 아닌 '신체의 역사'로서, 신체들 속에서 가장 물질적이고 가장 생생한 것이 탐구되는 방식이다.[26]

푸코의 연구는 남성 신체가 구성되는 역사에 집중하는 경향이 있으며 성차의 문제를 위한 자리는 예고하지 않는다.[27] 그러나 정신분석 이론,

• • •

25. C. Gallagher and T. Laqueur, eds., *The Making of the Modern Body*, Berkeley, University of California Press, 1987을 참조.

26. Foucault, *History of Sexuality*, vol. I, p. 152[『성의 역사 1: 지식의 의지』, 이규현 옮김, 나남, 2010, 173쪽].

27. 푸코의 작업에 공명하는 페미니즘적 독해로는 J. Sawicki, 'Foucault and Feminism: Toward a Politics of Difference', in M. L. Shanley and C. Pateman, eds., *Feminist Interpretations and Political Theory*, Cambridge, Polity, 1991, pp. 217–231[제이너 사위키, 「푸코와 페미니즘: 차이의 정치학을 향하여」, 『페미니즘 정치사상사』, 이남석·이현애 옮김, 이후, 2004, 343–363쪽]을 참조.

특히 신체 이미지 이론에 대한 비판적 활용과 푸코의 권력 분석이 결합된다면 이 맥락에서 매우 유용한 통찰을 얻을 수 있다.

자크 라캉, 모리스 메를로퐁티, 파울 쉴더의 저작들은 신체 이미지에 대한 설명을 제공한다. 이에 따르면 신체는 개별 독립체나 게슈탈트로서 그 신체에 대한 이미지를 가지지 못하는 한 제대로 된 인간 신체, 즉 제대로 된 인간 주체나 개인이 아니다.[28] 공간 속에 있는, 그리고 타자의 신체와의 관계 속에 있는 우리 신체의 이러한 지향은 의미화하는 주체의 구성에 전제되는 세계에 대한 하나의 관점을 제공한다. 특히 라캉은 이 게슈탈트의 출현을 어느 정도는 발생론적인 것으로 제시한다. 예컨대 라캉의 유명한 「거울 단계」 논문은 동종의 타자들의 이미지 및 운동이 야기하는, 심지어 그것들을 그저 닮게 꾸며낸 이미지 및 운동이 야기하는 동일시 효과에 관한 행동학적 증거를 제공한다.[29] 라캉은 이 '이질동형적 homeomorphic 동일시'가 생물의 자기 종을 향한 지향의 기원이라고 여겼다.

• • •

28. J. Lacan, 'Some Reflections on the Ego', *International Journal of Psychoanalysis*, vol. 34(1953), pp. 11-17; J. Lacan, 'The Mirror Stage', in *Ecrits*, London, Tavistock, 1977, pp. 1-7[「나 기능의 형성자로서의 거울 단계」, 『에크리』, 홍준기·이종영·조형준·김대진 옮김, 새물결, 2019, 113-121쪽]; M. Merleau-Ponty, 'The Child's Relations with Others', in *The Primacy of Perception*, ed. J. M. Edie, Evanston, Ill., Northwestern University Press, 1964, pp. 96-155; P. Schilder, *The Image and Appearance of the Human Body*, New York, International Universities Press, 1978을 참조.

29. 라캉은 다음과 같이 말한다. "암컷 비둘기의 생식선 성숙의 필요조건은 어느 성별이든 같은 종의 다른 개체를 보아야 하는 것이고, 이는 또 그 자체로 충분조건이어서 단지 거울에 반사되는 영역에 개체를 위치시키는 것만으로도 원하는 효과를 얻을 수 있다. 이와 유사하게 이동성 메뚜기의 경우 일족이 개체 생활 형태에서 군집 생활 형태로 이행하는데, 이는 특정 단계에서 그 개체에게 유사한 이미지를 완전히 가시적으로 노출함으로써 획득될 수 있다."('Mirror Stage', p. 3[「나 기능의 형성자로서의 거울 단계」, 『에크리』, 116쪽].)

라캉이 신체 이미지의 문화적 종별성을 강조하면서도 게슈탈트 형성에서 페니스의 '자연적' 지배를 주장할 수 있었던 것은 거울 단계에 대한 설명에서 나타난 이러한 발생론적 기초에서 기인하는 것 같다.[30]

권력의 미시정치학적 작동이 사회적으로 적합한 신체를 생산하는 방식에 관한 푸코의 역사적·동역학적 설명은 라캉의 행동학적 설명에 대한 대안을 제공한다. 푸코의 접근을 활용하면, 상상적 신체는 사회적·역사적으로 종별적인 실천의 효과로서, 즉 발생론적인 것이 아니라 권력 관계의 효과로서 간주될 수 있다. 그럼에도 이러한 상상적 신체가 사실상 문화로 덧씌워진 해부학적 신체라고 주장하는 것은 요점을 벗어난 것인데, 해부학적 신체는 그 자체로 인간이 문화 속에서 만들어내는 해부학적 담론의 이론적 대상이기 때문이다. 어떤 특정한 문화가 신체를 해부학적으로 재현하기를 선택했기 때문에, 해부학적 신체를 문화적 신체의 시금석으로 상정하는 것과 관련된 퇴행이 존재하는 것이다. 다른 문화에서는 그 씨족의 토템을 특정한 신체의 본질이나 진리로 받아들일 수도 있다. 인간 신체는 항상 의미화된 신체이다. 따라서 그것은 과학이 '진리' 담론을 구성할 때 토대로 삼는 '중립적 대상'으로 이해될 수 없다. 인간의 신체와 그 역사는 서로를 전제한다.

이러한 상상적 신체 개념은 어떻게 권력, 지배, 성차가 남성 및 여성이 살아가는 경험 속에서 교차하는지를 설명할 수 있는 틀을 제공한다. 이러한 모델에서 젠더는 이데올로기나 문화적 가치의 효과가 아닌, 권력이 특정한 방식으로 신체를 장악하고 구성하는 방식으로 이해될 수 있다. 성별화된 신체는 젠더가 기입되는 생물학적이고 사실적인 기반, 문제 삼을 수 없는 기반으로 생각될 수 없으며, 신체를 그 표적

• • •

30. Lacan, 'Some Reflections', p. 13.

및 표현 수단으로 삼는 담론들과 실천들에 의해 구성되는 것으로 인식되어야 한다는 점이 중요하다. 그렇다면 권력은 자연적으로 구별된 남성 신체와 여성 신체에 대해 위로부터 부과되는 것으로 환원될 수 없다. 권력은 신체가 남성과 여성으로 구성되는 한에서 신체들의 구성 요소인 것이다.

권력 작동에 대한 분석을 신체 및 신체의 권력들과 역량들의 미시적 차원으로 전환하는 것은 정치체를 고찰함에 있어서 흥미로운 효과를 갖는다. 우리가 정치체와 공적 공간의 남성성 및 남성다움을 국가의 발생에 대한 임의적인 역사적 사실로 이해한다면, 여성들이 정치체와 공적 공간에 평등한 접근권을 갖도록 보장될 때 성 평등은 달성될 수 있어야 한다. 그러나 공적 영역과 남성 신체의 관계는 임의적 관계가 아니다. 정치체는 역사적으로 많은 신체들을 하나의 신체로 조직화한 것으로 생각되었는데, 그 하나의 신체는 특히 남성 신체들의 권력들 및 역량들을 강화하고 증대시킨다.[31]

현재 경험되는 것으로서의 여성 체현은 그 자체로 여성의 사회 정치적 삶에 대한 '평등한' 참여에 장벽이 된다. 우리의 정치체가 여성의 역사적·현재적 역량의 강화와 증대를 위해 창조되었다고 가정해보자. 그러한 정치체의 주목적은 구성원들의 건강한 재생산을 위한 조건의 조성이 될 것이다. 만약 그렇다면, 아마도 어떤 남성들은 의학이 그들의 '자연적' 또는 생물학적 취약점들을 극복할 수 있는 방법을 제공하기를, 예컨대 수유할 수 있는 수단을 고안하기를 요구할 것이다. 이것은 말도 안

• • •

31. 남성적 정치체의 목적에 대한 페미니즘 설명을 위해서는 C. Pateman, *Sexual Contract*[캐럴 페이트먼, 『남과 여, 은폐된 성적 계약』, 이충훈·유영근 옮김, 이후, 2001]의 제4장과 본서 제2장 「정치체 속 신체적 재현, 정치체와 신체적 재현」을 참조.

되는 가정처럼 보이지만, 생물학적 취약점이 오직 문화적 맥락에서만 성립될 수 있음을 지적하는 것이다.

차이

여기서 알 수 있듯이 차이라는 쟁점의 핵심은 차이가 생물학적 '사실들'과 관련된다기보다 문화가 신체들을 표시하는 방식 및 문화가 신체들이 체험하고 재창조하게 되는 종별적인 조건들을 생산하는 방식과 관련된다는 점이다. 전통적 정치체에서 배제된 여성과 타자에게 평등한 접근권을 '승인하는' 것은 핵심이 아니다. 이는 남성/남성적 특권의 맥락에서 가치 있다고 간주된 권력들 및 역량들을 모방할 수 있는 개인의 능력에 의해 정치체와 공적 영역에 대한 접근권을 '승인하는' 것이기 때문이다. 현재와 미래의 여성 권력들 및 역량들을 강화하기 위해서는 현재 여성 신체가 구성되는 방식을 고려해야 한다.

분명 여기서 제시된 권력과 신체에 대한 설명은 본질주의나 생물학주의 측면에서 성차를 이해하는 데는 적합하지 않다. 여성의 신체는 본질적 성차를 주장하는 이들이 요구하는 존재론적 기반이 될 수 없다. 반대로 이러한 지위를 제공할 수 있는 것으로서의 생물학적 담론 구성에 대한 분석이 요구된다. '여성의 신체', '여성성', '여성'이라는 용어의 다발은 그것의 역사적·담론적 연관성이라는 측면에서 분석될 필요가 있다. 권력 관계 '바깥에서' 또는 권력 관계를 떠나서는 담론을 생각할 수 없다면, 담론 분석은 권력 분석에 결정적인 것이 된다. 이것이 바로 언어와 의미화 실천, 담론이 페미니즘 투쟁에 중요한 관건이 되는 이유이다.

글쓰기는 그 자체로 많은 현대 페미니스트들에게 정치적 쟁점이자 정치적 실천이 된다. 이러한 이유에서, 여성적 글쓰기라는 기획을 본질주의적 전략으로 환원하는 것은 부당한 것이다. 여성적 글쓰기 형식이 고취하고자 하는 '차이'는 생물학이 아니라 생물학 담론까지 포함하는 담론들 속에 근거하는 차이이다. 이러한 글쓰기가 '여성의 신체를 쓰는' 시도인지, 아니면 '여성성을 쓰는' 시도인지 옥신각신하는 것은 도움이 되지 않는데, 더 이상 이 구별에 해당하는 것이 명확하지 않기 때문이다.[32] 분명한 것은 결혼과 같은 사회적 실천이나 라캉주의 정신분석학과 같은 담론이 남성과 여성 간의 권력 관계를 조직하고 승인하는 방식으로 남성과 여성의 신체를 구성한다는 점이다.

여성 섹슈얼리티에 대한 라캉주의 정신분석학의 설명은 여성의 신체를 결핍되거나 거세된 것으로, 남성의 신체를 완전하거나 팔루스적인 것으로 구성한다. 이러한 구성은 성차에 대한 현실적 이해에서 수동적/능동적 관계를 함축되도록 하는 권력 관계를 말해준다. 섹슈얼리티에 대한 글쓰기는 단순히 남성 섹슈얼리티의 전도나 보충이 아니다. 팔루스의 현존 또는 부재로 차이를 소진시키는 성차에 대한 전통적 정신분석학적 이해를 향해 담론적 도전장을 내미는 것이다. 이리가레의 여성적 형태학 '두 입술'의 글쓰기는 내가 상상적 신체라고 말했던 것의 구성에 대한 능동적 참여이다. 이는 여성 생물학이라는 기반에서 출발하여 성차의 '진리' 이론을 구성하려는 것이 아니다. 오히려 여성의 신체를 남성적 완전성을 위한 수용체로 여겼던 전통적 여성 형태학의 구성에 도전하는 것이다. 이리가레의 글쓰기는 전통적 여성관에 도전장을 던지는 동시에 (여성의) 히스테리적인 침묵하는 신체에 대한 남성의 독백적인

• • •

32. 예컨대 T. Moi, *Sexual/Textual Politics*, London, Methuen, 1985, pp. 102–126에서 엘렌 식수가 쓰는 차이 개념을 오해하는 것을 참조.

선언을 대체하기 위해서 남성과 여성 사이에 대화의 가능성을 도입한
다.[33]

  결혼을 둘러싼 법적 실천 및 담론 또한 이러한 성차 개념을 전제하고
있는데, (수동적) 여성 신체에 대한 (능동적) 남성의 동거권을 할당한다는
점에서 그러하다. 결혼을 완성한다고 여겨지는 행위가 남성이 여성에
대해 수행하는 행위로서 법적으로 정의된다는 것은 의미심장하다. 말할
필요도 없이, 여성 신체에 대한 이러한 법적, 정신분석학적, 사회적
이해는 여성, 여성다움, 여성성을 재현한다고 자임하는 남성 작가의
관점에서 표현되어 왔다. 이러한 관점에서 보면, 여성이 더 뛰어난 유형인
'남성'에 대해 흐릿한 그림자와 불완전한 보완으로서 재현되는 것은
놀라운 일이 아니다. 여성적 글쓰기라는 기획은 여성성, 여성의 신체,
여성의 구성에 대한 남성적 독점에 도전하는 것이다. 또한 이 기획은
여성에 대한 하나의 이론이 있을 수 있다는 통념에 대한 거부를 포함한다.
그러한 통념은 여성이란 곧 어떠한 (하나의) 것임을 받아들이는 것이기
때문이다.

  뤼스 이리가레, 엘렌 식수, 에이드리언 리치Adrienne Rich의 저작은 각자
의 방법으로 여성 신체가 문화 속에서 구성되고 체험되는 방식에 대한
탐구를 담고 있다.[34] 모두 여성의 신체, 여성성, 여성들에 관한 체현된
관점에서의 글쓰기로 볼 수 있는 것들이다. 그러나 이들 중 누구도

• • •

33. 예컨대 The Standard Edition of *the Complete Psychological Works of Sigmund
    Freud*, volume II, ed. J. Strachey, London, Hogarth Press, 1978에 들어 있는
    히스테리와 여성성에 관한 프로이트와 브로이어의 저작『히스테리 연구』,
    김미리혜 옮김, 열린책들, 2004]을 참조

34. L. Irigaray, *This Sex Which is Not One*, Ithaca, Cornell University Press,
    1985[『하나이지 않은 성』, 이은민 옮김, 동문선, 2000]; H. Cixous, 'Castration
    or Decapitation?', *Signs*, vol. 7, no. 1(1981), pp. 41–55; A. Rich, *Blood, Bread
    and Poetry*, London, Virago, 1987을 참조

(모든) 여성 또는 여성 경험의 다양성을 대표한다고 주장하지 않는다. 그러한 주장은 그들이 여성들과 관련하여 남성적 태도를 취하는 것이 될 것이다. 의미심장하게도 세 작가 모두 서구 사상을 지배해온 이원론을 비판적으로 다룬다. 역사 속 여성적인 것의 구성을 다루는 것은 신체, 감정 등과 같은 여성성과 연관된 용어들을 다루는 것을 필연적으로 포함한다. 예컨대 이리가레가 '여성적인 것에 대한 억압'이라고 썼을 때, 그녀는 또한 서구 사상에서 신체 및 정념에 대한 억압을 암시하는 것이다. 이원론의 억압된 면을 '쓰고자' 시도하는 것은 각각에 연관된 전통적 가치들을 필연적으로 전도시키기 위한 작업이라기보다는, 이러한 이원론이 작동하는 담론들의 균형을 깨트리거나 어지럽히는 것이다. 이것은 차이를 표현하기 위한 새로운 조건들을 창조하는 것이다.

'차이의 페미니즘'을 '평등의 페미니즘'의 이면으로 이해하길 지속한다면, 이 글의 핵심을 완전히 놓치는 것이다. 여기서 제시된 차이는 본질적으로 생물학적인 성별들 간의 차이를 특권화하는 것과는 관련이 없다. 오히려 사회적으로 특권화된 어떤 특성이나 자질을 소유하거나 결핍한 것으로 신체들이 구성되는 한에서만 신체가 다르게 인식되는 그러한 메커니즘과 관련된다. 현재 우리의 맥락에서는, 근본적인 존재론적 차이로 여겨지게 된 차이를 신체들에 투여하는 수단을 철저하게 검토하는 것이 중요하다. 역사적으로 말하기/글쓰기에서 배제돼왔지만 이제는 표현을 하기 위해 투쟁하는 이들 사이에 존재하는 공통성만큼이나 차이들도 존중되어야 한다. 만일 신체 및 신체의 권력들과 역량들이 다양한 방식으로 투여된다면, 그에 따라서 이들의 투쟁도 다양해질 것이다.

여기서 제시된 차이 개념은 본질적인 성차의 이원적 이론을 구성하기 위한 것이 아니다. 오히려 차이의 다양성에 참여하는 것이다. 성차를 근본적이고 영원히 변하지 않는 차이로서 주장하는 것은 가부장적 문화가 그러한 차이를 자신의 휘장으로 만든 그 뒤얽히고 만연된 방식을 당연한 것으로 받아들이는 것이다.

제6장

성을 계약하기: 본질, 계보학, 욕망

페미니즘 연구자들이 우리의 과거 역사, 서사, 이야기에 관심을 두어왔다는 사실은 놀라운 일이 아니다. 우리가 무엇이었고 무엇을 해왔는지에 관한 논쟁적인 서술들은 문화 생산에서 능동적 역할을 수행하는 중요한 측면이다. 여기에는 (기껏해야 역사 속 여성의 자리에 주변적 지위를 부여했던) 전통적·정통적 역사를 비판하고 대안적인 여성의 역사를 구성하는 것도 포함된다. '여성들의 역사'를 문제없이 제시할 수 있다는 생각에 불만을 느낀 일부 페미니즘 역사가들은 '여성' 또는 '여성들'이라는 범주에 대한 계보학을 쓰는 기획에 참여하고 있다.[1] 이러한 접근 방식에서는 '여성들' 스스로가 역사, 계보학, '족보'를 갖는다고 이해된다. 분명 이는 정통 역사가들이 실행했던 것과는 완전히 다른 종류의

• • •

1. 예컨대 D. Riley, *Am I that Name? Feminism and the Category of 'Women' in History*, Macmillan, London, 1988을 참조. 또한 Joan W. Scott, 'Experience', in *Feminists Theorize the Political*, ed. Joan W. Scott and Judith Butler, Routledge, New York, 1992를 참조.

기획이다. 정통 역사가들은 '여성' 및 '여성들'이라는 말이 수 세기에 걸쳐 안정된 지시체를 갖는다고, 따라서 여성들은 여성들만의 특유한, 유래를 알 수 있는 선형적 역사를 갖는다고 가정한다. 이와 달리 계보학적 접근은 다음과 같이 묻는다. 어떻게 '여성'/'여성들'은 역사 전반에 걸쳐 담론적 범주로서 기능해왔는가? 우리의 과거에 대한 이러한 접근 방식은 니체가 '비판적 역사'라고 칭했던 것과 공통점이 많다.

비판적 역사는 '현재를 진단하는 역사'라고 설명할 수 있다. 즉, 비판적 역사란 "현재의 자명함을 약화시키고 삶을 강화할 수 있는 가능성을 열어두기 위해 현재의 역사를 추적하는"[2] 계보학이다. 이것은 그 어떤 것도 당연한 것으로 받아들이지 않는다. 상식적으로 가장 '명백한' 것처럼 보이는 것에 대해서도 마찬가지다. 비판적 역사로서의 계보학은 특수한 사태나 삶의 방식의 '기원'이나 '원인'이 무엇인지 탐구하지 않는다. 그보다는 사람들, 문화, 정치체에 대한 이러한 이해로 인해 어떤 형태의 삶이 지지되거나 가능해졌는지를 묻는다.

계보학은

> 그 시대에 일어난 일의 연대기적 과정이 아니라 그 시대에 일어난 일에 대한 역사적 기록, 서사적 설명을 탐구한다. 따라서 니체는 사람들이 자신의 과거를 기록하고 서술하고 설명하는 방식 및 다양한 유형의 역사 서술이 삶에 미치는 효과들에 대한 평가에 관심을 갖는다.[3]

니체에 따르면 그러한 서사의 기초를 이루는 것은 욕망, (개인적이지

• • •

2. Michael Mahon, *Foucault's Nietzschean Genealogy: Truth, Power and the Subject,* Albany, SUNY Press, 1992, p. 101.

3. Mahon, *Foucault's Nietzschean Genealogy,* p. 95. 게이튼스의 강조

않은) 권력에의 의지 또는 삶에의 의지이다. 이러한 서사가 삶과 우리의 현재에 미치는 효과는 대체로 그러한 의지가 갖는 본성에 달려 있을 것이다. 그것은 창의적이고 능동적인 의지인가 아니면 원망과 복수심에 불타는 의지인가? 이러한 의미에서 모든 역사와 모든 서사는 필연적으로 '투여된' 것이다.

알래스데어 매킨타이어Alasdair MacIntyre는 니체가 파시즘적 정치 및 실천에 공모한다는 혐의를 가장 많이 받는 이유가 그의 사상의 바로 이러한 대목 때문이라면서 계보학 통념을 비판한다.[4] (일정한 형태의) 망각은 삶에서 필요하지만,[5] 다른 형태의 망각들은 도덕적으로 혐오스러운 것이다.(매킨타이어는 이 맥락에서 하이데거M. Heidegger와 폴 드 만Paul de Man을 언급한다.)[6]

기억과 망각은 억압받거나 박해받았던 집단의 맥락에서는 정서적으로 막중하게 느껴지는 말들이다. 유대인, 흑인, 여성은 단지 '유대인', '흑인', '여성'이라는 '유형' 또는 집단의 일원이라는 이유로 부당하게 대우받았다.(그리고 종종 여전히 그러하다.) 이 집단들은 홀로코스트, 집단적 린치, 마녀사냥 등 갖가지 학살의 대상이 되었다. 이 사실을 기억하는 것은 엄청난 고통을 수반하므로 그 고통은 망각 행위에 의해

• • •

4. A. MacIntyre, *Three Rival Versions of Moral Enquiry*, Duckworth, London, 1990의 제2장과 제9장.
5. 니체는 *On the Advantage and Disadvantage of History for Life*, trans. Peter Preuss, Hackett Publishing Co., Indianapolis, 1980, p. 10「「반시대적 고찰 2: 삶에 대한 역사의 공과」, 『비극의 탄생; 반시대적 고찰』, 이진우 옮김, 책세상, 2005, 293쪽에서 이 점에 대해 다음과 같이 지적한다. "망각 없이 사는 것은 결코 불가능하다. 또는 좀 더 간단하게 말해서, 불면, 반추, 역사적 의미에는 한도가 있다. 인간이든 인민이든 문화이든, 모든 살아 있는 것은 이 한도로 인해 상처를 입게 되고 종국에는 파괴된다." 강조는 원문.
6. MacIntyre, *Three Rival Versions*, pp. 210–213.

완화될지 모른다. 그러나 망각될 수도 없고, 망각되어서도 안 되는 것들이 존재한다. 하지만 현재와 미래에 있어 중요한 것은 그것들이 어떻게 기억되고 있는가이다. 우리는 어떻게 지금의 우리가 되었는지 이해하고 기억할 필요가 있다. 이는 지금 이렇게 된 것을 '진리'인 것처럼 살기 위해서가 아니라, 우리가 앞으로 될 수 있는 것의 가능성의 조건으로 살기 위해서이다. 현재의 우리와 다른 무언가가 되기라는 이 통념은 사회 변화를 위한 운동에서 **필수불가결한** 것이다. 그러한 운동은 현재와 과거의 사회적 실천들에서 비롯된 질문들과 욕망들을 가진 역사나 철학이 된다. 이런 의미에서 역사나 철학의 방향은 자기-의식적으로 정치적이거나 실천적인 것이다. 존 라이크만J. Rajchman에 따르면 '근대 실천철학'이란, "우리가 본질적으로 무엇인지에 근거하여 우리가 무엇을 해야 하는지를 결정하고자 하는 대신, 우리가 무엇으로 구성되었는지를 분석함으로써 우리가 무엇이 될 수 있는지를 묻는" 것이다.[7] 이것은 정확히 우리의 정체성을 주어진 것, 선험적인 것, 요컨대 본질로서 이해하지 않는 것이다.

본질주의: 누구의 위험인가?

현대 페미니즘 이론 다수는 이러한 본질주의의 물음과 관련돼 있다. 본질주의는 보통 생물학주의 및 다른 많은 '주의들'과 혼란스러운 방식으로 결합되어 있다.[8] 어떤 페미니스트는 본질주의의 '위험'을 감수해야

• • •

7. J. Rajchman, 'Ethics After Foucault', *Social Text*, 13/14(1986), p. 166.
8. E. Grosz, 'A Note on Essentialism and Difference', in S. Gunew, ed., *Feminist Knowledge: Critique and Construct*, Routledge, London, 1990을 참조.

한다고 주장하고, 다른 이들은 본질주의를 '전략적으로' 채택해야 한다고 주장한다.[9] 로지 브라이도티Rosi Braidotti는 "오늘날 성차와 여성성을 사고하는 데 관심이 있는 페미니스트 여성 이론가는 본질주의적이지 않을 여유가 없다"고 단호하게 말한다.[10] 이 주장에 찬동하는 이론가들 대부분이 그러한 전략적 배치의 경제적, 법적, 정치적, 윤리적 함의를 끝까지 밀고 나가는 것은 아니다. 조안 스콧Joan Scott은 여성들이 평등(구성주의자) 또는 차이(본질주의자)의 입장을 배타적으로 채택하는 것의 비참한 결과를 설득력 있게 증명했다. 스콧은 널리 알려진 미국 시어즈 백화점 대 고용기회평등위원회 소송을 분석한다.[11] 본질주의는 특정 여성 집단에 심각한 경제적 결과를 가져온다는 점에서 나쁜 전략일 뿐만 아니라, 위험한 법적 선례까지 만든다. 스콧이 지적하는 것처럼,

법원에 따르면 차이는 실재하고 근본적이기 때문에 시어즈의 고용에서 나타나는 통계상의 변이는 설명될 수 있는 것들이다. 레이건의 보수주의 논리와 딱 들어맞게도, 차별은 '자연적'(그러나 문화적으로 또는 역사적으로 생산되는) 차이의 단순한 인정으로 재정의되었다.

· · ·

9. 현대 페미니즘 이론 안에서 '본질주의 전략'을 취하는 대표적 관점으로는 잡지 *differences*, vol. 1, no. 2(Summer 1989)를 참조.

10. R. Braidotti, 'The Politics of Ontological Difference', in T. Brennan, ed., *Between Feminism and Psychoanalysis*, Routledge, London, 1989, p. 93[로지 브라이도티, 「존재론적 차이의 정치학」, 『유목적 주체: 우리시대 페미니즘 이론에서 체현과 성차의 문제』, 박미선 옮김, 여성문화이론연구소, 2004, 275쪽].

11. J. Scott, 'Deconstructing Equality–versus–Difference: Or the Uses of Poststructuralist Theory for Feminism', *Feminist Studies*, vol. 14, no. 1(Spring 1988)[조안 스콧, 「페미니즘을 위한 포스트구조주의 이론의 활용, 평등 대 차이의 해체」, 『평등, 차이, 정의를 그리다』, 양현아 옮김, 서울대학교출판문화원, 2019]. 또한 R. Milkman, 'Women's History and the Sears Case', *Feminist Studies*, vol. 12, no. 2(Summer 1986)도 참조할 것.

차이는 평등의 고유한 반정립인 불평등을 대체하며, 불평등을 설명하고 정당화하게 되었다. 이 판결은 문학 연구자 나오미 쇼어Naomi Schor가 다른 맥락에서 "차이를 본질화하고 사회적 불평등을 자연화한다"고 기술했던 과정의 실례를 보여준다.[12]

여성과 남성에 대한 본질화된 견해를 옹호함으로써 바람직하지 않은 효과를 초래한 다른 맥락들도 있다. 캐서린 맥키넌Catharine MacKinnon과 안드레아 드워킨Andrea Dworkin은 여성과 남성 섹슈얼리티에 대한 본질화된 개념을 제안하는데, 만일 그 개념이 법제화된다면 남성과 여성의 체현에 대한 보수적이고도 파멸적인 능동/수동 통념이 확립될 것이다. 미셸 푸코가 설득력 있게 보여주었듯이, 인간 행위에 대한 법적, 의학적 규제는 이러한 규제적 담론 속에서 스스로를 '인식하는' 주체를 생산하는 경향이 있다.[13] 본질주의 전략은 제도화된 본질주의가 결국 주체의 구성에 능동적 역할을 수행하는 그 방식 때문에 환영할 수 없는 효과를 가져온다.

맥키넌과 드워킨은 섹슈얼리티에 대한 그들의 담론이 남성적 정체성 및 여성적 정체성의 구성에 미치는 효과를 의식하지 않는 듯하다.[14]

• • •

12. Scott, 'Deconstructing Equality', p. 43[「페미니즘을 위한 포스트구조주의 이론의 활용, 평등 대 차이의 해체」, 『평등, 차이, 정의를 그리다』, 362–363쪽].

13. M. Foucault, *Discipline and Punish: The Birth of the Prison*, trans. Alan Sheridan, London, Allen Lane, 1977[『감시와 처벌: 감옥의 탄생』, 오생근 옮김, 나남, 2016]과 *The History of Sexuality I: An Introduction*, trans. Robert Hurley, New York, Pantheon, 1978[『성의 역사 1: 지식의 의지』, 이규현 옮김, 나남, 2010]을 참조.

14. 드워킨/맥키넌 계열에 대한 날카롭고 명민한 비판으로는 S. Marcus, 'Fighting Bodies, Fighting Words: A Theory and Politics of Rape Prevention', in J. Butler and J. W. Scott, eds., *Feminists Theorize the Political*, Routledge, New York, 1992를 참조.

헤테로섹슈얼리티에 대한 드워킨/맥키넌의 견해에 따르면, 성의 윤리학은 항상 이미 운명지어져 있다. 저명한 잡지 『윤리학』에 실린 논문에서 맥키넌은 "여성에 대한 강제적 폭력이 바로 섹스의 본질"[15]이라고 말한다. 맥키넌의 공동 연구자 드워킨은 왜 섹스가 여성에 대한 '폭력'일 수밖에 없는지 명확히 보여주는 헤테로섹슈얼의 성관계를 묘사한다.

> 그는 과거의 경계들을 억지로 뚫고 나가야 한다. 뚜렷하고 구별되는
> 신체의 윤곽, 신체의 온전성은 착각이며 비극적 기만인데, 왜냐하면
> 다리 사이에 보이지 않는 구멍이 있고 그는 그 속을 밀고 들어가야
> 하기 때문이다. 성교와 공존할 수 있는, 곧 삽입과 공존할 수 있는
> 신체의 진정한 사적 자유는 결코 존재하지 않는다. 질은 침범되고
> 근육은 떠밀려져야 한다. 이 밀어 넣기는 끈질긴 침입이다. 그녀는
> 열려지고 중앙이 갈라진다. 그녀는 물리적으로, 내적으로, 자신의
> 사유지에서 점령되고 만다.[16]

섹슈얼리티에 관한 이야기는 신체 및 신체 구성의 역사 그 자체이다. 맥키넌과 드워킨이 들려주는 이야기에서 전쟁과 침략의 비유가 자주 차용된다는 점은 놀랍다. 여기서 남성 신체는 무기를 장착한 침략자로

• • •

15. C. MacKinnon, 'Sexuality, Pornography and Method: "Pleasure Under Patriarchy"', *Ethics*, vol. 99, no. 2(1989), p. 329.

16. A. Dworkin, *Intercourse*, London, Secker & Warburg, 1987, p. 122, 게이튼스의 강조. 여기서 주목해야 할 것은 이것이 강간이 아니라 헤테로섹슈얼 성관계에 대한 묘사로 제시된다는 점이다. 여기서 차용된 명백히 군사적인 비유는 차치하더라도, 나는 여성 신체의 부서지기 쉬운 온전성을 위협하는 것으로 여겨지는 "'외부'를 거부"하는 질과, 거식증 환자가 음식 및 음식이 자신에게 주는 '오염적'이며 '침입적인' 의미와 맺는 관계에 대한 묘사 간의 유사성이 또한 놀라웠다. 드워킨의 '침범당한 질'은 거식증 환자와 같은 것인가?

묘사되고, 여성 신체는 침략되거나 정복된 영토로 그려진다. 이는 '이상적' 시민의 통념을 구성하는 데서 뚜렷한 역할을 수행했던, 그래서 특정한 신체들을 시민권에서 배제하는 것을 정당화했던 신체 형태학과 동일한 것이다. 역사적으로 여성의 신체는 시민권에 적합하지 못한 것으로 여겨져 왔다. 여성의 신체는 그 경계가 방어될 수 없는 영토들에 비유되곤 했다.[17]

정치체들

이 글의 나머지 부분에서는 이러한 '이상적' 시민에 대한 통념, 그리고 남성 및 여성의 체현 개념의 정치적 의미를 다루고자 한다. 나의 관심사는 정치 이론의 맥락에서 본질주의적 남성관 및 여성관을 채택함으로써 발생하는 정치적, 윤리적 귀결들이다. 나는 캐롤 페이트먼Carole Pateman의 『성적 계약』에 초점을 맞출 것이다. 이 책에서 페이트먼은 그녀가 서구의 자본주의적 민주주의를 구성한 "시민사회의 주요한 제도적 결속들, 즉 시민권, 고용, 결혼"[18]의 계약적 근거라고 간주하는 것에 관심을

• • •

17. 이 통념은 엘리자베스 1세 여왕이 자신의 주권적 신체와 필멸의 신체 사이에서 느낀 분명한 긴장에서 가져온 것이 확실하다. 1580년대 후반 그녀는 다음과 같이 신민들에게 연설한다. "나는 연약하고 힘없는 여성의 신체를 갖고 있지만, 왕의 심장과 원기를 갖고 있는 영국의 왕이다. 파르마, 스페인, 유럽의 어떤 왕이든 나의 왕국의 국경에 감히 침략하는 것을 더러운 모욕으로 생각한다." 결국 그녀는 여성 신체를 가졌음에도 불구하고 그녀의 주권적 신체는 남성적이었기 때문에, 왕국의 국경을 방어할 수 있었다. (엘리자베스 여왕이 틸버리에서 한 이 연설은 C. R. N. Routh, *Who's Who in History, Vol. II: England 1485 to 1603*, Oxford, Blackwell, 1964, p. 194에서 인용했다.)

18. C. Pateman, *The Sexual Contract*, Cambridge, Polity, 1988, p. 180[캐럴 페이트

둔다. 페이트먼은 근대 사회계약론이 "남성적 정치 탄생에 대한 이야기를 말해준다"고 주장한다.

> 필머 경이 말한 가부장제의 자연적 아버지의 신체는 계약론자에 의해 비유적으로 죽임을 당하였다. 그러나 이를 대체한 인공적 신체는 정신의 구성물일 뿐, 실제 사람들에 의한 정치적 공동체의 창조물은 아니다. 어린아이의 출생은 새로운 남성이나 여성을 생산하는 것이지만, 시민사회의 창조는 인간 종의 두 신체 중 오직 하나의 이미지만을 따라서, 좀 더 정확히는 원초적 계약을 통해 구성된 시민 개인의 이미지만을 따라서 만들어지는 사회체를 생산하는 것이다.[19]

페이트먼은 사회계약이 모두를 위한 자유와 평등을 설립한다는 통념에 도전한다. 그녀는 계몽주의 이념의 세 번째 기치에 주목하며, 새로운 질서는 곧 형제애적 질서임을 주장한다. 이 역사에서 승리자로 등장한 사람이 가부장주의자 필머가 아니라 로크라고 해서 가부장제가 패배한 것이라고 추정해서는 안 된다. 반대로 아버지에 대한 아들들의 승리는 새로운 형식의 가부장제를 도입한다. 페이트먼에 따르면, "근대 가부장제는 형태상 형제애적이며, 원초적 계약이란 곧 형제애적 규약이다."[20] 페이트먼은 (홉스, 루소, 헤겔, 칸트, 프로이트를 포함하는) 다양한 역사적 원전을 활용하여 아버지를 패배시킨 형제들의 이야기에서 결정적 요소가 누락되었다고 주장한다. 형제들 간에 체결된 형제애적 규약에 덧붙여 각 형제들이 여성에 접근할 수 있도록 보증하는 또 다른 규약이

• • •

먼, 『남과 여, 은폐된 성적 계약』, 이충훈·유영근 옮김, 이후, 2001, 252쪽].
19. Ibid., p. 102[『남과 여, 은폐된 성적 계약』, 152쪽].
20. Ibid., p. 77[『남과 여, 은폐된 성적 계약』, 120쪽].

있다는 것이다. 이러한 방식으로 아버지로부터 탈취해온 가부장적 성권리는 "족외혼(친족)법을 통하여 모든 형제들로까지 확대된다. 즉, 형제들은 성적 계약을 맺는다."[21] 페이트먼이 "가부장적 권리", "성 권리", "혼인권" 등 다양하게 명명한 것은 "'가족'에 대한 자유롭고 평등한 주인으로서 사회계약에 참여하는 남성들"[22]만이 형제애의 일원이 되는 전제 조건인 것이다.

나는 샹탈 무페(Chantal Mouffe)가 주장하는 것처럼[23] 페이트먼의 텍스트를 일관되게 본질주의적으로 특징화할 수 있다고 생각하지 않는다. 그보다 페이트먼의 텍스트는 우리의 관심사인 본질주의 대 구성주의, 또는 차이 대 평등이라는 바로 그 교착상태의 실례이다. 이러한 이항 대립은 『성적 계약』에서 계약 대 제도라는 추가적 이항으로 조직된다. 어떤 정치 이론가들은 계약이 실질적으로 제도를 창조하고 구성하고 발생시킨다고 주장하며, 다른 이들은 특정한 제도적 배치가 특정한 종류의 계약을 발생시킨다고 주장한다. 후자는 정치적 영역에서 계약 이론은 정치적 권위를 정당화하기 위해 사용되는 단지 가설적 장치라는 관점을 제시한다. 계약과 제도 간의 이 문제적 관계는 위에서 언급한 바로 그 교착 상태를 되풀이한다. 계약은 우리가 살고 있는 제도의 종류를 결정하는가? 아니면 제도가 어떤 종류의 계약이 공식화될지를 결정하는가? 이 질문은 현대적 제도를 계약적 배치에 구성적인 것으로 분석할지 아니면 반영적인 것으로 분석할지 정치 이론가들을 진퇴양난에 빠트린다.

• • •

21. Ibid., p. 109[『남과 여, 은폐된 성적 계약』, 161쪽], 강조는 원문.
22. Ibid., p. 49[『남과 여, 은폐된 성적 계약』, 81쪽].
23. C. Mouffe, 'Feminism, Citizenship and Radical Democratic Politics', in J. Butler and J. W. Scott, eds., *Feminists Theorize the Political*, Routledge, New York, 1992를 참조.

페이트먼의 『성적 계약』의 맥락에서 이 혼란은 어떤 긴박한 문제를 가져온다. 성적 계약이 젠더화된 제도를 창조하는 것인가? 아니면 성적 계약의 바로 그 통념이 제도화된 젠더를 필연적으로 가정하는 것인가? 이 문제는 되돌아가서 또 다른 골치 아픈 이항들과의 공모를 드러낸다. 정치 사회에서 여성의 장소를 이론화하는 것은 다양한 경로에서 접근하더라도 동일한 쟁점으로 돌아오게 한다. 성적 계약이 정치적 권리의 "진정한 기원"[24]이라고 주장하는 것은 무엇을 의미하는가? 또는 이러한 주장이 가능한 조건은 무엇인가? 그 조건들 중의 하나는 불변적인 '여성'과 '남성' 통념 및 여성과 남성 관계에서 영원한 자연적 적대감이라는 가정일 것이다. 성적 계약이 현대 사회 정치적 삶의 기원이라는 사실이 타당하게 보이기 위해서는 이러한 가정과 같은 무언가가 있어야 한다.[25] 나는 이 글의 나머지 부분에서 그러한 불변하는 '여성' 통념이 옹호될 수 없다고 주장할 것이다. 나아가 나는 '전략'으로서 또는 이른바 '진리'로서의 여성 통념이 사회적, 정치적 실험의 가능한 수단들을 차단한다고 주장할 것이다. 그러한 통념이 옹호될 수 없다는 사실을 받아들인다면, 성적 계약을 원초적 계약으로 정립하는 것은 그것이 설명하고자 하는 바를 바로 전제하고 있다는 점이 따라 나온다. 달리 말해 그러한 논증,

• • •

24. Pateman, *The Sexual Contract*, p. 3[『남과 여, 은폐된 성적 계약』, 18쪽]. 이러한 주장과 이후에 다음과 같은 주장은 어떻게 어울릴 수 있는가? "비록 나는 정치적 권리의 기원이라는 추론적 역사를 (다시) 말하고 그 역사에서 누락된 일부를 다시 찾아내고자 하겠지만, 가부장적 설화를 페미니즘적 기원의 이야기로 대체하는 것을 옹호하는 것은 아니다." p. 18[『남과 여, 은폐된 성적 계약』, 37쪽].

25. 이 점은 '남성'과 '여성'만큼이나 '여성들'과 '남성들'에게도 적용된다. 나는 대문자 '여성'을 향할 수 있는 반대로부터 소문자 '여성들'은 면제된다는 페이트먼의 주장(Pateman, *The Sexual Contract*, p. 17[『남과 여, 은폐된 성적 계약』, 37쪽])을 수용하지 않는다. Riley, *Am I that Name?*을 참조할 것.

더 적절하게는 그러한 서사는 본래 이야기의 끝에 속하는 것을 이야기의 시작으로 옮겨놓은 것으로 보인다. 그것은 결국 역사적 효과(성별들 간의 관계의 현재적 측면)를 역사적 원인인 것처럼 다루는 것이다.

그러나 현대 형제애적 가부장제의 기원을 말해주는 것으로서의 사회 계약이라는 페이트먼의 독해는 자유로운 계약에 토대를 둔 현존 사회들에 대한 그녀의 분석과 불편한 관계에 놓이게 된다. 성적/사회적 계약 이야기에 대한 페이트먼의 개작을 일관되게 본질주의의 용어로 특징지을 수 있다고는 결코 확신할 수 없다. 그녀의 텍스트에는 자연적이고 불변적인 성차라는 관점이 부각된다기보다 본질주의의 용어로 다른 이들의 견해를 설명하는 것 같은 지점들이 있다. 그러나 그녀의 텍스트에는 여성과 남성의 매우 상이한 시민적·사적 지위에 관한 주장이 그들의 상이한 생물학에 근거하고 있는 것처럼 보이는 또 다른 지점들도 있다. 어떤 관점을 채택하느냐에 따라 많은 것이 달라지는데, 왜냐하면 각각의 경우에서 사회 변화를 위한 서로 다른 전략과 정책들이 따라 나올 것이기 때문이다. 현재의 성별들 간의 차이가 대개 구성적인 것인지 아니면 자연적인 것인지에 대한 우리의 견해는 시민권, 고용, 결혼과 같은 주요 사회 제도에서 여성의 공정한 대우를 촉구하는 정책들을 공식화하는 방식에서 엄청난 차이를 만들 것이다(또는 적어도 만들어야 한다). 사실 페이트먼의 논증의 주요 취지 중 하나는 확실히 이것이다. 계약론은 (언제 어디에서나) 여성에게 불리하게 작동하는데, 왜냐하면 여성은 "'개인'으로서가 아니라 여성으로서 [시민적 질서에] 통합되기 때문이다."[26] 이 인용문은 그 텍스트 속에서 '여성'이 갖는 다면적 지위를 잘 포착한다. '통합된다'는 용어를 사용한 것은 견고한 존재자인 '여성'이

• • •

26. Pateman, *The Sexual Contract*, p. 181[『남과 여, 은폐된 성적 계약』, 253쪽].

어떤 주어진 시민적 질서에 선행한다는 것을 함의한다.

대안적인 관점에서는 현대 사회에서 여성으로 존재하는 것이 무엇을 의미하는지는 부분적으로 시민적 질서와 갖는 어떤 특수한 관계에 놓여 있다고 주장할 수 있다. 즉, '여성'으로 존재하는 것이 무엇을 의미하는지는 적어도 부분적으로는 남성에 비한 여성의 경제적, 사회적, 정치적 배치에 의해 성립되거나 구성된다고 주장할 수 있다. 페이트먼은 이미 이 점에 대해 답변한 바 있다. "'남성'과 '여성'의 의미가 주요 사회 제도들을 **구성하도록 돕는** 방식을 밝혀내는 것은 순수 자연적인 범주들로 후퇴하는 것이 아니다."[27] 하지만 아마도 간과된 것은 성차의 범주 자체(남성/여성)에 대한 질문일 것이다. 이는 결국 인과성의 선형적 연쇄를 전제하고 있는 것이다. 이 연쇄에서 성적 차이, 성적 관계, 성적 계약은 우리의 현재 사회적, 정치적 제도의 폭정 속에 우리 모두를 함께 속박시키는 연속적 고리이다. 그러나 만일 '여성'과 '남성' 자체가 자연적 범주라기보다 역사적이고 불안정한 범주라면,[28] 위에서 인용한 "구성하도록 돕는" 힘에 대해 의문을 갖게 된다. 남성 또는 여성으로 존재한다는 것은 무엇인지, '남성'과 '여성'이라는 용어는 무엇을 의미하는지에 대한 우리의 문화적으로나 역사적으로 다양한 이해 방식은 또한 우리가 삶을 살아가는 장소이자 수단인 "주요 사회 제도"에 영향을 받는다. 게다가 우리의 제도는 유연할 뿐만 아니라, 우리의 과거는 우리가 어떻게 변화해왔는지에 대한 우리의 이해 방식처럼 지속적인 수정과 개작에 열려 있다. 이런 의미에서 우리가 마주하게 되는 것은 과거와 현재를 가차 없이 연결하는 '필연성의 연쇄'가 아니라, 논쟁에 열려 있는 경합적인 '서사들의 집합'이다.

• • •

27. Ibid., pp. 17-18[『남과 여, 은폐된 성적 계약』, 37쪽].

28. Riley, *Am I that Name?*의 제5장.

원초적 장면

가부장적 시민사회의 '원초적 장면'을 (여성에 대한 남성의) 원초적 강간으로 독해하는 것은 분명 정치적인 것을 이론화하는 우리의 방식에 영향을 끼친다. 자연 상태에서 시민사회로의 신화적 이행에 관한 페이트 먼의 독해가 바로 그에 해당한다. 페이트먼은 홉스적 자연 상태에서 남성과 여성의 동등한 역량을 언급하며, 홉스의 설명에서 다음과 같은 것이 따라 나온다고 주장한다.

> 성적 관계는 두 가지 상황 하에서만 발생할 수 있다. 남성과 여성이 성관계를 갖기로 상호 간에 합의(계약)하거나 아니면 남성이 어떤 술수를 써서 여성을 제압하고 강제로 데려갈 수 있거나. 물론 여성 또한 남성을 보복하고 죽일 수 있는 역량이 있다.[29]

아마도 자연 상태의 여성은 성적 욕망에 대해 반응하는 형태만을 갖는 것일까? 그것은 타당하지 않은 것 같다. 더구나 그러한 가정은 가부장적 사회에 고유한 성적 관계의 가설적 기원을 들여오는 것이다. 더 나아가 나는 이것이 자연에서 사회로, 생물학에서 성차의 체험된 의미로의 인과 관계란 젠더가 제도를 통해 성립된다고 보는 현재적 관점에서 회고적으로 구성된 것임을 보여준다고 생각한다. 이러한 현재 적 관점은 이른바 원초적 계약에서 이미 작동되고 있다. 페이트먼은

• • •

29. Pateman, *The Sexual Contract*, p. 44[『남과 여, 은폐된 성적 계약』, 74쪽], 게이튼스의 강조.

자연 상태로 돌아가서, 남성은 능동적이고 여성은 수동적(또는 기껏해야 반응적)이라는 성인 인간 섹슈얼리티에 대한 전통적 이해 방식을 읽어 낸다. 홉스에 대한 페이트먼의 독해에는 남성은 동의에 의해 성관계를 갖지 못한다면 강간을 할 것이라는 견해가 함축되어 있다. 여성은 이 '사실'에 대해 '보복'으로서만 스스로를 위안할 수 있다. 그 보복이란 자연 상태에서 외견상 가지고 있었던, 보다 즉각적인 보상이 아니라 시민사회에서의 법정을 의미한다. 샤론 마커스Sharon Marcus가 주장한 것처럼,

> 강간에 대한 설명에서 남성의 폭력성 또는 여성의 취약성을 모든 사례에 해당되는 것으로 간주하는 것은 강간 자체에 선행하는 강간범 과 강간 피해자의 정체성을 만드는 것이다.[30]

마커스는 더 나아가 강간에 대한 하나의 정의를 제안하는데, 이 정의에서 강간은 항상 이미 발생한 것으로 가정되지 않는다.

> 폭력의 진행 속에서 성차를 강제하는 성별화되고 젠더화된 공격으로서 강간을 정의하는 것이 최선일 수 있다. 강간은 어떤 손상으로 정의되는 성별화된 여성 신체, 즉 주체-주체적 폭력에서 배제되고 공정한 싸움에 참가할 능력에서 제외된 신체를 발생시킨다. 강간범의 목적은 폭력의 게임에서 여성을 이기는 데 있지 않다. 그의 목적은 여성이 그 게임에 함께하는 것을 배제하는 데 있다.[31]

• • •

30. Marcus, 'Fighting Bodies, Fighting Words', p. 391.
31. Ibid., p. 397.

5장에서 나는 사회제도 속에서 체험되는 것으로서의 젠더는 자연적 신체나 전前사회적 신체보다는 상상적 신체와 좀 더 관련이 깊다고 주장한 바 있다. 남성 신체와 여성 신체의 형태학은 현재 어떻게 체험되고 경험되는가? 또한 그러한 형태학은 특정한 종류의 실천들, 예컨대 강간을 어떻게 '자연화'하는가? 페이트먼은 정치적 권리의 창조를 논의하는 과정 중에 한 가지 설명을 제시한다.

> '개인'의 신체는 여성들의 신체와 매우 다르다. 개인의 신체는 경계들 안에 단단히 둘러싸여 있지만, 여성들의 신체는 침투 가능하고, 그 몸의 곡선은 형태가 변화하며, 주기적 과정에 예속된다. 이러한 모든 차이들은 자연적 신체의 탄생 과정에서 발견된다.[32]

물론 이러한 묘사는 자연 상태에서의 성적 관계를 특징화한다고 여겨진 재현, 즉 침투하고 침범할 수 없는 남성 신체 및 이와 달리 침투하고 침범할 수 있는 여성 신체에 대한 재현과 일치한다. '이 자연적 차이들은 시민사회에서 재현되고 부과된 사회적, 정치적 의미들인가? 아니면 우리의 사회적, 정치적 제도들에 의해 구조화된 체현의 의미들인가?'라는 질문은 이 맥락에서는 도움이 되지 않는다. 질문할 필요가 있는 것은 지시대상(남성 신체인지 또는 여성 신체인지)이 아니라, (넓은 의미에서) 성적 관계에 관한 의미 있는 진술이 언급될 수 있는 지시성의 조건과 관련된다. "이미 해석되어 있지 않은 해석 대상이란 결코 존재하지 않는다"[33]는 푸코의 지적은 기원 또는 '순수한' 지시대상에 대한 탐구에

* * *

32. Pateman, *The Sexual Contract*, p. 96[『남과 여, 은폐된 성적 계약』, 144쪽], 게이튼스의 강조. 여기에 페이트먼의 견해와 위에서 나온 여성 신체에 대한 드워킨의 묘사 간의 공명에 주목하라.

인식론적 파산을 안겨준다.

프로이트는 일반적으로 알려진 것보다는 더 니체 및 푸코와 공통점이 많다. 프로이트 역시 순수한 해석 대상은 존재하지 않는다는 견해를 공유한다. 원초적 장면이라는 정신분석학 통념에 대한 페이트먼의 독해는 극히 불충분하다. 페이트먼은 원초적 계약에 관한 전통적 이야기들이 "남성성과 여성성 및 물리적(자연적) 성차의 정치적 의미에 관한 이야기, 또는 성별들 간의 구분을 반영한 시민사회의 구조에 관한 이야기"[34]를 고려하지 않는다고 말한다. 우리는 다시 이 같은 인과성에 대한 관점에 의문을 품게 된다. 우리는 정치적 의미를 지니게끔 성차가 만들어지며, 시민사회는 성별 구분을 단순히 수동적으로 반영하는 것이 아니라 능동적으로 구성한다고 주장할 수 있다. 페이트먼은 정체를 성별화된 것으로 재구성하며 자연 상태에서 시민사회로의, 남성과 여성의 신체에서 그 신체들의 정치적 의미로의 선형적 결정론을 강조한다. 이러한 재구성이 우선적으로 하는 일은 역사적 존재보다 본질을, 제도보다 계약을 특권화하는 것이다. 이는 제도를 오직 계약의 산물로서만 다루는 것이다. 따라서 시간과 역사를 통해서만 그 자체로 존재할 수 있는 원초적이고 기원적인 계기 속으로 시간과 역사는 붕괴되고 만다.

반대로 정신분석학적 방법은 결정론의 선형적 인과성을 인간 정신 안에 가정하지 않는다. 원초적 장면[35]과 관련하여 분석가의 일이란 피분

• • •

33. Mahon, *Foucault's Nietzschean Genealogy*, p. 116에서 인용된 M. Foucault, 'Nietzsche, Freud, Marx', *Critical Texts*, vol. 3, no. 2(Winter 1986)[미셸 푸코, 「니체, 프로이트, 맑스」, 『자유를 향한 참을 수 없는 열망』, 정일준 편역, 새물결, 1999, 39–40쪽].

34. Pateman, *The Sexual Contract*, p. 100[『남과 여, 은폐된 성적 계약』, 149쪽], 게이튼스의 강조.

35. J. Laplanche and J.-B. Pontalis, *The Language of Psychoanalysis*, Hogarth Press, London, 1983, p. 335[장 라플랑슈·장 베르트랑 퐁탈리스, 『정신분석사

석자에게 원초적 장면이 사후 작용을 통해 이해되고 해석되는 방식을, 즉 과거의 경험이나 인상이 새로운 경험의 조명 속에서 끊임없이 개정되는 방식을 드러내는 것이다.[36] 우리는 "이미 해석되어 있지 않은 해석대상이란 결코 존재하지 않는다"는 것을 정신분석학 이론의 하나의 공리로 여길 수 있다. 과거 사건에 대한 이러한 지속적 재배치 및 재표기는 인간의 기억 및 인간의 역사에 불안정한 지위, 필연적으로 가상적인 지위를 부여한다. 개인적, 사회적, 정치적 의미들은 브리콜라주 방식으로 구축되며, 그 어떤 식별 가능한 양식이나 총체적 의미도 필연적으로 잠정적이며 임시적인 것이 된다.

이러한 관점에 따르면 '진정한' 기원 또는 '기원적 행위'를 상정하는 것은 어떤 고정된 존재론적 힘도 가지고 있지 않다. 그러나 이는 근본적 상대주의에 대해 수문을 여는 것도 아니고, 오늘날의 정치적 풍토에 맞게 고쳐 쓰도록 역사를 완전히 열어놓는 것도 아니다. 오히려 역사는 고도로 논쟁적인 영역이라는 사실을 인정하는 것이다. 조안 스콧이 말한 것처럼,

경험으로 간주되는 것은 자명하지도 간단하지도 않다. 그것은 항상

• • •

전』, 임진수 옮김, 열린책들, 2005, 291쪽. 원초적 장면은 다음과 같이 정의된다. "아이가 목격하거나 몇 가지 암시와 환상들에 기초해서 추론한 부모의 성관계 장면, 이는 일반적으로 아이에 의해 아버지 측의 폭력 행위로 해석된다."

36. 라플랑슈와 퐁탈리스에 따르면 사후 작용deferred action이라는 통념은 "주체의 역사에 관한 정신분석적 관점을 현재에 대한 과거의 작용만을 고려하는 선형적 결정론으로 환원하는 피상적 해석을 배제한다. (…) 프로이트는 초기부터 주체는 과거 사건을 차후에 수정한다는 점, 나아가 과거 사건들에 의미를 투여하는 것이 바로 그 수정이라는 점을 지적했다." Ibid., pp. 111–112 [『정신분석사전』, 185쪽].

논쟁적인 것이며, 따라서 항상 정치적인 것이다. 그러므로 경험에 대한 연구는 경험이 갖는 기원적 지위에 대한 역사적 설명에 의문을 제기해야 한다. 이는 역사가들이 경험을 통해 도달한다고 여겨지는 지식의 재생산 및 전파가 아닌, 그러한 지식 자체의 생산에 대한 분석을 기획할 때 일어날 것이다. 그러한 분석은 비-근본적 역사를 수립할 것이다. 비-근본적 역사는 변화 속에서도 그 설명적 힘과 이해관계를 계속 유지하지만, 자연화된 범주들을 재생산하거나 이들에 기초하지 않는다. 이러한 역사는 역사가들의 중립성을 보증할 수 없는데, 어떤 범주를 역사화할지 선택하는 것은 불가피하게 '정치적'이며, 지식의 생산에서 역사가 자신의 이해관계에 대한 인식과 필연적으로 관련되기 때문이다. 이러한 접근에서 경험이란 우리의 설명의 기원이 아니라 우리가 설명하기를 원하는 바로 그것이다. 이러한 종류의 접근은 주체의 존재를 부정함으로써 정치의 지위를 약화시키지 않는다. 그보다는 주체가 창조되는 과정을 심문하고, 이를 통해 역사 및 역사가의 역할을 재형상화하며, 변화에 대한 새로운 사유 방식들을 열어놓는다.[37]

이 사실을 인정하는 것은 여성들의 과거와 현재의 경험을 망각하고 부인하고 부정하며 억압하는 것이 아니다. 그보다는 우리를 오늘의 우리로 만든 과거의 사회적, 정치적 배치들을 우리가 어떻게 기억하고 해석하는지에 관한 쟁점을 진지하게 받아들이는 것이다.

페이트먼은 (아래에서 논의될) 곳곳에서 이를 분명히 인정한다. 그러나 다른 곳들에서 '기원'은 여성 신체들의 의미 및 '여성'이라는 것의

• • •

37. Scott, 'Experience' pp. 37–38.

의미에 대한 존재론적 진리의 지위를 부여받는다. 예컨대 페이트먼은 다음과 같이 주장한다. "아내의 예속은 그녀가 여성이라는 사실에서 기인한다",[38] "아내의 예속은 그녀의 여성다움에서 도출된다",[39] "시민사회의 사적, 공적 영역은 성차의 자연적 질서를 반영하여 분할되는 것이다."[40] 이와 같은 인용들은 페이트먼의 텍스트가 제도보다 계약에, 체현된 역사보다 '기원'에 부여한 우선순위를 두드러지게 하는 역할을 한다. 만일 우리가 그녀의 우선순위 질서를 뒤집는다면, 결혼 제도를 통한 아내의 예속은 여성으로 존재하는 것이 무엇을 의미하는지 구성하도록 돕는다고, 현대 시민사회에서 사적/공적 분할의 제도화는 성차의 의미를 구성하도록 돕는다고 주장할 수 있다.

여성은 항상 (개인으로서가 아니라) 여성으로서 시민사회에 통합된다는 관념과 결부된 페이트먼의 성적 계약 통념이 그 일관성을 위해 결정적으로 의존하고 있는 성차 이론은 본질주의적이다. 이 때문에 페이트먼은 특정한 시간과 특정한 공간에서 여성들을 (여성으로서, 즉 아내로서) 정치체 내에 허용하더라도 완전한 시민권(개인의 특권)에서는 배제하는 역할을 해온 역사적 주장으로 계약론을 한정시키는 것이 아니라, 계약론 자체를 비난하게 되는 것이다.

페이트먼이 사회 구성주의자의 입장을 가장 강하게 취하는 곳은 성매매에 관한 장에서이다. 거기에서 그녀는 예컨대 "성적 충동"은 항상 "문화적으로 매개된다"[41]고, 성적 계약의 이야기는 "남성으로 존재하는 것이 무엇을 의미하는지에 대한 (사회적) 구성"[42]을 폭로한다고

• • •

38. Pateman, *The Sexual Contract*, pp. 134–135[『남과 여, 은폐된 성적 계약』, 194쪽], 게이튼스의 강조.
39. Ibid., p. 153[『남과 여, 은폐된 성적 계약』, 216쪽], 게이튼스의 강조.
40. Ibid., p. 131[『남과 여, 은폐된 성적 계약』, 189쪽], 게이튼스의 강조.
41. Ibid., p. 198[『남과 여, 은폐된 성적 계약』, 277쪽].

쓰고 있다. 이러한 종류의 진술이 갖는 문제는 우리를 원점으로 돌아가게 하고, '원인들'을 '결과들'에 휘말리게 한다는 점이다. 신화적 시대에 원인으로 여겨졌던 것은 이제 현실의 시대에 결과로서 상정된다. 텍스트 내부에 이 곤경은 다음과 같은 진술에 직면하여 더욱 깊어진다.

고전 문헌에 대한 표준적 독해는… 고전 이론가들이 어떤 종류의 기획에 관여하고 있는지 보여주는 데 실패한다. 표준적 해석은 자유로운 정치적 관계에 대한 특정한 개념이 어떻게 확립되는지 알기 위해 텍스트를 심문하는 대신에, 성차, 성별들 간의 관계, 사적 공간이 전형적으로 비정치적이라는 가정을 출발점으로 삼는다. 따라서 고전은 근대 시민사회의 구성이라는 조명 속에서 텍스트 자체로 읽혀진다![43]

이는 분명한 사실이다. 그러나 페이트먼 식의 성적 계약은 다른가? 역사에 대한 정통적 견해를 고수하거나 고전을 비판적으로 해석하고자 하는 그 어떤 현대 이론가라도 '정치적 허구'와 '정치적 실재' 간의 혼동을 피할 수 있는가? 불가피하게도 우리는 현재에 존재하며, 가장 헌신적인 역사적 실재론자조차도 우리가 현재적 관점에서 과거를 읽는다는 점을 인정해야 한다. 과거를 마주함에 있어서 현재적 유혹은 현재의 불가피성을 과거에 부여하는 것이다. 나는 이것이 제도보다 계약을, 사후 작용보다 원초적 장면을 우선시하는 데서 작동하는 유혹이라고 생각한다. 요컨대 기원, 최초의 원인, 역사의 '원동자'를 알고 싶은 욕망 배후에 있는 것이 바로 그것이다. 그것은 당연하게도 많은 페미니즘 이론화에서 특히 강력한 욕망이다. 집단으로서의 남성이 집단으로서의

• • •
42. Ibid., p. 199[『남과 여, 은폐된 성적 계약』, 277쪽].
43. Ibid., p. 221[『남과 여, 은폐된 성적 계약』, 307쪽], 게이튼스의 강조

여성에게 행사하는 구조적 힘의 기원이란 무엇인가? 여성 신체의 고유한 가치를 남성의 성적 쾌락의 장소이자 근원으로서 또는 노동의 재생산의 귀중한 원천으로서 논하는 것은 기원에 관한 질문에 조금도 대답이 되지 않는다. 여성 신체는 남성 신체보다 더하거나 덜하지 않는 고유한 가치를 지닌다. 자연 상태에서 전사회적, 전도덕적 존재가 (남성) 지배자 또는 (여성) 노예로 '미리 기입'될 수는 없다. 이는 사회적, 제도적 관계들을 신화적이며 회고적으로 구성된 과거 속에 들여놓는 것이다.

성적 계약 이야기를 함에 있어 서사적 유혹은 그 이야기를 원초적 장면, 즉 기원에 근거시키는 것이다. 그러한 유혹에 굴복한 것에 대해 지불해야 할 대가는 원초적 장면이 다시 돌아와서, 한편으로는 재조합/기억으로서, 다른 한편으로는 사후 작용을 통해 회고적으로 구성된 것으로서 서사를 혼란시킨다는 점이다. 이 결정 불가능성은 '여성 (또는 남성) 신체'의 '존재론적' 근본에 의지함으로써 임시변통으로 완화되는 더 큰 실패에 이르게 된다. 따라서 페이트먼은 주장한다. "계약에서 쟁점이 되는 것은 정확히 여성의 신체이다",[44] "예속의 형태는 신체의 성별에 따라 다르다."[45] 그러나 어떤 의미에서 여성 신체는 쟁점이 되는가? 또한 '예속의 형태'는 하나의 신체를 다른 신체와 차별화하는 행동을 하지 않는가? '남성'이나 '여성'의 서로 다른 사회적, 정치적 취급에 있어 신체들은 존재론적 시금석으로 작용할 수 없다. 왜냐하면 남성이나 여성으로 존재한다는 것이 의미하는 바는 부분적으로 성차에 대한 역사적으로 가변적인 사회적·정치적 의미들을 살아가거나 문자 그대로 체현하는 것이기 때문이다. 따라서 우리는 좋든 싫든 다시 서사와 역사로 돌아가게 된다.

• • •

44. Ibid., p. 224[『남과 여, 은폐된 성적 계약』, 310쪽].
45. Ibid., p. 231[『남과 여, 은폐된 성적 계약』, 319쪽], 게이튼스의 강조.

누구의 욕망인가?

페이트먼이 경합적인 서사들로 돌아가는 것을 피하기 위해 자신의 저작의 핵심인 4장에서 전개한 '전략'은 여성의 신체를 항상 그리고 전-문화적으로 투과할 수 있고 전용할 수 있는 것으로 상정하는 것이다.[46] 하나의 대안적 전략은 여성의 신체가 그 중요성과 사회적 의미를 두고 투쟁하는 장소로서, 즉 개념적 전장으로서 쟁점이 되고 있음을 인식하는 것일 수 있다. 이를 지시대상이라는 쟁점과 혼동해서는 안 된다. 이는 차라리 지시성의 조건들과 관련된다. 즉 '여성'이나 '여성들'을 이런 방식으로 지시하는 것이 이해 가능하게 되는 지배적 조건들은 무엇인가? 원초적 계약에 초점을 맞추는 것은 진행 중인 이 투쟁의 본성을 가려버리는데, 인과성을 현재에 대한 과거의 작용으로 환원시키기 때문이다. 이러한 맥락에서 본질주의를 전략으로 취하는 것은 (여성들에게) 전투를 이미 패배한 것으로서 제시하는 것이다. 기원으로서의 성적 계약에 초점을 맞추는 것의 한 가지 효과는 신체들 및 그 관계들에 대한 가능한 해석의 범위를 제한하는 것이다. "자연, 생물학, 섹스는 계약에 제한을 가한다"[47]는 주장은 이에 대한 전도(특정한 계약이 자연, 생물학, 섹스에 제한을 가한다)가 열어놓은 가능성들을 차단한다.

나는 이 문제가 페이트먼의 텍스트에만 특유한 것으로 보지 않는다.

• • •

46. 그러나 내가 위에서 지적했던 것처럼 이것이 『성적 계약』의 전부는 아니다. 예컨대, "여성들이 거창하게 독신을 유지하며 자신의 자유를 행사한다면, 남성들은 남편이 되지 못하고, 성적 계약은 흔들릴 것이다"는 페이트먼의 실증적 주장을 참조하라. pp. 132-133[『남과 여, 은폐된 성적 계약』, 191쪽].

47. Ibid., p. 228[『남과 여, 은폐된 성적 계약』, 315쪽].

반대로 나는 기원의 문제 및 여성과 남성 체현의 존재론적 지위가 현대 페미니즘 이론에 고질적인 것이라 생각한다. 그러한 문제들이 그토록 완전히 드러난 것이야말로 페이트먼 작업의 힘과 명료함 덕분이다. 나는 페이트먼의 프로이트 독해가 불충분하다고 주장했다. 나는 더 나아가 페이트먼이 우리의 정치적 맥락에 대한 이해방식을 지배해온 이야기에 대한 불충분한 계보학을 수행한다고 주장한다. 이 불충분함은 현대 페미니즘 이론이 '전략적으로' 본질을 채택하는 분위기와 결부되어 현재의 가능성들을 차단하게 만든다.

원초적 장면에 대한 페이트먼의 설명은 사회계약 이야기에서 억압된 것에 관해서는 상당히 설득력 있다. 그러나 그녀가 이따금 암시하듯 이것이 우리의 (억압된) 역사의 비밀스러운 기원을 드러내주는 것은 아니다. 사회계약 이야기는 우리의 기원에 대한 남성적 환상이며, 분명 페이트먼은 그 사실을 폭로했다. 그러나 일단 폭로되고 나면 그것은 이 역사의 서술자였던 이들의 욕망의 징후라기보다는 기원적 진리라고 너무 쉽게 오해될 수 있다. 페이트먼은 "근대 가부장제가 계약의 연극적 행위로 시작된 것이 아니기" 때문에, 우리가 "여성들도 자율적 시민이 되는 자유로운 사회를 창조"하고자 한다면, 사회적/성적 계약의 이야기와 소설은 "아예 없어져야"[48] 한다는 주장으로 결론을 맺는다. 텍스트와 세계 또는 신화와 실재 간의 관계는 여기서 따로따로 찢겨진다. 텍스트는 아예 없어져야 하는 것이다. 『성적 계약』은 혼란스러운 텍스트인데, 왜냐하면 페이트먼이 텍스트의 두 부분, 즉 사회계약 이야기 및 역사와 관련된 부분[49]과 현대의 사회 제도와 관련된 부분[50]을 연결하고자 애쓰지

. . .

48. Ibid., p. 220[『남과 여, 은폐된 성적 계약』, 305쪽].
49. 대체로 3장, 5장, 6장이 해당된다.
50. 대체로 7장, 8장이 해당된다.

않기 때문이다. 독자는 이 두 부분들을 연결하는 것이 **본질적 성차**를 연극적으로 만드는 원초적 장면[51]이라고 가정하게 된다. 그러나 우리는 이 이야기들을 아예 없애버릴 수 있는가? 이 이야기들은 단순히 사실의 세계에서 말끔히 삭제될 수 있는 소설인가? 나는 『성적 계약』의 두 부분이 계보학의 두 번째 계기를 수행함으로써, 즉 앞에서 제기된 바 있는 다음과 같은 질문을 던짐으로써 연결될 수 있다고 생각한다. 이러한 이야기들을 가능하게 만들고 유지되도록 하는 삶의 형태는 무엇인가?

가야트리 스피박Gayatri Spivak은 자신의 저명한 논문에서 서구 사상사에 대해 다음과 같은 질문을 제기한다. "그 자신의 욕망의 여정이 그러한 텍스트를 생산하도록 하는 남성이란 무엇인가?"[52] 스피박이 지적한 것처럼 이 질문을 그 자체로 받아들이는 것은 왜곡되고 부분적인 대답들을 초래할 수 있다. 그러한 질문이 현재에 어떤 효과를 가져오기 위해 우리는 질문을 경제적이고 정치적인 맥락에 놓아야 한다. 나는 이것이 여기서 제시된 『성적 계약』에 대한 독해와 관련된다고 생각한다. 이러한 독해는 텍스트가 우리의 사회 정치적 현재를 둘러싸고 형성되어온 서사들의 불완전한 계보학임을 주장한다. 이는 계보학의 **첫 번째** 계기를 구성한다. 그러나 결정적인 것은 두 번째 계기, 즉 다음과 같이 묻는 비판적 계기이다. 그러한 이야기를 함으로써 가능해지는 삶의 형태는 무엇인가? 그러한 서사들을 추동하는 의지 및 욕망의 본성이란 무엇인가? 페이트먼은 실증적이고 비판적인 두 번째 계기를 수행하지 않았기에, 스피박의 질문은 다음과 같은 용어로 다시 제기되어야 한다. 그 자신의

- - -

51. 4장을 참조할 것.
52. G. C. Spivak, 'Displacement and the Discourse of Woman,' in M. Krupnick, ed., *Displacement: Derrida and After*, Bloomington, Indiana University Press, 1986, p. 186.

욕망의 여정이 그러한 텍스트를 생산하도록 하는 (오늘날의) 페미니즘이란 무엇인가?[53]

이 시점에서 나는 맥키넌과 드워킨에게 돌아가서 그들의 텍스트에 대해 이러한 질문을 던지고 싶다. 정치적 기원을 기원적 삽입의 성폭력에서 발견하고자 하는 의지나 욕망의 본성은 무엇인가? 그것은 정확히 가부장적 문화의 발군의 환상, 즉 모든 가치의 기원, 기표들의 기표로서의 팔루스가 아닌가? 여성 살갗에 대한 침투, 구멍(전체) 만들기를 통해 여성적 체현의 의미를 '결여'로서 '쓰는' '스타일러스'? 이는 실로 팔루스를 페티시의 지위로 끌어올리는 것이다. 이러한 돛대에 깃발을 올리는 것에 대해 페미니스트들끼리는 적어도 낄낄 웃어야 되지 않는가? 왜 페니스에게 우리를 난폭하게 대하고, 우리의 온전성을 파괴하고, "우리 위에 휘갈기며", 우리의 국경과 경계를 침범하고, 드워킨이 말한 것처럼 (항상 이미) 정복된 '사유지'에서 우리를 점령할 권력을 부여하는가? "강간 희생자에 대한 보고서"와 "섹스에 대한 여성의 보고서 … 가 많이 닮아 보인다"[54]고 주장하는 데서 작동하는 욕망은 무엇인가? 어떤 유형의 의지나 욕망이 거기서 작동하고 있는가? 헤테로섹슈얼의 성관계는 성별들 간의 본질적으로 폭력적인 관계의 명구처럼 간주되고 있다. 이 견해는 다수의 난제들을 제기하지만, 페미니즘이 원한의 정치적 태도에 빠지지 않으려면 반드시 탐구되어야 한다.[55]

• • •

53. 물론 페미니즘은 이러한 질문을 제기할 수 있는 (여기 내 글을 포함하여) 다양한 텍스트들을 생산한다. 여기서 나는 본질주의를 진리 그리고/또는 전략으로서 상정하는 페미니즘 텍스트에 관심이 있다. 그러나 나는 그 어떤 텍스트도 욕망의 '바깥'으로서, 또는 내가 여기에서 착수한 심문 과정으로부터 면제된 것으로서 여기지 않는다.

54. MacKinnon, 'Sexuality, Pornography and Method', p. 336.

55. 현대 페미니즘의 원한에 대한 분석으로는 Marion Tapper, *'Ressentiment and Power: Some Reflections on Feminist Practices'*, in P. Patton, ed., *Nietzsche,*

적어도 페미니즘 이론의 맥락에서 『성적 계약』의 정치적 효과는 현재의 가능성을 차단하는 것이다. 그것은 미래를 위한 역사인 비판적 역사를 창조하는 대신 기원(원초적 행위)을 발견한다고 주장하는, 니체가 "영국식의 계보학"[56]이라고 칭한 것을 수행한다. 『성적 계약』에 대한 이러한 독해는 욕망과 페미니즘 실천에 대한 많은 질문들을 제기한다. 이 질문들은 하나의 질문으로 결합될 수 있다.

우리의 질문은 페미니즘 정치가 도덕적 장치 없이 번영할 수 있는지, 페미니즘 이론가와 활동가는 진리 및 도덕성을 정치로 대체하기를 포기할 것인지 하는 것이다. 우리는 비난하기보다는 입장을 위한 공공연한 투쟁에 참여하며, 도덕적·인식론적 몸짓으로 우리의 약점을 앙갚음하기보다는 우리의 능력을 발전시키며, 존재하는 것에 대한 전철을 밟기보다는 세계를 위한 싸움을 벌일 용의가 있는가?[57]

웬디 브라운Wendy Brown이 자신의 질문에 마땅한 답변을 받는다면, 페미니스트는 지배와 복종의 형태를 취하는 권력에 대해 인식하고 투쟁하는 것뿐만 아니라 권력을 실증적 역량으로 이론화하기를 지속할 필요가 있다. 권력에 대해 다시 사유하는 이러한 페미니스트들과 더불어 우리 역시 공모, 책임, 의무의 통념을 다시 개념화해야 한다. 우리는

• • •

Feminism and Political Theory, Routledge, New York, 1993; A. Yeatman, 'Feminism and Power', *Women's Studies Journal*, vol. 10, no. 1(1994)을 참조할 것.

56. F. Nietzsche, *On the Genealogy of Morals*, New York, Vintage Books, 1989[「도덕의 계보: 하나의 논박서」, 『선악의 저편/도덕의 계보』, 김정현 옮김, 책세상, 2002]의 서문 4절을 참조.

57. W. Brown, 'Feminist Hesitations, Postmodern Exposures', *differences*, vol. 3, no. 1(Spring 1991), p. 78.

다른 무언가가 되기 위해 현재 우리의 존재에 책임을 다할 만큼 충분히 강해져야 한다.

제3부

제 7 장

체현, 윤리학, 차이*

나는 제5장에서 서구 사상은 자연과 문화, 신체와 정신, 정념과 이성의 이원론에 의해 지배된다고 주장했다. 이러한 이원론은 또한 정치사상의 맥락에서는 재생산과 생산, 가족과 국가, 개인적 신체와 정치체로 치환된다. 게다가 이 이원론의 왼편은 시대를 초월하고 고정적인 것처럼 여겨지는 반면, 오른편은 이른바 역사 및 변화의 영역에 속한다고 여겨진다. 인간 삶에 대한 이러한 개념화를 무비판적으로 수용함으로써, 안드레아 드워킨과 시몬 드 보부아르와 같은 페미니즘 사상가들조차 "여성은 역사를 갖지 않는다",[1] "재생산은 삶의 단순한 반복을 수반한다"[2]고

• • •

* 이 글의 다른 판본은 *Political Theory Newsletter*, vol. 4, no. 1(1992)에 실려 출간된 바 있다.

1. 예컨대 안드레아 드워킨은 "나는 여성의 상황이 기본적으로 비역사적이라고 생각한다"고 말한다. C. Pateman, *The Sexual Contract*, p. 236, n. 24[캐럴 페이트먼, 『남과 여, 은폐된 성적 계약』, 이충훈·유영근 옮김, 이후, 2001, 326쪽]에서 재인용.

2. S. de Beauvoir, *The Second Sex*, Harmondsworth, Penguin, 1975, p. 96[『제2의 성』 상, 조홍식 옮김, 을유문화사, 1993, 47쪽].

주장하게 되었다.

물론, 인간 삶의 정치적 재현들이 몇몇 개인들은 사회적 행위자나 역사의 주체로서 구성하고, 다른 이들은 스스로 만들어낸 것이 아닌 역사의 흐름에 휩쓸려가는 수동적 대상으로서 구성한 이러한 방식에 대해 페미니스트 이론가들만이 주목했던 것은 아니다. 이 '다른' 목소리들은 서구 사상의 중심을 이루는 이원론이 젠더화되었다는 페미니즘적 주장의 효력에 의문을 표했다. 많은 이들은 인간 삶의 그러한 재현들이 단지 여성의 가능성뿐만 아니라 여러 차이들을 지닌 다른 집단들의 가능성도 속박하고 제한하는 역할을 해왔다고 주장한다. 따라서 페미니즘 이론은 자신들의 특수한 경험을 모두에게 보편화하려는, '이론가'라는 특권적 지위에 있는 사람들의 경향을 반복하는 것처럼 보인다.[3]

어떤 이들은 여성들 간의 근본적 차이들을 인정하는 것이 페미니즘 이론뿐만 아니라 정치적 운동으로서 페미니즘의 정당성도 위협할 수 있다고 주장하는데, 왜냐하면 그 둘 다 비교적 일관된 '여성' 통념에 의존하기 때문이다. 본질주의 대 사회 구성주의 논쟁에서 결정적 쟁점이 여기에 있음은 분명하다. 몇몇 페미니스트들은 만일 '여성' 범주가 역사적이고 문화적으로 가변적인 주체를 의미하는 것이라면, 페미니즘 정치의 존재 이유는 사라지게 된다고 주장한다.[4] 반면, 다른 페미니스트들은 정체성에 대한 포스트모던적 도전을 환영하면서 그것이 정치적 영역을 상상하는 새로운 방식을 제공한다고 주장한다. 예컨대 주디스 버틀러

• • •

3. *Feminism/Postmodernism*, ed. Linda J. Nicholson, New York, Routledge, 1990의 서문과 이 책에 실린 많은 논문들에서 현대 페미니즘 이론에 관한 이러한 비판들이 논의되고 있다.

4. 예컨대 C. Di Stefano, 'Dilemmas of Difference: Feminism, Modernity and Postmodernism', in L. J. Nicholson, ed., *Feminism/Postmodernism*, New York, Routledge, 1990을 참조.

Judith Butler는 다음과 같이 말한다.

만약 정체성이 더 이상 정치적 삼단논법의 전제로서 고정되지
않는다면, 또 정치가 더 이상 일련의 이미 구성된 주체들에 속한
이해관계로 가정된 것에서 파생된 일련의 실천들로서 이해되지 않는
다면, 정치의 새로운 짜임이 옛것의 잔해를 헤치고 나와 그 모습을
드러낼 것임에 분명하다.[5]

정치의 이 "새로운 짜임"이 함축하는 바가 정확히 무엇인지는 쉽게
예상되지 않는다. 그러나 분명한 것은 정치적 영역에 대한 이러한 접근이
우리가 어떻게 지금의 주체가 되었는지에 관해 근대주의자들과는 다른
이야기를 들려주리라는 점이다.

이 다른 이야기들 또는 서사들은 상당히 다른 방식으로 사회체를
묘사하고 재현할 것이며, 상이한 정치적 분석 도구 및 정치적 의제의
출현을 낳을 것이다. 여기서 특히 흥미로운 것은 각각의 접근법에서
나올 수 있는 서로 다른 윤리적 입장이다. 나는 곧 이에 대해 좀 더
말할 것이다.

이 장에서는 대단한 것을 의도하지 않는다. 나는 사회 정치적 삶에
대한 이 경합적 서사들에서 몇 가지 지배적인 주제들을 추적하면서,
특히 신체, 윤리학, 차이라는 장소에 주목하고자 한다. 나는 소위 포스트
모던적 또는 포스트계몽주의적 주장에 대한 몇몇 현대 이론가들의 반응
에서 나타난 정치적 불만 요소들을 다루려면 이 작업이 필수적이라고

• • •

5. J. Butler, *Gender Trouble: Feminism and the Subversion of Identity*, New York,
   Routledge, 1990, p. 149[『젠더 트러블: 페미니즘과 정체성의 전복』, 조현준
   옮김, 문학동네, 2008, 363쪽].

본다. 내가 보기에 현재 논의되고 있는 불화들 가운데 일부는 혼동과 몰이해에 근거하고 있다. 나는 사회적·정치적 삶의 근대주의적 설명을 비판적으로 검토하는 것이 필연적으로 상대주의, 개인주의, 주관주의 또는 비판적 이론의 폐기를 야기하지 않는다는 점을 보여줄 것이다.

정치체의 탄생에 관한 근대적 서사들

이 글에서 나는 정체의 기원에 관한 근대적 설명의 대략적 윤곽만 제시할 수 있을 뿐이다. 대부분의 근대적 설명은 정치체란 곧 이성, 질서, 정의에 대한 사랑이라는 명목으로 결합한 남성들의 생식력의 산물이라고 주장한다.[6] 자신의 동류에 대한 두려움이 집단을 형성하는 동기가 되는 것은 이성과 불합치하지 않는데, 생명과 재산에 대한 보호를 욕망하는 것은 합리적이기 때문이다. 전-정치적 사회를 시초의 사회 상태라고 하든 자연 속에 고립된 개인들의 상태라고 하든, 정치 사회로의 이행은 오직 남성 부류만이 수행한 이행으로 줄곧 재현되었다. 이들은 어떤 비사회적이고 비정치적인 필요와 욕망을 공유하고 있는 것으로 가정되었는데, 이는 서로 간의 협력을 보장하기에 충분한 공통의 기반을 제시하는 기능을 했다. 내가 제2장에서 주장했듯이, 이러한 집합체는 확실히 남성들을 자연 상태의 위험과 불편에서 떼어놓는 기술이나 규약 의 산물로 여겨졌다.

홉스의 다음과 같은 구절을 떠올려보라.

• • •

6. 사회계약 이론가들에 대한 페이트먼의 독해는 이에 관한 가장 설득력 있는 논의일 것이다. Pateman, *Sexual Contract*[『남과 여, 은폐된 성적 계약』]를 참조할 것.

기예에 의해 커먼웰스, 곧 국가, 라틴어로는 키비타스라고 불리는 저 거대한 리바이어던이 창조된다. 이는 인공적 인간이다. 인공적 인간은 자연적 인간보다 키가 더 크고 힘도 더 세지만, 자연적 인간의 보호와 방어를 목적으로 한다.[7]

조금 뒤에서는 다음과 같이 말한다.

이 정치체의 부분들을 처음 만들어내고 모으고 결합시킨 **협정**과 신약은 창조의 신이 내린 언명, 인간을 만들자는 그 **명령**을 닮았다.[8]

이 이야기에 대한 어떤 흥미로운 독해에 따르면, 신이 '인간'을 창조하는 여성의 재생산 권력을 탈취한 것과 남성이 이 권력을 모방하여 정치체 기원을 설명한 것에 이의를 제기해야 한다. 주목할 만한 것은 이 이야기에 여성 리바이어던은 없다는 점이다. "자연적 인간보다 키가 더 크고 힘도 더 세지만" 여성을 보호하고 방어할 수 있는 인공적 여성은 존재하지 않는다. 여성은 정치체와 관련해서 보호되거나 방어되지 못하며, 사실상 자연 상태에서, 홉스에 따르면 "지속적인 공포"와 "생사의 갈림길" 속에서 살게 된다.[9]

캐롤 페이트먼이 『성적 계약』[10]이라는 저작에서 펼친 근대적 계약론에 대한 해석에도 불구하고, 이러한 정치체 및 이를 발생시킨 계약

• • •

7. T. Hobbes, *Leviathan*, Harmondsworth, Penguin, 1986, p. 81[『리바이어던: 교회 국가 및 시민국가의 재료와 형태 및 권력』 1, 진석용 옮김, 나남, 2008, 21–22쪽].

8. Ibid., pp. 81–82[『리바이어던』 1, 22쪽].

9. Ibid., p. 186[『리바이어던』 1, 172쪽].

10. Pateman, *Sexual Contract*[『남과 여, 은폐된 성적 계약』].

및 신약과 관련해서 여성이 정확히 어떤 지위를 가지는지는 분명치 않다. 근대 시기 동안의 여성의 정치적 지위는 홉스의 서술 속에 나타난 자들, 곧 전쟁에 의해 정복당했음을 말 또는 행동으로 수용하는 자들의 지위와 그다지 다르지 않았다.[11] 그러한 정복에 항복한, 즉 헤겔 식의 생사를 건 투쟁에 참여하지 않은 그러한 존재자들은 그 이후로 자신들이 그 형성에 관여하지 않았기에 자신들을 '재현[대표]하지' 않는 신체의 법에 복종하지 않을 수 없게 된다.

'인공적 인간'이라는 은유는 근대의 정치적 서사에서 중요한 역할을 해왔다. 그것은 정치적 관계의 영역이 특정한 유형의 남성 신체 사이의 관계 영역으로 구성되도록 만들었다. 이러한 구성은 신체적 종별성을 가진 이들을 이 재현에서 차단하는 정치적, 윤리적 귀결을 가져왔고, 이는 여전히 지속되고 있다. 정치체가 특정한 종류의 신체만을 재현하는 한, 이 재현에서 차단된 자들은 인공적 인간이 내세우는 자율성을 침해하지 못하는데, 왜냐하면 배제된 신체들의 그 어떤 공헌도 정치적·경제적 담론의 관점에서는 보이지 않기 때문이다. 만일 근대 정치체의 발생을 둘러싼 서사들이 다양한 종류의 신체들의 재현을 포함시켰다면, 아마도 여성의 법적 지위가 처녀/아내/과부의 삼분법으로 소모되지는 않았을 것이다. 적지 않은 여성(및 남성)들이 다양화하는 기능을 수행할 수 있는 서사들을 제시했다는 점을 덧붙여봐야 무용한 일일 것이다. 그러한 서사들은 받아들여지지 않았기 때문에, 여성들은 그들이 찾을 수 있는 '보호'가 무엇이든 스스로를 이용하는 것 외에 달리 방법이 없었고, 이것은 대개 남편과 결합하는 것과 관련되었다. 데이비드 흄D. Hume은 이러한 사태를 거의 인정하고 있는 것과 다름없었다.

• • •

11. Hobbes, *Leviathan*, pp. 720-721[『리바이어던』 2, 426-428쪽].

그는 이 남성적 정치 조직체를 '동맹'으로 묘사한 바 있다. 그는 다음과 같이 지적한다.

> 비록 남성들이 뭉쳐 있을 때는 모든 국가에서 [이] 가혹한 폭정을 유지하기에 충분한 신체적 힘을 가진다 할지라도, 여성들은 공통으로 그 연합을 깨트릴 수 있고 사회의 모든 권리와 특권을 다른 성과 공유할 수 있으므로, 이 대등한 동반자들에 대해 환심을 사고 구애하고 매혹하는 일이 있게 된다.[12]

이 구절은 여성성 및 그것의 기원에 정형화된 방식으로 결부되는 특질들에 반영되어 있는 것을 정당화한다. 의미심장하게도 이러한 언급은 "우리"는 정의의 규칙을 "야만적인 인디언"에게 확장할 어떤 의무도 지니지 않으며, "그들"은 권리 및 재산을 소유할 자격이 없다는 판단과 나란히 이루어졌다.[13] 게다가 만일 이 다른 존재들이 노예로 들어온 것이거나 그들의 영토가 정복되는 식으로 정치체에 결속된 것이라면, 그들은 그 정치체의 이미지나 재현을 변경하지 않은 채로 통합되는 것이다. 이것은 중요한 지점인데, 왜냐하면 인공적 인간이 통합을 통해서 자신의 단일성을 유지할 수 있는 한, 그는 차이를 인정할 필요가 없기 때문이다. 인공적 신체의 은유 및 그 발생에 관한 서사는 서구 사회의 역사에서 우리의 정치적, 법적, 경제적 어휘를 제한하는 역할을 해왔다. 결국 이는 여성의 부불 노동 가치와 같은 몇몇 쟁점들은 재현하기가 불가능하지는 않더라도 어렵다는 것을 의미한다.

• • •

12. D. Hume, *An Enquiry Concerning the Principles of Morals*, ed. L. A. SelbyBigge, Oxford, Clarendon Press, 1975, p. 191.

13. Ibid., pp. 190-191.

우리는 더 이상 근대 시대에 살지 않으며 어쨌든 이제는 많은 것이 변화했다고 말함으로써 이에 대응하고 싶을 수 있다. 현대의 정치체들은 좀 더 일반적으로는 동화에 의해 '타자들'을 통합하고자 하는 것이 사실이다. 그러나 나는 근대적 서사의 영향력 및 그것이 우리의 사회적, 정치적, 윤리적 실천에 뿌리내리고 있음에 대해 논평할 것이 더 많다고 생각한다. 이러한 '타자들'이 정치체 내부에서 자신들의 '타자성'에 대해 무엇을 말할 수 있는지, 과연 그러한 정치체의 존재가 지속하는 동안 발전해온 정치적 언어를 사용할 수 있는지의 문제가 여전히 남아 있다. 여성 및 여타 집단들에게 시민권, 시민적 영역, 공교육, 경제적 교환을 허가하는 것은 역사적으로 발전해온 그러한 영역들에 대한 거대한 재구성을 수반하지 않는다. 따라서 여성들과 타자들이 이 영역들을 차지하는 것은 규범으로 여겨지는 추상적 개인에 비춰 그들이 갖는 차이들에 대한 상당한 억압을 수반하는 방식을 통해서이다. 이는 규범 밖에 있는 이들을 모순적이고 갈등적인 상황에 몰아넣고 이 모순을 표현할 언어나 담론을 창조할 기회를 주지 않는 것인데, 규범에 부합하거나 부응하지 못하는 것은 관련된 개인의 실패로 이해되기 때문이다. 실제로, 보수주의자들은 과거 차별적 실천의 타당성을 주장하기 위해 그러한 '실패'를 활용할 수 있다.[14] 이러한 대응은 핵심을 놓치고 있다. 이것은 사회체의 역사와 실천들, 이 실천들이 차별적인 체현 형태들을 실질적으로 설립하고 영속화시키는 방식을 진지하게 고려하지 않는

• • •

14. 과거 차별적 실천들의 '타당성'으로 회귀하고자 하는 욕망을 드러내는 현대적 판례에 대한 설득력 있는 해설을 위해서는 Joan Scott, 'Deconstructing Equality-versus-Difference: Or the Uses of Poststructuralist Theory for Feminism', *Feminist Studies*, vol. 14, no. 1(Spring 1988)[조안 스콧, 「페미니즘을 위한 포스트구조주의 이론의 활용, 평등 대 차이의 해체」, 『평등, 차이, 정의를 그리다』, 양현아 옮김, 서울대학교출판문화원, 2019]을 참조할 것.

대응인 것이다. 이는 근대 시기의, 그리고 현재에도 근대적 정치학을 고수하는 이들의 전형적인 대응이다. 나는 근대적인 사회 정치적·윤리적 서사의 핵심적 측면을 검토함으로써 나의 견해를 정당화하고자 한다.

근대 정치체가 재현한 신체에서 수많은 배제들이 작동한다는 나의 서술을 받아들인다면, 또한 개인의 신체처럼 사회체도 역사를 갖는다는 자명한 명제를 받아들인다면, 추상적 개인이라는 통념은 매우 특수한 의미를 지닌 추상이라는 점이 따라 나온다. 정치체는 매우 특수한 유형의 사람들만을 현역 구성원으로 허용했기 때문에, 이들의 특수한 특성들로부터 어떤 최소의 공통점을 끌어내는 것은, 말하자면 하나의 추상으로부터 추상화하는 셈이다. 달리 말해 이러한 관점에서 추상적 개인이란 매우 특수한 종류의 인격처럼 나타난다. 그러나 우리는 한걸음 더 나아갈 필요가 있다. 이러한 사회 정치적 맥락에서 발전할 수 있는 법적, 윤리적 체계는 매우 특수한 종류의 이해관계를 가진 매우 특수한 종류의 사람의 가치와 판단을 규범화하는 것이 될 것이다. 이러한 관점에서 볼 때, 자유로운 추상적 개인에 관해 중립적이거나 체현되지 않은 것이란 존재하지 않는다. 이것이 근대적 서사들의 특성이다. 이 특성은 억압되는 경향이 있는데, 심지어 가장 강력한 비판자들에 의해서도 그러하다. 이러한 독해를 구축하기 위한 능동적 독자가 필요하지만, 당연히 이러한 독해에 이의가 제기될 수도 있다. 그럼에도 이는 나의 독해이고, 나는 이를 더 밀고 나가고자 한다. 나는 또 다른 철학적 전통을 받아들이면서 그렇게 할 것인데, 이 전통은 때때로 반계몽주의로 묘사되기도 하는, 현대의 삶에 관한 포스트모던적 이론들에 중요한 이론적 토대를 제공하는 전통이다.

계보학: 사회 정치적 서사들을 체현하기

알래스데어 매킨타이어는 스스로를 그 정신과 동일시하진 않겠지만 포스트모던적 조건에 대한 이론가들의 관심을 일부 공유하는 것 같다. 그는 다음과 같이 말한다.

> 물론 도덕철학은 이 이상의 더 많은 것을 성취하기를 바라겠지만, 그래도 그것은 항상 어떤 특정한 사회적, 문화적 관점의 도덕성을 표현할 뿐이다. 아리스토텔레스는 기원전 4세기 아테네의 한 계급의 대변자이며, 칸트는 … 자유주의적 개인주의의 신흥 사회 세력을 위한 합리적 목소리를 제공한다.15

매킨타이어는 역사적으로 윤리학이 그리스 (남성) 시민이든 자유주의 (남성) 개인이든 정치적 권리를 독점화한 어떤 집단의 산물이었음을 인정한다. 확실히 정치체 구성원들에게 부여된 특권이란 적어도 그들의 필요와 욕망이 합리적으로 근거지어진 원칙이라는 지위로 위엄을 갖는다는 것, 따라서 권리와 덕목이 될 수 있다는 것이다. 다른 사람들이 이 권리를 공유하고 이 덕목을 내보이길 기대하는 것은 그들이 동일한 필요와 욕망을 공유하며, 특수한 역사적 신체가 합리적 판단이라고 간주한 것에 대해 의견을 같이 한다는 점을 전제한다. 내가 믿는 것처럼, 이성에 대한 우리의 이해가 그러하듯이 우리의 필요와 욕망 대부분도 특정한 사회적 맥락에서 발전하는 것이라면,16 역사적으로 상이하게

• • •

15. A. MacIntyre, *After Virtue: A Study in Moral Theory*, London, Duckworth, 2nd edn., 1985, p. 268[『덕의 상실』, 이진우 옮김, 문예출판사, 1997, 392쪽].

16. G. Lloyd, *The Man of Reason: 'Male' and 'Female' in Western Philosophy*,

구성된 개인들 사이에서 무엇이 합리적인지에 대한 판단이 의견 일치를 보는 일은 드물 것이다. 몇몇 이들과는 달리, 나는 이 주장이 주관주의와 상대주의라는 쌍둥이 유령을 수반한다고 보지 않는다. 정반대이다. 나는 이질적인 '삶의 방식' 및 다양한 도덕적 주장이 사회적, 정치적, 역사적으로 구성된다는 생각에는 우리가 무엇이 될 수 있는지에 관해 보통 가정되는 것보다 더 적은 자유, 그리고 우리의 현재 가치에 대한 암묵적인 의무가 수반된다고 주장한다. 이 견해를 보다 충분히 설명하기 위해서는 사회 정치체들의 발생 및 그것들의 실천에 관한 얼마간 다른 서사적 전통에 대한 또 다른 대략적 소묘가 필요하다.

스피노자는 홉스나 로크와는 상당히 다른 용어들로 윤리학 및 정치체를 이론화했다.[17] 무엇보다도 스피노자는 정신과 신체가 두 개의 구별되는 실체가 아니라 인간 지성이 존재하는 것을 파악하는 두 가지 방식이라고 주장했다. 무엇보다도 이는 이성, 정치학, 윤리학이 항상 체현된다는 것을 의미한다. 즉, 어떤 특정한 집합체가 생산하는 윤리학 또는 이성은 그러한 신체의 발생, 그 신체에 대한 (적합하거나 부적합한) 이해의 흔적을 지닐 것이며, 자신의 온전성을 유지하고자 노력하는 그 신체의 권력이나 역량을 표현할 것이다. 여기서 자율적 의지에 의해 산출되는 보편화된 윤리라는 칸트적 통념이 스피노자의 맥락에서는 매우 간단하게 비논리적인 것으로 취급된다는 점은 언급할 가치가 있다. 나는 스피노자의 저작이 정치적, 윤리적 삶을 재사유할 수 있는 흥미롭고도 생산적인 가능성을 제공한다는 사실을 제8장과 9장에서 밝힐 것이다. 여기서는

• • •

London, Methuen, 1984를 참조.

17. B. Spinoza, *Ethics and A Political Treatise, in The Chief Works of Benedict de Spinoza*, ed. R. H. M. Elwes, New York, Dover Publications, 1955[『에티카』, 황태연 옮김, 비홍, 2014; 『정치론』, 공진성 옮김, 도서출판 길, 2020]를 참조.

단지 스피노자 체계가 헤겔적 의미로 관념론적이지 않다는 점, 따라서 별개의 사회 정치체들임에도 불구하고 필연적이고 공통적인 완성을 향해 가는 길에 있다고 보는 관념을 거부한다는 점을 지적할 것이다. 하나의 (단순하거나 복잡한) 신체와 다른 신체 간의 어떤 환원 불가능한 차이는 스피노자 철학에 고유한 것이다. 각각의 신체가 지니는 종별적인 장소와 관점, 역사적 자기 이해가 이러한 환원 불가능성의 최소한의 근거이다. 그렇다면 사회 정치적이고 윤리적인 삶의 방법, 이유, 시점에 대한 이러한 종류의 서사는 **공통된 신체의 부재로** 인해 공통된 이성이나 공통된 윤리를 가정할 수는 없을 것이다. (정신이 보편성의 원리를 제공하고 신체가 특수성의 원리를 제공하는) 명시적이거나 암시적인 정신–신체 이원론의 어떤 형태가 있고 난 뒤에서야 추상적 개인 및 보편화 가능한 윤리의 통념이 전개되는 것이다.

스피노자의 관점은 외따로 떨어져 있지 않다. 특히 들뢰즈는 스피노자를 니체의 선구자로 묘사한다.[18] 니체는 새로운 요구를 표현할 것을 주장했다. 이는 우리가 이러저러한 도덕적 가치를 탐구하라는 요구가 아니라, 다음과 같은 요구이다.

도덕적 가치들, 이러한 가치들 자체의 가치에 대한 비판이 우선 제기되어야 한다. 이것들을 성장하고 진화하고 변화하게 하는 조건들 및 환경들에 대한 인식이 필요하기 때문이다.[19]

• • •

18. G. Deleuze, *Spinoza: Practical Philosophy*, San Francisco, City Lights Books, 1988[『스피노자의 철학』, 박기순 옮김, 민음사, 2001]을 참조.
19. F. Nietzsche, *On The Genealogy of Morals*, New York, Vintage Books, 1989, preface, §6, p. 20[「도덕의 계보: 하나의 논박서」, 『선악의 저편/도덕의 계보』, 김정현 옮김, 책세상, 2002, 344–345쪽].

존 스튜어트 밀이 이성과 문화의 필연적 진보를 찬양했던 반면, 니체는 피로 얼룩진 이면, 우리의 덕에 대한 계보학, 문명에 의해서 억압된 희생을 폭로했다. 서구 사상을 지배해온 이원론에 관한 스피노자의 회의주의를 공유하는 니체는 의식 및 양심이란 종별적인 사회적, 역사적 조건들 아래서 발생한 종별적인 존재의 양태들로 이해되어야 한다고 주장한다. 계약, 약속 이행, 도덕의 기원에 관한 니체의 견해는 근대적 관점과 극명하게 대조된다.

니체는 우리가 어떻게 좀 더 도덕적이고 인간적인 존재가 되었는지 설명한다고 일컬어지는 도덕의 '역사들'을 비판한다. 가령 루소, 칸트, 존 스튜어트 밀의 도덕 이론은 인간의 도덕적 가치들의 역사가 늘 이성, 합리적 판단, 동류에 대한 관심 등에 의해 형성되었다고 여긴다는 점을 쉽게 알 수 있다. 이러한 관점에서 보면, 문명은 우리의 정념적이고 비반성적이며 순전히 이기적인 본성의 측면에 대한 의식적인 통제 및 지배의 증대를 수반한다. 인간 행위의 이러한 측면들은 사회 발전, 사회 화합, 인간 진보에 해로운 것으로 여겨진다. 이러한 정념적 충동을 보이는 이들(예컨대, 여성과 '야만인')은 진보에 제동을 거는 것으로 간주되므로 주의 깊게 분리시키거나(예컨대, 루소), 점진적으로 동화시켜야 한다(예컨대, 밀). 니체는 도덕적 진보와 인간의 진보에 관한 이러한 설명에서 이른바 이성의 역할에 대해 극도로 비판적이었으며, 그 대신 "모든 좋은 것들"[20]에 근간을 이루는 잔인성과 끔찍한 실천들을 강조했다. 과거 도덕의 "완전히 오래된 상형문자 기록"을 해독하려는 시도가 니체의 작업에 큰 동력이 된 것으로 보인다. 또한 그의 방법론은 인간 본성의 특성이나 그 선험적 경향들이라고 일컬어지는 그 어느 것도 가정하지

• • •

20. Ibid., essay II, §3, p. 62[「도덕의 계보: 하나의 논박서」, 『선악의 저편/도덕의 계보』, 402쪽].

않는다. 오히려 계보학적 방법론은 "기록된 것, 실제로 확인될 수 있고 실제로 존재한 것"과 관련이 있다.[21] 그렇다면 계보학은 역사를 행하는 하나의 방식인 것이다. 현대의 니체 주석가 알렉산더 네하마스Alexander Nehamas에 따르면,

> 계보학은 직접적인 실천적 귀결을 가져온다. 왜냐하면 전통적 역사
> 가 불변하는 것으로서 제시하는 제도들의 우발적 성격을 증명함으로
> 써 그 제도들을 개조할 가능성을 창조하기 때문이다. 니체는 제도들이
> 현재 우리가 알고 있는 형태로 반듯하게 발생한다는 견해를 거부할
> 뿐만 아니라, 그와 상관적인 관념, 곧 제도들의 기원을 추적함으로써
> 그러한 제도들이 진정으로 무엇을 의도하는지, 진정으로 무엇인지,
> 항상 무엇이었는지를 우리가 규정할 수 있다는 관념까지도 거부한다.
> 반대로, 초기 저작에서부터 니체는 그러한 추적이 불가피하게도 결과
> 적으로 발생된 것과는 완전히 다른 조건과 목적을 드러낸다는 점,
> 그리고 이전 단계로부터 나중 단계가 출현하는 양식은 결코 논리적이
> 거나 합리적인 것이 아님을 주장했다.[22]

약속 수행이라는 제도의 계보학이 보여주는 것은 무엇인가? 우리는 이 제도의 발생에 대한 전통적인 근대적 설명을 알고 있다. 즉, 이성적

• • •

21. Ibid., preface, §7, p. 21[「도덕의 계보: 하나의 논박서」, 『선악의 저편/도덕의 계보』, 346쪽].

22. A. Nehamas, *Nietzsche: Life as Literature*, Cambridge, Mass., Harvard University Press, 1985, p. 112[알렉산더 네하마스, 『니체: 문학으로서 삶』, 김종갑 옮김, 연암서가, 2013, 194~195쪽]. 또한 M. Foucault, 'Nietzsche, Genealogy, History', in *Language, Counter-Memory, Practice*, ed. D. Bouchard, Ithaca, Cornell University Press, 1977[「니이체, 계보학, 역사」, 『미셸 푸코: 광기의 역사에서 성의 역사까지』, 이광래 옮김, 민음사, 1989]을 참조할 것.

개인들은 규약적일지라도 좀 더 믿을 만한 사회적, 정치적 권리를 위해 그들의 자연권 중 일부를 양도하는 것의 이점을 알고 있는 다른 사람들과 계약을 맺는다는 것이다. 니체는 이와는 다른 설명을 제시한다. 즉, 계약의 기원은 피, 고문, 야만성에 젖어 있는, "고통의 기억술"이라는 것이다. 이는 상당히 우둔하고 망각적인 인간 동물이 기억을 획득하도록 사회가 보증하는 방법이다.

> 사회생활의 편익을 누리고 살기 위해 약속했던 일에 관해 대여섯 가지의 "나는 원하지 않는다"는 것을 기억 속에 담게 된 것이다. 그리고 실제로 이와 같은 기억 덕분에 사람들은 마침내 '이성에' 이르렀다.[23]

니체는 우리가 어떻게 양심, 죄의식, 수치심, 책임감 등을 갖게 되는지를 설명한다.

이 설명의 세세한 부분은 우리의 논의와는 관련이 없다. 의미가 있는 것은 니체가 도덕에 관한 전통적 설명을 전도시킨다는 점이다. 전통적 설명은 이성을 인간의 사회적, 도덕적 발전의 기원으로 상정하는 반면, 니체는 이성을 종별적인 사회적, 정치적 맥락에서 수행되는 신체에 대한 고통스러운 작업의 효과, 결과, 산물로 설정한다. 여기서 이성과 도덕은 기억, 내면화된 기호 체계, 억압하거나 함양할 행위 규범을 개발하기 위해 신체에 고통을 기입한 결과로서 이해된다. 사회와 윤리에 대한 전통적 설명이 주어진 것으로서 가정해온 특질들, 즉 (성별화된) 자아, 이성, 반성 능력이 여기서는 오랜 기간 대개 잔인했던 사회적, 역사적으로

23. Nietzsche, *Genealogy*, essay II, §3, p. 62[니체, 「도덕의 계보: 하나의 논박서」, 『선악의 저편/도덕의 계보』, 401–402쪽].

종별적인 과정들의 결과인 것이다. 매우 명백하게도, 이 과정들은 보편적 타당성의 윤리학을 따르지 않을 것이다. 니체가 『차라투스트라는 이렇게 말했다』에서 주시한 것처럼, "모든 사람들이 내걸고 있는 가치의 표지판 … 그것은 극복해온 일들의 표지판이다."[24]

종별적인 사람들, 종별적인 종류의 신체 집단들은 매우 종별적인 '존재 방식'을 생산할 것이다. 공동체 및 공동체의 '존재 방식'을 이렇게 이해하면, 윤리학의 선험적이거나 보편적인 토대에 대한 연구는 의미가 없어질 것이다. 그러나 이는 가치들이 근거가 없다거나 강제력이 없다는 것을 뜻하지는 않는데, 가치들은 종별적인 역사적, 사회적 맥락 속에서 구성되기 때문이다. 분명 가치들은 하늘에서 떨어지는 것도 아니며 개인 주체성에 의해 조작되는 것도 아니다. 반대로, 그러한 가치들은 특정한 필요, 욕망, 투쟁, 특정한 공동체의 역사 및 제도에 철저하게 "근거해" 있다.

오늘 이 시대에 긴급한 쟁점이 되는 것은 다양한 공동체 내부에서나 공동체들 사이에서 관계들이 할 수 있거나 해야만 하는 것이 무엇인지이다. 현대의 많은 비판 이론가들은 '차이의 정치학'을 요청하고 정립하고 있다. 그러나 '차이의 윤리학'은 어떠한가? 차이의 윤리학에 대한 요청은 거의 나오고 있지 않을 뿐만 아니라, 이 요청은 불가피하게 폴리스와 에토스, 또는 정치와 윤리의 연관성에 대한 다소 곤란한 질문을 제기한다. 이 둘 사이의 가능한 연관에 대해서는 위에서 아리스토텔레스와 칸트에 대한 매킨타이어의 논평을 참조하며 언급한 바 있다.

나는 도덕에 대한 그 어떤 통념도 항상 어떤 종류의 복합체complex body를 전제한다고 본다. 니체에 따르면 모든 복합체는 항상 이미 정치체

• • •

24. F. Nietzsche, *Thus Spoke Zarathustra*, Harmondsworth, Penguin, 1976, p. 84[『차라투스트라는 이렇게 말했다』, 장희창 옮김, 민음사, 2004, 99쪽].

이다. 즉 복종하는 부분들과 명령하는 부분들이 있는 신체이며, 권력 및 지배 관계에 예속된 신체이다. 게다가 그러한 복합적 정치체의 에토스는 그 정치체의 지배적 요소들의 이해관계, 관심사, 필요, 욕망을 불균형하게 반영한다고 가정하는 것이 적절한 것 같다. 이는 도덕이 지배적 정서들의 규범화나 기호 체계라는 니체의 주장의 귀결이다. 모든 복합체는 내부적으로 안정적이지 않을 뿐만 아니라, 외부의 다른 신체들과의 관계의 결과로서 변화에 열려 있다고 가정하는 것 또한 논란의 여지가 없는 것 같다. 따라서 어떤 주어진 복합체의 정치적 가치와 실천뿐만 아니라 윤리적 가치와 실천 또한 역동적이며 도전과 정정에 열려 있을 것이다. 정치와 윤리의 관계라는 쟁점에 대해 좀 더 논하기 전에, 나는 프로이트의 작업을 간단히 언급함으로써 이 절에서 고찰한 불온한 이론가 삼위일체를 완성하고자 한다.

프로이트는 사회, 종교, 도덕의 기원에 관한 여러 편의 긴 논문을 썼다. 특히 주목할 만한 것에는 『토템과 터부』,[25] 『문명 속의 불만』,[26] 『인간 모세와 유일신교』,[27] 『환상의 미래』[28]가 있다. 사회에 관한 프로이트의 설명에서 나타나는 진화주의, 선형성, 역사주의에도 불구하고, 우리가 관심을 가질 만한 여러 지점들이 존재한다. 그는 종교적 믿음의

• • •

25. S. Freud, *Totem and Taboo*, The Pelican Freud Library, vol. 12, Harmondsworth, Penguin, 1985[「토템과 터부」, 『종교의 기원』, 이윤기 옮김, 열린책들, 2004].

26. S. Freud, *Civilization and its Discontents*, The Pelican Freud Library, vol. 12, Harmondsworth, Penguin, 1985[「문명 속의 불만」, 『문명 속의 불만』, 김석희 옮김, 열린책들, 2004].

27. S. Freud, *Moses and Monotheism*, The Pelican Freud Library, vol. 13, Harmondsworth, Penguin, 1985[「인간 모세와 유일신교」, 『종교의 기원』, 이윤기 옮김, 열린책들, 2004].

28. Freud, *The Future of an Illusion*, The Pelican Freud Library vol. 12, Harmondsworth, Penguin, 1985[「환상의 미래」, 『문명 속의 불만』, 김석희 옮김, 열린책들, 2004].

주요 역할이란 공동체 생활이 필연적으로 초래하는 희생과 고통에 대한 보상의 기능이라고 본다. 나아가 그는 종교의 궁극적 영역은 도덕, 즉 인간들 간의 관계에 대한 규제라고 주장한다. 이처럼 도덕을 우리의 욕망과 역사보다 더 확실한 어떤 것에 근거 지으려는 소망은 자애롭고 전능한 아버지에 대한 믿음만큼 '가상'인 것이다. 프로이트는 사회체가 어떻게 윤리적 관계를 생산하는지에 대한 내재적이고 역사적인 설명을 선호한다. 그는 『문명 속의 불만』에서 "개인뿐만 아니라 공동체 역시 초자아를 발달시킨다"고 주장하며, "인간들의 상호 관계에 관한" 문화적 요구들은 "윤리학이라는 표제 아래 포함된다"[29]고 덧붙였다.

한 개인이 그녀 또는 그의 초자아의 요구와 이상에 대해 성찰하고 비판적일 수 있는 것처럼, 문화사가와 비판적 이론가 또한 문화나 공동체를 성찰하고 가치 및 가치의 계보학에 대해 의문을 던질 수 있다. 어떤 점에서 공동체는 이러한 비판적 과업을 더욱 잘 받아들일 수 있는데, 위상학적으로 말해 '이드'의 자리를 차지하고 있는 이들이 존재하기 때문이다. 잠정적으로는 사회의 일부이지만 그 사회나 공동체의 지배적 가치를 내면화하지 않은 사람들이 있다. 프로이트는 그의 저작 곳곳에서 종종 암시적으로 이 점을 인정하는데, 예컨대 여성은 보통 "문명에 적대적"[30]이라고 말한다. 그러나 그는 『환상의 미래』에서는 상당히 명시적으로 "억압받거나 착취당하는 이들이 문화적 금지를 내면화하기를 기대할 수 없다"[31]고 말한다. 우리의 현재 맥락에서 이 문장을 독해하는 하나의 방법은 정복과 지배의 지위에서 역사적으로 배제되어온 이들은

• • •

29. Freud, *Civilization*, pp. 335–336[「문명 속의 불만」, 『문명 속의 불만』, 324–325쪽].
30. Ibid., p. 293[위의 책, 280쪽].
31. Freud, *Future of an Illusion*, p. 191[「환상의 미래」, 『문명 속의 불만』, 176쪽].

지배적 문화 서사에서 이전에 재현되거나 규범화되지 않았던 관점, 자원, 역량을 활용하여 그 역사의 계보학적 분석을 행하기에 좋은 위치에 있다는 점을 언급하는 것이다. 캐롤 페이트먼이 억압된 성적 계약이라고 표현하며 프로이트의 작업을 활용한 것은 이에 해당하는 사례로 읽을 수 있다. 페이트먼의 (사회계약 이론가들 및 프로이트에 대한) 이중의 독해가 사회계약론에 대한 근대적 서사에서 억압된 것, 즉 여성 신체에 대한 남성의 접근이 정치적 삶의 전제 조건이라는 점을 탐구하는 한 가지 방식을 제공한다는 것은 의미심장하다.

나는 정치 사회의 발생에 관한 전통적인 근대적 서사를 계보학적으로 독해하면서, 차이는 정치적인 것뿐만 아니라 윤리적인 것의 수준에서도 억압되어왔음을 주장하고자 했다. 우리의 현대 윤리적 삶의 특성 대부분은 매우 종별적이며 **체현된** 집단의 선호, 욕망, 이해관계의 규범화에 의해 만들어졌으며, 따라서 이러한 신체의 지배적 부분들의 역사적 발전에서 제외되어온 이들과 관련된 절박한 현대적 쟁점을 다루는 작업을 하기에는 부적합하다. 이러한 박탈은 그러한 신체들이 현재 구성되는 방식 및 미래의 가능성에 물질적 효과를 가져온다. 이는 차이의 **정치학**(계급, 인종, 성차를 분석하는 분명한 영역처럼 보이는 것)뿐만 아니라 차이의 **윤리학**(체현의 다양한 형태들은 그 자체로 **역사적**이며 변화에 열려 있음을 인식할 수 있는 것) 또한 요청한다.

페미니즘 이론가들은 이러한 맥락에서 초점으로 삼기에 특히 흥미로운 집단인데, 그들의 관심사는 포스트모던적 입장에서 생길 수 있는 염려의 전 영역을 포괄하는 것처럼 보이기 때문이다. 분명 이러한 염려는 포스트모더니즘이 일관된 운동으로서의 페미니즘 혹은 뚜렷한 이론적 전망을 제공할 수 있는 페미니즘의 종말을 가져온다는 주장과 무관하지는 않은데, 이러한 페미니즘은 방어하기 어려운 본질주의적 범주 '여성'

에 기반을 두기 때문이다. 게다가 많은 이들은 포스트모더니즘이 진리와 거짓을 가르는 능력의 손실인 상대주의 및 다양한 '타자'들을 비판할 권리의 손실인 개인주의와 주관주의를 포함하여 다양한 위험을 안겨준다고 본다. 나는 이러한 염려에 대해 내가 원하는 만큼 상세히 논할 수 없다. 그러나 주로 억압되었던 철학적 전통에 대해 내가 제시했던 개괄이 적어도 이 두려움의 기반의 일부에는 도전할 수 있기를 바란다.

첫째, '여성'은 본질을 갖지 않으며 구성된 '허구'이자 사회적 서사와 실천의 산물이라고 말하는 것은 여성이 존재하지 않는다고 말하는 것이 아니다. 인간의 역사에 의해 생산되거나 구성되는 다른 어떤 것들이 존재한다면, 바로 여성도 존재하는 것이다. 이는 몇몇 일관되지 않은 서사들이 다양한 시대, 역사, 문화 속에서 여성을 다르게 구성한다는 사실을 부정하는 것이 아니다. 이론화의 편의를 위해 선험적 '여성' 범주를 갈망하는 것은 위에서 비판한 근대적 서사의 허세에 우리의 충성을 넘겨주는 것이다. 여성이 사회적으로 구성됨을 인정하는 것은 비판적 이론의 폐기나 상대주의의 유령을 수반하지 않는다. 그보다는 사회적, 정치적, 윤리적 관계들의 종별성을 그 관계들이 이런저런 공동체나 문화 속에 체현되어 있는 바대로 이해하는 역사적이거나 계보학적인 접근 방식을 요청하는 것이다.

이와 관련해 우리의 '본성'이 구성되었다고 말하는 것은 우리가 원하는 무엇이든 될 자유가 있다고 말하는 것이 아니다. 개인주의와 주관주의는 모두 주체성의 사회적 구성과 관련된 이론적 토양에 뿌리내릴 수 없을 것이다. 게다가 이러한 가상은 본성의 체현됨에 대해 충분히 관심을 기울이지 않는 데에서 발생하는 것이다. 우리의 체현된 역사는 우리가 처음에 본의 아니게 입었을 뿐인 코트처럼 벗어던질 수 있는 것이 아니다.[32] 좋든 싫든 우리의 가치 및 우리의 '존재 방식'이 체현되는 한,

그것들은 의지의 순수한 행위에 의해 없어지거나 기각될 수 없다. 아마도 이것이 니체가 우리의 "도덕은 이제 우리의 '정복할 수 없는 살과 피'에 속하게 된다"[33]고 주장하는 것의 핵심일 것이다. 과거의 우발성은 현재의 필연성의 재료가 된다. 이것이 바로 구성됨의 통념이 일부 사람들이 생각했던 것보다 우리의 현재를 변화시키는 데에 훨씬 적은 자유를 함축하는 이유이다. 현재 우리의 자유가 우리의 현재 맥락에 크게 의존하고 있다는 사실은 우리가 어떻게 현재 우리가 되었는지에 대한 우리의 이해의 적합성과 결부된다. 이를 인정하는 것은 우리의 가치 및 우리의 '삶의 방식'에 대한 고도의 의무나 책임감을 수반한다. 그것은 자발적으로든 비자발적으로든 우리의 삶의 방식과 상호 교차하는 '삶의 방식'을 가진, 다양하게 구성된 '타자들'을 향한 책임감 또한 수반한다. 그러나 타자들의 차이를 존중한다는 것이 그들의 가치에 대한 비판적 검토를 면제시키는 것은 아니다. 이는 양방향의 관계이다.[34] 타자들의 체현의 역사적 형태들을 인식하는 윤리 체계는 타자들 자신의 계보학, 타자들 자신의 역사적이고 사회적인 산물을 강조한다. 이처럼 우리는 우리의 행동을 통해 실현되는 현재의 가능성에 **책임**이 있다는 점에서 현재에 대한 의무가 있다. 이 상황은 더 이상 어떤 것에 대해 말하거나 판단할

• • •

32. 이는 가장 탁월한 '근대적' 착각이다. R. Descartes, *'Discourse on Method' and the 'Meditations'*, Harmondsworth, Penguin, 1985[『성찰』, 이현복 옮김, 문예출판사, 1997]의 「제1성찰」을 참조

33. F. Nietzsche, *Beyond Good and Evil*, New York, Vintage Books, 1989, pt. II, §24, p. 35[「선악의 저편: 미래철학의 서곡」, 『선악의 저편/도덕의 계보』, 김정현 옮김, 책세상, 2002, 49쪽].

34. 예컨대 D. Bell and T. Napurrula Nelson, 'Speaking about Rape is Everyone's Business', *Women's Studies International Forum*, vol. 12, no. 4에서 원주민 사회의 강간 쟁점을 둘러싼 (백인) 호주 교수와 원주민 여성 간의 대화를 참조하라.

수 없는 포스트모던의 사막으로 우리를 몰아넣는 것이 결코 아니다. 이는 동일자의 열등하거나 종속적인 형태가 아닌 진정한 타자로서의 타자와 관계 맺을 가능성을 열어놓는 것이다. 이러한 관계 맺음은 누가 칼을 갖느냐의 문제로 너무 쉽게 환원되는 정치적 영역에 한정되어서는 안 된다. 비판적 이론가들이 차이 속으로 들어가 다양한 타자들과 윤리적 영역에서 관계 맺기를 시작하는 것이 필요하다.

제 8 장

스피노자, 법과 책임

나는 앞선 장들에서 사회 형성에 관한 전통적 설명은 개인들이 상호 관계 속에서 얻는 효용이나 특정한 개인들(의 권력들 및 능력들)이 다른 이들(의 권력들 및 능력들)에 대해 행하는 포획에 초점을 맞추는 경향이 있다는 점을 보여주고자 했다. 그러한 설명에서 법은 사회적 통제를 위한 강제적 기구로 이해되는 것이 보통이다. 이 장에서는 인간의 사회관계sociability라는 쟁점을 다룰 목적으로 정치 및 법과 관련한 스피노자의 저작들을 살펴보고자 한다. 착안점은 스피노자의 정치학 저작이 단지 "이용과 포획"의 측면이 아니라 "사회관계와 공동체"라는 측면에서 인간관계를 사고하게 한다는 들뢰즈의 주장이다. 그러니까 이 장은 들뢰즈가 스피노자 저작에 대해 제기한 질문들에 대한 대답이다. 들뢰즈는 다음과 같이 묻는다.

관계들(그런데 어떤 관계들인가?)은 직접적으로 결합하여 보다 '확장된' 새로운 관계를 형성할 수 있는가? 또는 역량들은 직접적으로 결합하여 보다 '강력한' 역량이나 권력을 구성할 수 있는가? … 어떻게 개체들은 무한히 서로의 합성에 개입하여 보다 우월한 개체를 형성하는가? 어떻게 한 존재는 다른 존재의 관계와 세계를 보존하거나 존중하면서도 자신의 세계로 끌어올 수 있는가? 또한 이와 관련하여, 예를 들면 사회관계의 다양한 유형에는 무엇이 있는가? 인간들의 사회와 이성적 존재들의 공동체 간의 차이는 무엇인가?[1]

스피노자가 대비시키는 것은 화합 가능한 신체들의 **사회관계**와, 여타 형태들의 연합, 가령 **효용**이나 **포획**에 근거한 연합들이다. 그는 미신에 근거한 연합, 공포와 희망에 기반을 둔 전제 정치, 이성적 개인들의 공동체, 우정으로 맺어진 사회들과 같은 사회관계의 다양한 형태들을 모순 없이 수용하는 내재적 명부에 신체와 법을 '쓴다'. 사회관계의 이러한 형태들은, "모든 개체의 권리는 [그것이 존재할 권리를 포함하여] 그것의 권력이 미치는 데까지 확장된다"[2]는 매우 간명한 주장과 전혀

• • •

1. G. Deleuze, *Spinoza: Practical Philosophy*, trans. Robert Hurley, San Francisco, City Lights Books, 1988, p. 126[『스피노자의 철학』, 박기순 옮김, 민음사, 2001. 187쪽]. 강조는 게이튼스.

2. B. Spinoza, *A Political Treatise*, in *The Chief Works of Benedict de Spinoza*, vol. I, ed. R. H. M. Elwes, New York, Dover, 1951, p. 292[『정치론』, 공진성 옮김, 도서출판 길, 2020, 63쪽]. 스피노자 저작은 여러 판본이 있지만, 가장 좋은 것은 *The Collected Works of Spinoza*, trans. E. Curley, Princeton, N. J., Princeton University Press, 1985이다. 불행하게도 아직까지는 1권만 선보였다 [2016년에 2권이 출간되었다─옮긴이]. 『윤리학』과 『지성교정론』은 이 판본을 참고할 것이다[『에티카』, 비홍, 2014; 우리말 『윤리학』은 진태원의 미출간 국역본 참조; 「지성교정론」, 김은주 옮김, 도서출판 길, 2020]. 『신학정치론』과 『정치론』은 *The Chief Works of Benedict de Spinoza*, vol. I, ed. R. H. M. Elwes, New York, Dover, 1951의 판본을 참고할 것이다[황태연 옮김, 『신학정치론』, 신아출판사, 2010; 『정치론』, 공진성 옮김, 도서출판 길, 2020]. 스피노자의 서신은 두 판본을 모두 활용했다[『스피노자 서간집』, 이근세 옮김, 아카넷,

모순되지 않는다. 이 주장은 자신의 핵심 저작에 『윤리학』이라는 제목을 단 철학자의 출발점으로는 어울리지 않는 것 같다. 법과 윤리에 대한 스피노자의 사유를 고찰하기 전에 스피노자가 신체, 권리, 권력을 이해하는 방식을 설명할 필요가 있을 것이다. 이 장의 처음 두 절은 신체와 법에 관한 스피노자의 통념들을 고찰한다. 세 번째와 마지막 절에서는 책임 소재지로서의 시민 정체civil body라는 스피노자의 이해 방식을 제시하고자 한다.

신체란 무엇인가?

신체들이 합성되고 분해되는 방식에 대한 스피노자의 설명이 갖는 독창성을 부각하는 방법은 죽음과 삶의 구분에 관한 데카르트의 설명을 떠올리는 것이다.

 살아 있는 인간의 신체는 죽은 인간의 신체와 다른데 … 이는 작동
 하는 시계나 자동 장치가 … 고장 났을 때와 다른 것과 마찬가지이다.[3]

철저하게 기계론적인 이 신체관은 인간이라는 기이한 혼합체를 설명하는 데서 발생하는 해결 불가능한 문제들과 봉착하게 된다. 데카르트에 따르면, 존재하는 모든 것은 근본적으로 다른 실체인 정신과 물질 둘

• • •

2019].

3. *The Passions of the Soul*, in *The Philosophical Works of Descartes*, vol. I, trans. E. S. Haldane and G. R. T. Ross, Cambridge University Press, 1970, p. 333[『정념론』, 김선영 옮김, 문예출판사. 2013, 21-22쪽].

중 하나 아래 존재한다. 따라서 인간은 자신 안에서 근본적으로 분할되어 있는 것으로서, 사유하는 것을 본질로 갖는 자유로운 영혼과 연장되는 것을 본질로 갖는 결정된 신체로 합성되어 있다. 정신과 신체의 통일은 이성적으로 증명될 수는 없지만 "경험된다."[4] 그러한 "경험"이 수반하는 것은 신체의 활동을 겪는 영혼과, 영혼의 활동을 겪는 신체다. 하나의 능동이 다른 하나의 수동인 것처럼, 영혼과 신체는 함께 활동하거나 겪을 수 없다. 데카르트주의적 이원론과, 고의故意라는 법적 통념 및 이 법칙의 예외들 간의 양립성을 이해하는 것은 어려운 일이 아니다. 악을 수행할 의도를 자유롭게 품는 영혼(정신)은 그 행동에 책임이 있는 것으로 간주된다. 이 법칙의 예외는 정신이상 및 책임 경감을 포함한다. 이러한 책임이나 유죄에 관한 개념화는 데카르트주의적 주체 관에 크게 기대고 있다.

반대로, 스피노자는 오직 하나의 실체만이 존재하며, 실체는 유일하고 불가분하다고 주장한다. 즉 신체와 정신은 단지 양태적 존재만을 지닐 뿐이며, 각각은 실체의 속성인 연장과 사유의 변용이나 '표현'으로 이해될 수 있다. 인간은 역동적이며 상호 연관되어 있는 전체의 부분으로 간주된다.

> 우리는 오직 운동과 정지, 빠름과 느림에 의해서만 서로 구별되는 신체들, 즉 가장 단순한 신체들로 합성되어 있는 개체만을 생각했다. 이제 우리가 서로 다른 본성을 지닌 다수의 개체들로 합성된 다른 개체를 생각해야 한다면, 우리는 이 개체가 자신의 본성을 보존하면서도 다수의 다른 방식으로도 변용될 수 있음을 알게 된다. 왜냐하면

• • •

4. 데카르트가 엘리자베스 공주에게 보낸 서한은 *Descartes: Philosophical Letters*, ed. A. Kenny, Oxford, Clarendon Press, 1970, p. 141을 참조.

이 개체의 부분들 각각은 다수의 신체들로 합성되어 있으므로, 이 부분들 각각은 (보조정리 7에 의해) 때로는 더 빠르게 때로는 더 느리게 운동할 수 있으며, 따라서 본성의 변화 없이도 다른 부분들에게 더 빠르거나 더 느리게 자신의 운동을 전달할 수 있기 때문이다. 그러나 만일 우리가 이 두 번째 종류의 개체들로 합성되어 있는 세 번째 종류의 개체를 생각해야 한다면, 우리는 이 개체가 자신의 형태를 변화시키지 않고서도 다른 많은 방식들로 변용될 수 있음을 알게 된다. 그리고 만일 우리가 무한하게 계속 진행한다면, 우리는 자연 전체가 하나의 개체이며, 그 부분들, 즉 모든 신체들은 전체 개체의 변화 없이도 무한한 방식으로 변화한다는 것을 쉽게 알 수 있다.[5]

스피노자가 이해한 인간 신체는 비교적 복합적인 개체로, 다수의 다른 신체들로 구성되어 있다. 인간 신체의 동일성은 데카르트적 자동장치의 경우처럼 최종적이거나 완결된 산물로 여겨질 수 없는데, 신체는 그것의 환경과 지속적인 상호작용 속에 있기 때문이다. 인간 신체는 근본적으로 자신의 환경에 개방되어 있으며, 다른 신체들에 의해 합성, 재합성, 분해될 수 있다. 인간 신체의 개방성은 자신의 삶, 즉 동일한 개체로서 본성 속에 지속되는 것("인간 신체는 자신을 보존하기 위해 매우 많은 수의 다른 신체들을 필요로 하며, 말하자면 다른 신체들에 의해 인간 신체는 지속적으로 재생되는 것이다."[6])과 자신의 죽음의 조건이다. 왜냐하면 인간 신체는 자신보다 더 강한 신체들을 만나게 되고, 결국 그 신체들에 의해 하나의 개체로서의 온전성이 파괴될 것이기

* * *

5. 『윤리학』 2부 보조정리 7의 주석.
6. 『윤리학』 2부 인간 신체에 관한 요청들 4.

때문이다. (그러한 파괴가 항상 그리고 필연적으로 처음의 것과는 구별되는 더 많은 합성을 의미할지라도 말이다.) 다른 신체들과의 그러한 '만남들'은 우리의 특유의 체질에 이로운지 또는 해로운지에 따라 좋거나 나쁘다.

다른 모든 살아 있는 신체와 마찬가지로 인간 신체가 운동 역량을 갖는 것은 자신의 신체 안에서 움직일 수 있는 자동기계나 신비스러운 '영질' 덕분이 아니다. 오히려 인간 정신은 사유 속성 아래서 "현행적으로 실존하는 독특한 실재의 관념"을 표현한다. 즉 "인간 정신을 구성하는 관념의 대상은 신체 또는 현행적으로 실존하는 연장의 어떤 양태이지, 다른 어떤 것이 아니다."[7] 어떤 특정한 정신의 복합성(게다가 스피노자는 동물이 정신을 가지고 있다는 사실을 부정하지 않는다)은 그 관념을 가진 신체의 복합성에 의존한다.

한스 요나스Hans Jonas가 주시했듯, 정신과 신체에 대한 스피노자의 설명은 근대 이론 최초로 "어떤 신체 조직의 정도를 그것에 속한 의식의 정도와 관련시키는 … 사변적 수단"[8]을 제공한다. 따라서 이성은 영혼이나 정신의 초월적이거나 탈신체화된 특성으로 간주되지 않는다. 오히려 이성, 욕망, 인식은 체현된 것이며, 적어도 이성은 신체의 정서들의 특성 및 복합성에 의존하는 것이다. 여기서 정신-신체 상호작용은 문제가 되지 않는데, "신체는 정신이 사유하도록 규정할 수 없고, 정신은 신체가 운동하거나 정지하도록 또는 다른 어떤 것을 하도록 규정할 수 없"[9]기 때문이다.

• • •

7. 『윤리학』 2부 정리 11과 정리 13.

8. H. Jonas, 'Spinoza and the Theory of Organism', in M. Grene, ed., *Spinoza: A Collection of Critical Essays*, Notre Dame, Ind., University of Notre Dame Press, 1979, p. 271.

9. 『윤리학』 3부 정리 2.

데카르트가 송과선이라는 "은밀한 가설"[10]을 통해 정신-신체 상호작용을 설명하고자 시도한 것은 이러한 일원론적 인간관의 참사일 뿐만이 아니다. 스피노자는 또한 이 은밀한 가설이 전제한 것, 즉 영혼이 자유의지를 소유한다는 사실을 철저하게 거부한다. 스피노자는 의지와 지성이 별개의 능력이라고 여기지 않는다. 오히려 "관념인 한에서의 관념이 함축하는 것 이외에는 어떤 의지 작용이나 긍정 및 부정도 존재하지 않는다"[11]고 본다. 자연의 모든 양상은 필연적 법칙에 의해 지배받으며, 인간을 "국가 속의 국가"[12]인 것처럼 생각하는 이들과 반대로, 자연의 나머지일 뿐인 인간은 모든 활동 및 정념에서 규정되어 있다. 어떤 실존하는 신체의 근본적이며 규정되어 있는 욕망이란 그것의 실존 속에서 보존하고자 하는 분투이다. 그러한 분투 또는 노력에 스피노자는 코나투스라고 이름 붙였다. 들뢰즈는 다음과 같은 말로 이 통념의 복합성을 지적한다.

> 코나투스는 실존하는 양태의 권리를 규정한다. 주어진 변용들(대상들에 대한 관념들)을 통해서, 규정된 정서들(기쁨, 슬픔, 사랑, 증오…) 아래서, 실존 속에 지속하기 위해 내가 하도록 규정되어 있는 모든 것(나에게 해롭고 나에게 적합하지 않은 것을 파괴하고, 나에게 유익하고 나에게 적합한 것을 보존하는 것), 이 모든 것은 나의 자연권이다. 이 권리는 엄밀하게 나의 권력과 동일한 것이며, 그 어떤 다른 목적들, 그 어떤 의무들에 대한 고려와는 무관한 것이다. 왜냐하면 코나투스는

- - -

10. 『윤리학』 5부 서문.
11. 『윤리학』 2부 정리 49. 또한 올덴부르크에게 보낸 서신 2를 참조. 여기서 스피노자는 "의지는 오직 사유 안의 존재일 뿐"이라고 말한다. *Chief Works*, vol. I, p. 279[『스피노자 서간집』, 이근세 옮김, 아카넷, 2019, 17쪽].
12. 『윤리학』 3부 서문.

제1의 기초, 제1운동자, 목적인이 아닌 작용인이기 때문이다. 이성적
인간과 미치광이는 그들의 변용들과 정서들에 의해서 구별되기는
하지만, 둘 다 이러한 변용들과 정서들에 따라 실존 속에서 보존하고자
노력한다. 이러한 관점에서 보면, 둘 사이의 유일한 차이는 권력의
차이이다.[13]

　　이 구절은 데카르트와 스피노자를 분리시키는 심연을 분명히 보여준
다. 스피노자에게 신체와 정신은 필연적으로 함께 활동하거나 겪어진다.
왜냐하면, "한 신체가 동시에 여러 방식으로 작용하고 수용할 수 있는
능력이 다른 신체들에 비해 우월한 것에 비례하여, 그 신체의 정신은
동시에 여러 가지 실재들을 지각할 수 있는 능력이 다른 정신들보다
우월"[14]하기 때문이다. 신체의 권력의 증대는 정신의 권력의 증대를
필연적인 상관물로 가지며, 그 역도 성립한다. 또한 어떤 개체가 번영한다
는 것은 자유롭고 계몽된 의지를 가리키는 것이 아니라, 자신의 권력과
일치하고 강화시키는 실재들과 결합하며 실존 속에 자신을 유지하는
특정한 개체의 규정된 권력을 가리키는 것이다. 인간의 자유는 자유
의지가 아니라, 스스로를 내세우고 확장하고자 하는 다른 (인간 및
인간이 아닌) 신체들에 맞서 우리도 그러한 노력을 하기 위해 갖는
권력인 것이다. 이러한 윤리적 입장에서 보면, 덕은 '좋은 습관'의 함양으
로 환원될 수 없으며, 그보다는 자신의 존재 속에 지속하고자 하는
어떤 특정한 개체의 권력과 관련된다. (인간이 아닌 신체들을 포함하여)
모든 신체들은 정도는 다양하지만, 이러한 덕을 소유하고 있다. 인간의
덕이 다른 실재들의 덕과 질적으로 다른 것은 종별적으로 인간의 권력인

● ● ●

13. Deleuze, *Spinoza*, p. 102[『스피노자의 철학』, 박기순 옮김, 154–155쪽].
14. 『윤리학』 2부 정리 13 주석.

이성에 상응하여 자신의 존재의 권력을 증대하는 노력과 관련되는 한에서이다. 스피노자에게 인간은 자신의 권력을 증대한다고 이해된 것을 추구하는 이성의 실행으로서 규정된다.

이것은 법적이고 도덕적인 책임을 어디에 두는 것인가? 만일 우리의 모든 행동들이 결정되어 있다면, 어떻게 우리는 그 행동들에 책임을 질 수 있는가? 스피노자가 "부도덕한 자"나 "무신론자"라는 칭호를 얻은 것은 다른 무엇보다 이 쟁점에서이다. 스피노자는 옳음과 그름, 공정함과 부당함이라는 통념들이 오직 정치체에서만 발생한다고 주장한다. 따라서 특정한 행동의 책임에 관한 모든 통념은 복합적 시민 정체의 맥락 속에서만 발생할 수 있다.

만일 우리가 인간 개체에 대한 스피노자의 견해만 분리시켜 검토한다면, 극도로 자기중심주의적인 개인주의의 윤리 이론과 직면하게 될 것이다. 그러나 또한 만일 우리가 인간 신체에 특권을 부여한다면, (인간 중심주의의 모든 형태와 근본적으로 대립하는) 스피노자의 철학을 이해할 수 없을 것이다. 어떤 신체든 노력의 요소는 대부분 다른 신체들과의 필연적 관계로 구성되므로, 모든 노력이 그러하듯 인간의 노력은 자신의 역량을 증대시키는 신체들과 결합하고(여기서 스피노자의 기쁨에 대한 정의가 나온다[15]), 자신의 행위 역량을 감소시키는 신체들을 파괴하고자 한다(여기서 스피노자의 슬픔에 대한 정의가 나온다[16]). 이러한 까닭에 들뢰즈는 스피노자적 이성이란 가장 근본적 층위에서 하나의 신체와 다른 신체 간에 "지각된 적합과 부적합에 따라서 만남을 조직하려는

• • •

15. 스피노자는 기쁨을 "더 작은 완전성에서 더 커다란 완전성으로의 이행"으로 정의한다. 『윤리학』 3부 정서들에 대한 정의 2.
16. 스피노자는 슬픔을 "더 커다란 완전성에서 더 작은 완전성으로의 이행"으로 정의한다. 『윤리학』 3부 정서들에 대한 정의 3.

노력"[17]이라고 이해한다. 우리의 만남들을 선택하거나 조직하고자 하는 이러한 노력은 유사하거나 화합 가능한 권력들 및 역량들을 가진 신체들 사이의 연합이나 사회관계를 형성하도록 이끈다. 즉 이러한 노력이 인간을 사회로 이끄는 것이다. 두 번째 절의 마지막 부분에서 주장할 것처럼, 사회관계 유형들의 형성에 대한 스피노자의 설명은 역사적이고 문화적으로 다양한 이성관들을 함축한다. 이성에 대한 이러한 견해는 데카르트와 갈라지는 또 다른 중요한 지점이다. 데카르트는 광학 및 과학에 적용했던 것과 동일한 방법을 윤리-정치 영역에 적용했으며("참된 의견은 둘 이상일 수 없다"), 더 나아가 시민적 삶과 관련해서 "국가들의 다양성이 우리에게 확신시키는 유일한 사실은 어떤 국가도 불완전하다는 것이다"[18]라고 말했다. 이러한 관점에서 보면, 법적·도덕적 양식의 다양성은 불가피하게 오류의 신호가 된다. 이와 달리 우리는 스피노자가 제시하는 관점을 통해 오류나 문화적 우열의 통념과는 다른 용어들로 차이 및 체현을 사고할 수 있게 된다.

스피노자는 인간이 본질적으로 사회적 존재라고 정의 내리지 않는다. 이와 달리 그는 "인간은 시민으로서 태어나는 것이 아니라 시민으로서 만들어지는 것이다"[19]라고 주장한다. 인간은 타고난 사회관계 때문이 아니라 자신의 보존을 추구하고 자신의 권력을 증대시키려는 노력 때문에 연합을 이루게 된다. 인간들 "각자는 자신이 가진 권력만큼

• • •

17. G. Deleuze, *Expressionism in Philosophy: Spinoza*, New York, Zone Books, 1990, p. 280[『스피노자와 표현 문제』, 현영종·권순모 옮김, 그린비, 2019, 343쪽].

18. J. Blom, *Descartes: His Moral Philosophy and Psychology*, Brighton, Harvester Press, 1978, p. 43에서 재인용한 『방법서설』의 구절들[『방법서설』, 이현복 옮김, 문예출판사, 1997, 155; 164쪽].

19. *A Political Treatise*, p. 313[『정치론』, 135쪽].

권리를 가지기"[20] 때문에, 다른 인간 신체들과 결합하거나 그것들을 정복함을 통해 자신의 권력, 즉 자신의 권리가 증대된다는 사실을 알게 된다. 달리 말해, 이러한 연합들은 직접적이라기보다 간접적으로 (즉 좋다고 간주된 다른 어떤 것에 대한 추구를 통해) 형성된다. 인간은 오직 그러한 연합 속에서 이성과 정의에 대한 자신의 권력을 발전시킬 수 있다. 이러한 이유로, "자연의 법칙은 어느 누구도 할 수 없는 것을 제외하면 그 어떤 것도 금지하지 않는다."[21] 따라서 "불법행위는 오직 조직된 공동체 속에서만 생각될 수 있다."[22] 또한 "정의와 불의는 오로지 국가 안에서만 생각될 수 있다."[23] 오직 시민사회 안에서 인간은 자신의 특유한 권력을 증대시키기 위해, 즉 타인들과의 마주침을 선택할 권력을 수반하는 지성 또는 이성을 증대시키기 위해 실질적이고 직접적으로 분투할 수 있다. 또한 오직 시민사회 안에서 (활동을 겪기보다는 활동을 행하는 역량의 증대로 이해되는) 인간의 자유가 가능하다. 그러나 시민 사회의 출현에 관한 스피노자의 설명이 희망, 두려움, 위협에 기초를 두는 한, 홉스 등의 좀 더 널리 알려진 사회계약 이론의 설명과 크게 다르지 않다. 스피노자의 견해가 책임 통념에 기여한 바와, 책임 통념이 스피노자의 시민사회 통념과 연결되는 방식을 알기 위해서는 그의 특이한 법 개념과 그 개념이 신체들 및 권력들과 맺는 관계에 주목할 필요가 있다.

• • •

20. Ibid., p. 294[『정치론』, 71쪽], 또한 p. 297[『정치론』, 81쪽]과 『윤리학』 4부 부록 7항과 9항을 참조.
21. *A Political Treatise*, p. 297[『정치론』, 83쪽].
22. *A Theologico-Political Treatise*, p. 208[『신학정치론』, 266쪽].
23. *A Political Treatise*, p. 299[『정치론』, 91쪽].

명령으로서 법 대 인식으로서 법

스피노자는『신학정치론』에서 신법(또는 자연법), 의례법, 시민법(또는 인간의 법)에 대해 다룬다.[24] 이들 각각은 스피노자의 인식론과 관련해서 특별한 역할을 하고 있다.『윤리학』에서 기술된 (상상, 이성, 직관에 상응하는) 세 가지 종류의 인식[25]은 일대일 관계까지는 아니지만 그 대응물을 스피노자의 법 유형론 속에서 찾을 수 있다.

스피노자에 따르면, 인간의 비극과 상당수의 혼란은 자연법이 대부분의 경우 명령이나 계율과 같은 법 모델로 이해된다는 사실에서 비롯된다. 그는 "모든 실재들을 존재하고 규정"하게 하는 자연법은 "항상 영원한 진리와 필연성을 포함"[26]하기 때문에 어기거나 변화시키거나 불복종할 수 없다고 주장한다. 신을 입법자와 징벌자로서 여기는 것은 단지 상상에 의한 것이다.[27] 한 주석가가 설명하듯이,

• • •

24. 스피노자의 법사상에 관한 탁월하고 체계적인 설명을 위해서는 G. Belaief, *Spinoza's Philosophy of Law*, The Hague, Mouton, 1971을 참조하라. 여기서 다루는 쟁점과 관련되지 않아 의례법을 논의하지 않을 것이지만, 의례법에 관해서 Belaief, pp. 38–41을 참조하라.

25. 『윤리학』 2부.

26. *A Theologico-Political Treatise*, p. 44[『신학정치론』, 63쪽].

27. 이러한 혼동의 본성을 보여주기 위해 스피노자가 가장 일반적으로 활용하는 예시는 '최초의 인간 이야기', 즉 선악과를 먹지 말라는 '명령'에 대한 아담의 '불복종' 이야기이다. (이상하게도, 이 연결에서 이브는 전혀 언급되지 않는다.) 스피노자는 블리엔베르그에게 보낸 그 유명한 '악에 대한 편지'에서 이 예시를 활용하고, *A Theologico-Political Treatise*, pp. 62f[『신학정치론』, 88쪽]와『윤리학』 4부 정리 68에서 다시 사용한다. 블리엔베르그에게 보낸 편지 19에서 스피노자는 다음과 같이 말한다. "따라서 아담에게 내린 금지는 다음과 같은 의미입니다. 신은 아담에게 과일을 먹으면 죽을 것이라고 계시했고, 이는 또한 신이 자연적 지성을 통해 독은 우리에게 치명적이라는 것을 알려준 것과 같습니다." (*Collected Works, vol. I*, p. 360[『스피노자 서간집』,

신의 법이 아니면서 자연에 내재된 법은 존재하지 않는데, 신은 자연과 동연적인 것으로 간주되기 때문이다. 자연법을 복종하거나 위반하는 사건과 행위에 대해 말하는 것은 가능하지 않다. 오히려 자연법은 존재자 자체의 현행적 본성이자 사건의 현행적 질서이며, 그 존재자와 사건은 신의 본성의 발현인 것이다.[28]

자연법에 관한 이러한 적합한 이해는 두 번째 종류의 인식인 이성과 관련되는 것으로, 스피노자에 따르면 그러한 필연성은 우리의 자유에 대한 제한을 나타내기는커녕 오히려 해방의 조건인 것이다.[29] 의인화된 자연에 투영되는 것은 자유의지의 가상이라고 할 수 있는데, 이것은 우리가 가진 자유를 가려버린다. 우리의 자유란 곧 우리의 상황을 이해하고, 그러한 이해에 기초하여 우리의 권력과 우리의 기쁨을 극대화하도록 행동하는 것이다.

시민법은 이른바 "생명 및 국가의 안전을 제공하기 위해", "인간이 자기 자신이나 다른 사람을 위해 어떤 목적에 맞추어 세운 삶의 계획"[30]과 관련된다. 그러한 법은 보편적일 수 없으며, 다양한 사람들이 가진 특수한 역사적, 종교적, 국가적 특성의 재생산을 반영하고 제공할 것이다. 주어진 시민 정체의 법은 무엇보다 그러한 복합적 연합의 역사적·지속적

• • •

이근세 옮김, 아카넷, 2019, 125쪽.) 이 편지에 대해서는 Deleuze, *Spinoza*, pp. 30–43[『스피노자의 철학』, 박기순 옮김, 민음사, 2001, 49–68쪽]과 *Expressionism*, pp. 247–248[『스피노자와 표현 문제』, 현영종, 권순모 옮김, 그린비, 2019, 299–300쪽]을 참조하라.

28. Belaief, *Spinoza's Philosophy*, pp. 41–42.

29. 스피노자가 *A Political Treatise*, pp. 295–296[『정치론』, 75–77쪽]에서 썼듯이, "자유는 … 행동의 필연성을 제거하는 것이 아니라 오히려 그것을 정립한다."

30. *A Theologico-Political Treatise*, pp. 58–59[『신학정치론, 80쪽].

토대를 드러낼 것이다. 자연법과 달리 인간의 법 또는 시민법은 명령이나 계율로 이해될 수 있지만, 오직 제한된 의미에서만 그러하다. 그 의미란 국가의 덕이나 권력과 관련되며, 의지 작용을 지성의 특수한 양식들과 불가분의 관계로 보는 스피노자의 이해방식과도 관련된다.

시민법은 명령으로 이해될 수 있지만, 법철학자들이 보통 가정하고 있는 그런 의미에서는 아니다. 주권자나 국가는 자격을 갖추지 않고서는 그 어떤 명령이나 계율도 내릴 수 없다.[31] 스피노자에게 절대적 통치권이 란 존재하지 않는다. 이는 국가가 자신의 권력을 책임감 있게 행사하고 있는지 그렇지 않은지를 규정하는 데서 매우 흥미로운 귀결들을 낳는다. 케언스Huntington Cairns가 지적했듯이, "스피노자는 권력과 권력의 적절한 행사 간의 필연적인 연관이 있음을 보여준다."[32] 스피노자가 이해한 국가는 자신의 존재를 보존하기 위해 일정 수준 자기에 대한 인식을 지녀야만 하는 복합체이다.[33] 국가가 자신의 권력의 적절한 행사를 초과 할 수 있는지는 정확히 국가로서의 지속적 실존이 가능한지와 결부되어 있다. 벨라이프Gail Belaief가 주장했듯,

만일 어떤 것이 자신의 본질적 본성에 따라 기능할 수 있는 권력이 결여되어 있다면, 그것은 현실에 동일한 것으로 관여한다고 보기 어려

* * *

31. 임의적 의지라는 통념은 스피노자 사상의 모든 층위에서 일관되게 거부된다. 신 즉 자연은 그것이 의지하는 것과 별개의 것이 아니며, 인간은 자신의 다양한 이해와 동떨어져 의지하지 않고, 주권자는 시민 정체가 그 존재를 보존하기 위해 무엇을 긍정해야 하는가에 관한 이해와 별도로 법을 의지할 수 없다.

32. H. Cairns, *Legal Philosophy from Plato to Hegel*, Baltimore, Johns Hopkins University Press, 1949, p. 289. 또한 Belaief, *Spinoza's Philosophy*, pp. 25–26도 참조할 것.

33. *A Political Treatise*, p. 310[『정치론』, 123–127쪽].

울 것이다. 이는 개별 인간에 대해서도 국가에 대해서도 참인 것처럼,
개별 법률에 대해서도 전체 법체계에 대해서도 참이다.[34]

이를 토대로 할 때, 주민을 노예화하고 억압하고 착취하기 위해 자신의
권력을 행사하는 국가는 시민들의 역량을 확장하기 위해 자신의 권력을
행사하는 국가보다 열등한 종류라고 주장할 수 있다. 이와 관련해서
벨라이프가 홉스와 스피노자를 어떻게 구분하는지 고찰해보자. "홉스의
관점에서 보면 주권자의 힘과 권력은 구별되지 않지만, 스피노자의
관점에서 보면 힘은 권력이 되기 위해 이성에 의해 인도되어야 한다."[35]
여기서 스피노자에게 권력은 곧 덕이라는 점을 상기하는 것이 중요하다.
스피노자가 말하길, "시민 법률 체계는 오직 커먼웰스 계율에만 의존하
며, 자신 이외의 그 누구도 기쁘게 할 필요가 없으며, 자신에게 좋은
것이거나 나쁜 것이라고 판단되는 것 이외에는 아무것도 좋은 것이거나
나쁜 것이라고 여겨서는 안 된다."[36] 마지막 구절의 그 애매함(자신에게
좋은 것이거나 나쁜 것이라고 판단되는 것 이외에는 아무것도 좋은
것이거나 나쁜 것이라고 여겨서는 안 된다)이 중요하다. 만일 어떤
것이 나쁜 것이라면, 그것의 회피를 지시하는 것이 국가의 덕이다. 이는
모든 개인들이 자신에게 좋다고 생각하는 것을 구하고 해롭다고 생각하

• • •

34. Belaief, *Spinoza's Philosophy*, p. 25. 강조는 원문.
35. Ibid., p. 52. 또한 A. Negri, *The Savage Anomaly*, trans. Michael Hardt,
    Minneapolis, University of Minnesota Press, 1991[『야만적 별종: 스피노자에
    있어서 권력과 역능에 관한 연구』, 윤수종 옮김, 푸른숲, 1997]을 참조.
    여기서 네그리는 스피노자 저작에서 포텐샤potentia와 포테스타스potestas
    간의 구분(불어와 이탈리아어에서와 달리 영어 번역에서는 대개 놓치게
    되는 구분)을 '구성' 대 '명령'의 측면에서 주장한다.
36. *A Political Treatise*, p. 311[『정치론』, 129쪽].

는 것을 피하고자 노력하는 것과 마찬가지다. 국가에 대한 이러한 이해는 국가권력에 대한 자율적인 내재적 억제, 곧 국가의 위해나 파멸로 이어질 계율, 명령, 법령에 대한 회피를 수반한다. 따라서 스피노자는 다음과 같이 주장한다.

> 지배권을 가진 자는 자연 상태에서의 인간이 자신의 적이 되지 않기 위해 스스로를 파괴하지 않도록 주의해야만 하는 것과 같은 이유에서 계약의 조건을 준수해야 한다.[37]

국가권력의 제한이 갖는 두 번째 의미는 의지 작용에 대한 스피노자의 특수한 이해, 즉 지성과 의지가 별개의 능력임을 부정하는 것과 관련된다. 따라서 스피노자는 홉스나 오스틴J. L. Austin 등과 동일한 의미에서 명령적 법 이론의 주창자로 볼 수 없다.[38] 게다가 스피노자 법 이론의 이러한 특징은 어떤 특정한 국가가 탁월한지 그렇지 않은지를 결정하는 방법을 제공하는데, 그 국가의 특정한 계율이나 명령은 국가의 자기 이해에 대한 표현이기 때문이다. 스피노자에게 개인의 의지는 임의적이지 않은 것처럼 국가의 의지도 임의적일 수 없다. 두 경우 모두 신체의 의지는 그와 상관적인 덕이나 무지에 의해 결정된다. 벨라이프 역시도 이 점을 다음과 같이 간명하게 말한다.

> [스피노자의 설명에서] 법은 의지의 산물이고, 이는 사고와 판단의 산물로서 법을 갖는다는 것과 같으므로 … 주권자의 의지, 즉 법이란 주권자의 욕망에 대한 헌신이라기보다는 주권자가 긍정하는 관념들

• • •

37. Ibid., p. 312[『정치론』, 131쪽].
38. Belaief, *Spinoza's Philosophy*, p. 104.

이다. 법의 선함이나 악함은 이 긍정된 관념이 적합한지 부적합한지, 참인지 거짓인지에 달려 있을 것이다.[39]

주권적 권력에 대한 이러한 '점검'은 두 가지 이유에서 흥미롭다. 첫째, 나쁜 정부가 그 자신의 파멸에 책임이 있다는, 정치 이론과 법 이론에 공통적인 그 통념은 스피노자 철학의 맥락에서는 부가적인 차원을 차지한다. 나쁜 정부는 또한 나쁜 시민들에 대해서도 '책임이 있다'. 스피노자는 시민사회의 존재 이유 및 시민사회가 제정하는 법률은 시민들의 정신과 신체가 가장 높은 수준으로 발전하도록 하는 평화와 안전의 확립과 관련된다고 주장한다. 이를 토대로 벨라이프는 "개인의 권력이나 덕을 최대한 발전하도록"[40] 돕는 경향을 갖는지, 아니면 "인간들의 권력의 발전을 도모하지"[41] 못하는 경향을 갖는지에 따라 '좋은' 법과 '나쁜' 법을 구별할 수 있다고 주장한다.

스피노자가 자유주의 정치철학의 선구자라고 주장하는 사람들은 스피노자와 자유주의 간의 결정적 차이를 보고도 못 본 척하는 것임에 틀림없다. 스피노자는 소유에 대한 어떤 특별한 권리의 존재나 시민적 삶에 선행하는 개인을 허용하지 않는다. 스피노자의 견해에 따르면, 주권자는 전–시민적인 도덕적, 개인적 권리나 재산권을 시행하기 위해 존재하는 것이 아니다. 결론적으로 스피노자의 주권자는 자유주의적인 견해에서보다 시민에 대한, 시민을 위한 훨씬 더 큰 책임을 갖는다. 선험적 권리나 정의의 존재에 대한 스피노자의 거부는 이를테면 시민을 보호하지 못하는 것과 같은 태만 행위보다 훨씬 더 큰 책임을 시민

* * *

39. Ibid., p. 106.
40. Ibid., p. 77.
41. Ibid., p. 83.

정체에 부과한다. 그러한 거부는 시민들의 실제 행위와 가치와 같은 위임 행위에 대한 책임 또한 시민 정체에게 부과하는데, 시민들의 도덕성은 대개 그러한 국가의 특정한 법률에서 파생되고 이에 의존하기 때문이다.

둘째, 법이 사람들의 특성에 미치는 지대한 영향력으로 인하여,[42] 주권자가 긍정하는 관념은 대중에게 체현되고 사회제도에 의해 영속된다. 만일 명령으로서의 법이라는 사회적 이해가 널리 퍼진다면, 시민들의 역량 발전을 억제하는 효과가 초래될 것이다. 왜냐하면 복종은 인식이 아니며, 기껏해야 인식을 모방할 수만 있을 뿐이기 때문이다.[43] 스피노자에게 인간의 자유와 예속 간의 차이가 드러나는 것은 바로 임의적 명령으로 파악하는 법과 인식으로 파악하는 법 간의 구별 지점에서이다. 만일 우리가 법을 주권적 신체가 자신의 보존을 위해 긍정하는 관념들로서 이해하고, 처벌을 피하기 위해서가 아니라 시민사회를 이해하고 그 보존을 추구하기 때문에 지키는 것이라면, 우리는 **직접적으로 행동하고**

• • •

42. 이에 대한 스피노자의 견해는 『신학정치론』에서 분명히 나타난다. 스피노자에 따르면 민족은 다음에 의해서 구분될 수 있다. 곧, "그들의 언어, 그들의 관습, 그들의 법에 의해서. 하지만 뒤의 두 가지, 즉 관습과 법만이 사람들을 특이한 성향, 특이한 삶의 양식, 특이한 편견을 갖게 할 수 있다." *A Theo-logico-Political Treatisep*, p. 232[『신학정치론』, 294쪽].

43. 요벨은 이 점에 주목해 다음과 같이 말한다. "다중에 대해 무엇을 할 것인가는 [『신학정치론』의] 기초를 이루는 일반적 문제로서, 양 측면 모두에서 상세히 설명되었다. 일반적 답변은 다중을 지배하는 인지적·정서적 권력(스피노자가 상상imaginatio이라고 부른 것)을 이성ratio에 대한 외적 모방으로 재형성하는 것이다. 이는 결과를 강제하고 제도화하기 위하여 권위에 대한 복종을 활용하는 것이다." Y. Yovel, in *Spinoza and Other Heretics*: The Adventures of Immanence, Princeton, N. J., Princeton University Press, 1989, p. 14. 그러나 요벨은 스피노자의 이성 관념의 (강도적이거나 확장적인) 역사적 성장이라는 통념을 인정하지 않기 때문에, 『윤리학』이 전제하고 있는 이성적 공동체의 발전이라는 측면을 『신학정치론』과 관련시키지 못하고 있다.

있는 것이다.[44] 그러나 만일 우리가 처벌의 두려움이나 보상의 희망 때문에 법을 준수하는 것이라면, 우리는 다른 사람의 외부적 통제 아래 있는 것이며, 따라서 속박 속에 있는 것이다. 어떤 악을 피하기 위해 그저 **간접적으로** 행동하게 되는 것이다. 엄격히 말해, 자신보다 더 강한 것으로 인정된 외부 권위에 대한 수동적 반응에 불과한 후자의 행위로부터는 아무것도 따라 나오지 않는다. 따라서 이해 없는 복종을 조장하는 국가는 시민들의 행위 역량을 작동시키거나 증대할 수 없는 국가가 될 것이다. 벨라이프의 추론에 따르면, 이러한 국가는 '나쁜' 법을 가진 나쁜 정부일 것이다. 첫 번째 방식으로, 즉 직접적으로 행동하는 사람들은 이성적 존재들의 공동체를 구성할 것이며, 두 번째 방식으로, 즉 간접적으로 행동(반응)하는 사람들은 쉽게 노예사회로 전락할 것이다.[45] (법과 시민사회에 대한 이러한 견해는 시민적 합의에서 불이익을 받는 사람들, 예컨대 토착민, 여성, 타자들과 관련한 문제를 분명 제기한다. 이 문제는 세 번째 절에서 고찰할 것이다.)[46]

이러한 분석은 국가가 시민의 정신과 신체를 발전시킬 의무가 있다는 스피노자의 주장을 최대한 강한 의미에서 이해할 수 있는 근거를 제공한다. 스피노자가 『신학정치론』의 사상과 표현의 자유에 관한 장에서 말한 바와 같이,

> 정부의 궁극적 목적은 지배하는 것이 아니며, 두려움으로 사람들을 억제하거나 복종을 강요하는 것도 아니다. 반대로 모든 사람들을

• • •

44. 『윤리학』 4부 정리 67 증명을 참조할 것.
45. 스피노자가 *A Political Treatise* p. 382[『정치론』, 357쪽]에서 말한 것처럼, "덕에 대한 보상은 자유인이 아니라 노예들에게 주어진다."
46. 제9장의 초점이 되는 것이 바로 이 문제다.

두려움에서 자유롭게 하고 가능한 한 안전하게 살아갈 수 있도록 하는 것이다. 즉 자신과 남들을 해치지 않고 존재하고 행동하기 위한 자신의 자연권을 강화하는 것이다. … 정부의 목적은 사람들을 이성적 존재에서 짐승 또는 꼭두각시로 변질시키는 것이 아니라, 오히려 그들의 정신과 신체를 안전하게 발전시킬 수 있도록 하는 것, 속박 없이 그들의 이성을 사용하게 하는 것이다. … 사실상, 정부의 참된 목적은 자유이다.[47]

복종과 인식 간의 이러한 대조는 공포에 바탕을 둔 인간들의 연합과 이성적 존재들의 공동체를 구별할 수 있는 확실한 한 가지 방법이다. 시민 정체와 시민법은 사회관계의 각 유형들에 따라 어떤 차이가 있는가? 전적으로 처벌에 의존하여 평화로운 국가는 특정한 사회관계의 유형, 특히 공포와 같은 슬픈 정념을 토대로 세워진 허약한 사회관계를 산출할 것이다. 그러나 처벌을 '정당한 대가'로 생각하고 입법하는 국가는 틀림없이 효용으로 관계된 국가보다 더 해로울 것이다. 왜냐하면 그러한 국가는 최악의 복수, 혐오, 잔인성을 조장함으로써 가장 악의적인 정념이 승인되고 퍼져나가도록 하기 때문이다. 그러한 국가는 스피노자가 국가의 궁극적 역할이라고 여겼던 시민의 행위 역량의 증대, 즉 자유를 이뤄내지 못할 것이다. 이 지점에서 나는 스피노자에게 이성에 대한 역동적이고 역사적인 설명이 결여돼 있다고 주장하는 요벨 등등의 논자들과 의견을 달리한다.[48] 게다가 인간 역량의 역동적 본성에 대한

• • •

47. *A Theologico-Political Treatise*, pp. 258-259[『신학정치론』, 328쪽]와 *Treatise on the Emendation of the Intellect*, §§14, 15[「지성교정론」, 김은주 옮김, 도서출판 길, 2020. 14, 15절]를 참조.

48. Y. Yovel, *Spinoza and Other Heretics*, p. 6.

스피노자의 역사적 평가는 이 장 서두에 인용된 들뢰즈의 논평이 함축한 의미에서 확장적이고 강도적이다. 스피노자의 견해에 따르면, 주권의 민주화는 필연적으로 시민들의 역량들 및 권력들의 확장적이고 강도적 인 발전을 가져올 것이다. 그러나 주권의 민주화는 필연적으로 주권적 신체의 물질적 합성과 함께 그것이 긍정하는 관념을 변경할 것이다. 정의와 공정성에 대한 현재의 통념은 법률이나 다른 사회적 실천들로 제도화되었던 과거의 관념들과 점점 더 어울리지 않게 될 것이다. 시민 정체는 제도적으로 체현된 전통들 및 정통성이 여성과 남성의 관계, 소수자에 대한 대우와 같은 사회적 삶의 다양한 영역의 변화 욕구와 충돌함에 따라서 스스로와 불편한 관계에 놓일 것이다.

내재성의 철학은 시민 정체의 가치들을 평가하는 작업에서 무엇을 요구할 수 있을까? 분명한 것은 우리는 현재의 실제적 세계를 뛰어넘을 수 없다는 점이다. 그것의 가능성, 모순, 긴장을 포함하여 말이다. 요벨이 말했듯이,

> 인간의 삶은 고정적이지도 않고 반복적이지도 않다. 윤리적 보편성 역시 다양한 얼굴을 가정하며 변화에 열려 있다. 이러한 변화의 수단은 인간의 욕망으로, 현실의 삶과 실천 속에 체현되고, 전통과 변화, 정통성과 저항이 모두 각자의 역할을 수행하는 사회적 습관과 제도에 의해 구조화된다.[49]

다음 절에서는 인간과 시민 정체에 대한 스피노자의 이해가 사회적 습관, 제도, 윤리적 책임을 평가하는 새로운 방법의 기반을 제공한다고

• • •
49. Ibid., p. 177.

주장할 것이다.

체현된 책임 개념을 위하여

체현된 책임이라는 통념은 다양한 의미로 이해할 수 있다. 스피노자적 입장을 다른 것들과 구별하기 위해서는 두 가지 입장을 기각시킬 필요가 있다. 첫째, 스피노자는 현대판 공동체주의와 구별되어야 한다. 공동체적 사고방식은 그 다양성에도 불구하고 여성들 및 다른 소위 소수자 집단들의 '자리', 지위, 역량과 관련될 때는 보수주의적 경향을 보인다. 공동체에 기반한 덕의 윤리라는 전통적 통념으로 회귀하고자 하는 최근의 철학적 시도는 여성 문제에 취약점이 있다.[50] 둘째, 스피노자적 입장은 20세기 초반 미국 변호사 클래런스 대로Clarence Darrow가 실천한 것과 같은 '문책 없는' 개인주의 결정론과 혼동되어서는 안 된다. 이를테면, 개인주의 결정론은 강력범죄의 가해자들 중 남성의 불균형적인 전형성과 강력범죄의 피해자들 중 여성의 불균형적인 전형성을 설명하지 못한다.[51]

• • •

50. 예컨대 알래스데어 매킨타이어가 *After Virtue*: A Study in Moral Theory, London, Duckworth, 2nd edn., 1985[『덕의 상실』, 이진우 옮김, 문예출판사, 1997]에서 지적한 것이 바로 이것이다. 그의 실천 통념이 하는 역할과, 전통 및 덕에 있어서 실천들의 중심성에 주목할 것. 예컨대 p. 220, pp. 239-240, p. 273. 아이리스 매리언 영Iris Marion Young은 *Justice and the Politics of Difference*, Princeton, N. J., Princeton University Press, 1990[『차이의 정치와 정의』, 김도균·조국 옮김, 모티브북, 2017]에서 공동체주의가 특별히 여성에게 갖는 억압적 측면을 설득력 있게 설명한다.

51. 범죄의 구조적 원인을 다루지 못한다는 점은 '매시 사건Massie case'에서 매우 명백히 드러난다. 이 사건에서 대로는 자신의 아내를 잔혹하게 집단 강간한 남성들 중 하나라고 알려진 사람을 총으로 쏘고 살인 혐의를 받은 남성과 그의 장모를 변호했다. 이 사건은 내가 여기서 말할 수 있는 것보다

개인의 책임 쟁점을 다루는 스피노자의 결정론적 관념은 어떠한가? 이는 블리엔베르그Blijenbergh, 올덴부르크Oldenburg, 치른하우스Tschirnhausen 를 포함하여 스피노자와 서신을 주고받았던 이들이 우려했던 문제이다. 올덴부르크와 치른하우스는 스피노자의 필연성 통념 및 자유의지 기각에 문제를 제기하며, 그러한 통념이 "악함을 용서하고", "보상과 처벌을 비효과적으로" 만든다고 주장했다. 스피노자의 답변은 간결하며 핵심적이다. "개에게 물려서 광분한 사람은 용서받을 수 있지만, 그를 목 졸라 죽이는 것은 정당합니다."[52] "사악한 인간들이 필연성에서 사악하다고 해서 덜 두렵거나 덜 해로운 것은 아닙니다."[53] 그렇다면 여기서 스피노자의 관점이 우리에게 말해주는 것은 무엇인가? 그것은 개인적인 것의 수준에서는 많은 것을 말해주지 않을 것이다. 개인적인 것으로, 그녀 또는 그의 정서들로 국한하는 분석은 '정당한 대가'라는 통념만큼 스피노자의 견해에 부합하지 않는다. 스피노자는 선과 악 또는 옳고 그름의 절대적 존재나 '영혼'의 불멸성을 허용하지 않는다. 시민사회에서 승인된 도덕성들은 역사적으로 문화적으로 다양할 것이다. 간단히 말하자면, 개인의 도덕성뿐만 아니라 인간 행동의 의미는 몰역사적 상수라기보다는 특정한 역사적, 정치적 맥락에서 전개된다는 것이다. 물론 이것은

• • •

> 훨씬 복잡하며 더 주의 깊은 검토가 필요하다. 하지만 대로의 긴 변호 연설에서 강간당한 여성은 '보이지 않는다'는 점에 주목해야 한다. 또한 이 사건에 대한 후기에서 대로는 집단 강간에 연루된 것으로 알려진 또 다른 남성을 기소하지 않도록 가족(과연 여기에 그 아내는 포함되었을까?)을 설득했다고 말하고 있다. A. Weinberg, ed., *Attorney for the Damned*, London, MacDonald, 1957을 참고하라.

52. Letter 25 to Oldenburg, in *Chief Works*, p. 306[『스피노자 서간집』, 이근세 옮김, 아카넷, 2019, 404쪽].

53. Letter 42 to Tschirnhausen, in *Chief Works*, p. 392[『스피노자 서간집』, 334쪽. 치른하우스가 아니라 슐러에게 보내는 편지이다 — 옮긴이].

유일한 책임 소재지를 원하는 사람들에게는 큰 난점을 안겨준다. 여기서 제시된 스피노자에 대한 독해가 모종의 가치를 지닌다면, 그것은 이성적 존재자들의 공동체가 자신의 특정한 구성에 대한 어떤 책임을 가정한다는 데 있다. 그러한 가정은 개인의 처벌에서 벗어나 그러한 행동의 사회적, 구조적 원인들에 주목하게 만든다.

여기서 제시된 스피노자에 대한 독해를 받아들인다면, 이성적 시민 정체는 그 시민들이 저지른 행동에 대한 책임을 져야 한다는 통념 또한 받아들여야 한다. 스피노자에 따르면, 범죄 행동이 올바르지 않거나 정당하지 않은 것은 그 행위가 시민의 평화를 위해 제정된 법을 어기는 것이기 때문이다. 그러한 법을 어기는 것은 시민 정체의 일관성이나 통일성 역시 깨트리는 것이다. 이 장을 쓰고 있을 때, 두 건의 국내 살인 사건이 동일한 날 지역 시드니 신문에 보도되었다. 각 사건에서 관련된 개인들의 행동을 적합하게 이해하기 위해 스피노자 법철학에서 시작된 체현된 책임이라는 통념이 중요하다는 것을 보여주고자 한다.

첫 번째는 브라이언 맥스웰이 그의 전 부인 마릴린 맥스웰을 살해한 사건이다. 그는 '접근금지명령을 위반'하고 그녀가 일하는 보육원 밖에서 기다리다가 그녀를 차에 강제로 태우고는 세 방의 총을 쏘았다. 맥스웰의 사건을 심리하고 있던 법원 밖에서 죽은 여성의 여동생은 맥스웰의 과실치사 탄원에 관한 기자의 질문에 대해, 만일 그 탄원이 받아들여진다면 "그것은 남성들에게 … 브라이언 맥스웰처럼 자신의 아내를 죽일 수 있는 면허증을 주는 것입니다. 범죄를 저지르는 모든 사람들은 당시 자신들이 심신미약 상태였다고 말할 것입니다. 누구든 분명 그렇게 말할 것입니다."[54]라고 답했다.

• • •

54. the *Sydney Morning Herald*, 30 October 1993.

두 번째 사건에서 스티븐 헬스비는 잠을 자는 그의 의붓아버지 데이비드 헬스비의 목을 고기 써는 칼로 찔러 살해했다. 스티븐 헬스비의 재판에서 그의 어머니인 헬스비 부인은 배심원단 앞에서 남편이 "자신을 빗자루와 쇠파이프로 때렸으며, 겨울에 집 밖에 묶어두었고, 주먹으로 구타했고, 성적으로 학대했고, 화상을 입혔고, 의식이 없을 때까지 목을 졸랐다"고 증언했다. 살해 사건이 발생하기 몇 달 전 그녀는 가정폭력 접근금지명령을 얻어냈고 남편을 피해 보호소로 도망갔음에도 불구하고, 남편은 그녀를 보호소까지 쫓아갔고 집으로 끌고 와서 학대를 계속했다.[55]

이 사례들은 물론 그들만의 특이한 이야기를 가지고 있는 특별한 경우들이다. 그럼에도 이 사례들은 신문에서 매우 빈번하게 읽을 수 있는 유사한 사례들과 어떤 공통점을 갖고 있다. 여기서 적절한 질문은 그러한 행동이 일어난 시민 정체의 본성에 관한 물음이다. 남성과 여성, 남편과 아내, 부모와 자식 간의 관계에 대한 역사적이고 현재적인 태도들은 이러한 사례들 속에 너무 광범위하게 쓰여 있어서 한 번에 해독 불가능할 정도이다. 나는 여성들이 시민 정체와 잠정적 관계만을 맺은 역사가 이 사건들과 밀접한 관련이 있다고 주장한다. 호주에서 가족법령이 소위 '무귀책no-fault' 이혼을 허용하도록 개정된 지는 20년밖에 되지 않았으며, 현재 이혼소송을 하고 있는 압도적 다수는 여성들이다. 공동체의 어떤 부문에서는 가정법원의 상대적으로 새로운 권력에 대해 확실히 분개하고 있다. 1980년대 초반 법원에서는 폭탄이 터지기도 했고, 가정법원 판사 한 명이 살해되기도 했다. 공동체의 상당 부문에서는 여성들이 적합하다고 여기는 대로 살고, 공적 영역뿐만 아니라 가정 내의 폭력과

• • •

55. Ibid.

강간으로부터 보호받을 시민적 권리를 보장하는 최근의 가정법 제정을 지지하지 않는다. 위에서 인용한 사례의 두 남편 모두 접근금지명령을 무시하고 행동했다는 점에 주목해야 한다. 각 사례에서 접근금지명령의 존재는 관련된 여성들을 보호하는 데 전혀 효과적이지 못했다. 두 남편은 여성의 시민적 지위 변화에 맞서서 유부녀신분법the law of coverture을 유지시키고자 하는 괴물의 풍자화처럼 보일 수 있다. 모든 풍자화가 그러하듯, 이 풍자화도 왜곡을 통해, 왜곡 안에서 어떤 진리를 포착한다.

이러한 '풍자화'들이 지배적인 사회적 습관, 실천, 신념에 관한 진리를 포착한다고, 요컨대 우리의 시민적 존재 속에 체현되어 있는, 여성과 결혼을 대하는 사회적 태도에 관한 무언가를 포착한다고 주장하는 것은 어떤 의미인가? 역사적으로 여성들은 시민 정체로부터 보장받을 자격을 갖지 못했다. 더 정확히 말하면, 시민 정체가 여성들의 시민권의 보장을 확장한 것은 (남성) 가장들이 아내의 봉사와 복종에 대한 대가로 아내를 보호해주길 기대함을 통해서였다. 위의 마릴린 맥스웰 여동생의 논평은 이러한 종류의 사례에서 많은 사람들이 느끼는 불편함을 포착한다. 그녀의 논평은 내가 여기서 제기하고자 하는 질문을 촉구하고 있다. 이러한 사례들은 이 사건의 토대가 되는 시민적·사적 구조들에 대해 무엇을 말해주고 있는가? 왜 마릴린 맥스웰의 여동생은 브라이언 맥스웰의 과실치사 청원을 수용하는 것이 "브라이언 맥스웰과 같은 남성들에게 아내를 죽일 수 있는 면허증"을 주는 것이라고 생각하는가? (여동생의 의견에 동의한 것처럼 보이는) 맥스웰의 사건 판사와는 달리, 법원은 데이비드 헬스비의 과실치사 청원을 망설임 없이 수용했다. 아마도 부분적으로 이는 그의 행동이 어머니를 보호(틀림없이 시민 정체는 할 수 없었던 것)하기 위해 가능해 보이는 유일한 방식, 즉 어머니를 괴롭히는 그 원인을 제거해버리는 것으로 해석되었기 때문일 것이다.

이 사례들의 개별 범죄자를 처벌하는 것은 그러한 행위의 근본적 원인을 다루는 게 아니다. 이 근본적 원인을 이해한다는 것은 우리가 현재 참여하고 있는 사회관계의 유형과 대면할 것을 요구한다. 결국 이는 우리 시민 정체의 역사가 우리의 법률 및 다른 제도적 실천들 속에 체현되어온 방식에 대한 인식을 포함할 것이다. 이 글 도입부에 있는 들뢰즈의 논평을 참고한다면, 이는 근대 시민 정체가 특정한 정치–경제적 남성 집단들에 의해서 그들을 위해서 설립되고, 명백히 여성들(및 타자들)을 배제했음을 인정하는 것을 의미한다. 근대 시민 정체가 여성의 권력들 및 역량들과 맺는 역사적 관계는 '포획'과 '효용'의 관계였지, 남성과 여성 간의 '윤리적 공동체'나 '사회관계'를 형성하기 위한 '결합'의 관계가 아니었다. 물론 토착민, 노동자 계급 남성들, 타자들과 관련해서도 유사한 지점이 만들어질 수 있고, 또 만들어져야 한다.

시민 정체가 그것의 체현된 역사 및 시민의 정서들에 대한 책임을 받아들일 수 있기 위해서는 어떤 모습이어야 할까? 사회관계의 원리가 이성에 근거해 있는 시민 정체는 자신의 전통과 제도의 역사에 대한 분석, 즉 우리가 어떻게 현재의 우리가 되었는지에 대한 분석을 수행할 수 있어야만 한다. 그러한 분석은 여성 및 해방되지 못한 다른 집단들에 대한 우리의 과거의 취급 방식뿐만 아니라 법률 일부의 야만성을 마주하고 인식할 것을 필요로 한다.

법이 범죄자를 '일탈한 개인'이나 '괴물'로서 다루고 유일한 책임 소재지로서 취급하는 한, 우리의 시민 정체는 체계적으로 폭력을 조장하는 방식으로 인간관계를 구조화하기를 지속할 것이다. 필요한 것은 여성이 시민권과 맺는 역사적이고 현재적인 관계에 대한 분석, 즉 여성의 시민적 실존의 구체적 조건에 대한 연구이다. 이것은 결혼 계약,[56] 양육을 위한 사회적 배치, 여성의 경제적 지위 및 이들 사이의 연관성에 대한 고민을 포함해야 할 것이다. 요컨대, 구조적인 문제는 여성을 시민사회로 완전히 끌어들이는 방법과 관련된다. 스피노자는 여기서도 딱 들어맞는 주장을 한다. 만일 민주적 시민 정체가 모든 시민들에게 안전과 안보를 제공하고자 한다면, 시민 정체는 다양한 구성원들 사이의 일치나 조화를 보장해야 한다.[57] 무엇보다도 조화는 권력에서의 합치에 달려 있다. 그 권력이란 이 맥락에서 시민적 권력(또는 권리)을 의미한다.

대체로 무시돼 왔던 스피노자의 정치 이론과 법 이론은 이러한 쟁점들을 통해 사유하기를 시작할 수 있는 참신한 관점을 제공한다. 이 관점은 초월적 도덕 범주나 비밀스러운 신학적 범주에 호소하지 않으면서 사회 관계의 다양한 종류들을 식별하는 것에 관심을 가진 이들에게 흥미로울 것이다. 이 관점은 윤리학을 도덕률의 보편적 체계로 환원하지 않으며, 따라서 보편주의임을 자임하지 않는 윤리적 입장을 제공한다. 이는 우리가 '포획'과 '효용'이 아닌 이성적 존재들의 공동체에 기초한 사회관계에 가치를 둘 수 있는 수단을 제공하는 동시에 사회관계의 각 유형이 윤리적, 법적 책임 통념에 대해 갖는 태도의 차이를 보여준다. 이성적 존재들의 공동체는 폭력적 행동의 직접적이면서도 구조적인 원인을 살피고, 그러한 원인의 책임을 적절한 곳에서, 예컨대 시민 정체의 관습과 법률로 체현된 여성에 대한 태도에서 찾는다. 그렇다면 아마도 남성을 본질적으로 폭력적인 것으로, 또는 범죄자를 별개의 '종'으로 구성하는 것은 우리가 그 일부분인 복합체의 유형에 관해 우리가 무지하다는 징후로 이해될 것이다. 결국 그러한 이해는 고유하게 그리고 의지적으로

• • •

56. 논란의 여지는 있지만, 결혼 계약에 대한 흥미로운 독해로 C. Pateman, *The Sexual Contract*, Cambridge, Polity Press, 1988[『남과 여, 은폐된 성적 계약』, 이충훈, 유영근 옮김, 이후, 2001]을 참조하라.
57. 『윤리학』 4부 부록 14-16항.

사악한 범죄자라는 '유형'에게 죽음을 선고할 것이다.

이와 달리 주로 슬픈 정서들에 의해 지배되는 사회는 널리 알려진 속죄양을 희생함으로써 '대중들의 죄'를 속죄한다. 현재에도 속죄양의 사례들은 적지 않게 존재한다. 최근 호주, 영국, 미국은 모두 법원과 경찰서 바깥에 몰려든 분노한 군중들이 원시적인 밧줄 올가미를 가져와 사형을 요구하는 일들을 경험했다. 이는 아동 살해, 연쇄 살인, 강간 등 경악할 만한 폭력적 사건에 대한 정서적인 반응이다. 아마도 군중을 구성한 개인들이 가진 정서들의 종별적 원인은 다양할 것이다(두려움, 죄책감, 수치심, 공포, 시기 등). 예컨대 남성과 여성은 강간범이나 성-특정 살인범에 분노하는 반응의 기저를 이루는 원인에서 상당히 다르다. 그러나 여기서 핵심은 군중의 정서에 있다. 관련된 특정한 개인들이 무엇을 느끼든, 그 집단적 정서는 그들이 슬픔 또는 고통의 원인이라고 파악한 것을 향한 증오이다.

군중들이 폭력이나 충격적 범죄로 유죄판결을 받은 사람들뿐만 아니라 단지 기소만 된 이들에게도 보이곤 하는 이 증오의 아이러니는, 범죄 자체를 일으킨 바로 그 정서들, 즉 권력의 결핍에서 발생하는 증오와 욕구불만을 반영하는 것이다. 그러한 정서들의 힘으로 인해 우리는 강간, 살인, 폭력을 일으킨 행위의 원인을 고려할 필요가 없다는 생각에 휩싸이게 된다. '죄인'이 공동체의 나머지로부터 분리된다면, (추방된) 그 또는 그녀는 더 이상 그 또는 그녀를 비난하는 공동체의 부분으로 간주되지 않는다. 이것은 저질러진 행위에 대해 사회체 스스로가 책임을 면제받을 수 있는 한 가지 방법인데, 왜냐하면 '범인'과 '우리' 사이에 어떤 거리와 차이가 만들어졌기 때문이다. 바로 이 조작된 '차이'가 언론에 의해 부추겨진 수많은 사람들이 연쇄 살인범이나 특히 폭력적이거나 충격적인 범죄로 유죄판결을 받은 이들에게 두드러진 매혹/반감을 갖도록 기여하는 것이다. 그러한 '폭로' 매체에서 자주 발견되는 것은 이웃과 지인에 따르면 소위 '괴물'이 조용하고 공손한 '보통 사람'이었다는 것이다. 이러한 보통 상태는 그의 '괴물스러움'을 약화시키기보다 오히려 한층 강화시킨다.[58] 그러한 범죄의 '가공할 만한' 잔인함은 우리의 사회적 관계들을 구성하는, 대개는 문제 삼지 않는 폭력의 근본적 평범성을 감추는 데 복무할 뿐이다.

- - -

58. 이러한 현상에 대해서 B. Massumi, 'Everywhere You Want To Be: Introduction to Fear', in *The Politics of Everyday Fear*, ed. B. Massumi, Minneapolis, University of Minnesota Press, 1993, pp. 4–5를 참조하라.

제 9 장

권력, 윤리학, 성적 상상계

안토니오 네그리Antonio Negri는 스피노자의 정치학과 형이상학 간의 관계를 탐구한 최근 저작에서 다음과 같이 말한다. "권력의 지평은 유일하게 가능한 형이상학적 지평이다. 그런데 이는 참이기 때문에, 오직 윤리학만이 … 이것을 적합하게 탐구할 수 있다."[1] 권력이 있는 곳에 윤리는 없다고 주장하는(또는 단지 가정하는) 이들에게는 네그리의 말이 역설적으로 들릴 것이다.

확실히 어떤 페미니스트들은 권력과 자유는 대립되는 개념이며, 윤리적 관계는 자유롭고 평등한 이들 사이에서만 가능하다고 주장한다. 이들의 견해에 따르면, 권력은 탄압하는 정권 및 억압과 관련되는 반면, 자유는 그러한 권력으로부터의 해방과 관련된다. 권력과 자유 간의 이러한 대립에 관해서는 아래에서 좀 더 논할 것이다. 대부분의 초기

. . .

1. A. Negri, *The Savage Anomaly*, trans. M. Hardt, Minneapolis, University of Minnesota Press, 1991, p. 156[『야만적 별종: 스피노자에 있어서 권력과 역능에 관한 연구』, 윤수종 옮김, 푸른숲, 1997, 333쪽].

'제2물결' 페미니스트들은 해방에 이르는 길이 '일상적 의식'에 대한 탐구, 즉 '의식 고양'에서 시작된다고 보았다. 그러한 정치술이 전개된 맥락에 주목하는 것은 현 시점에 유용할 수 있다.

가상의 조건들

20여 년 전 실라 로보섬Sheila Rowbotham과 줄리엣 미첼은 남성들이 지배적이었던 좌파 단체에서의 남성우월주의 경험이 그들의 페미니즘 의식 발전에 기여했다고 말했다. 마르크스주의 이론은 여성들이 (어떤 사회구성체에서든) 여성으로서 경험하는 종별적인 억압을 분석하는 데 공헌한 바가 거의 없었다. 이러한 페미니즘 이론가들은 마르크스주의가 제시한 계급에 기반을 둔 사회 분석을 보완하기 위해 개인, 가족, 섹슈얼리티에 대한 사르트르, 라이히, 파농, 랭, 프로이트의 저작들을 동원했다. 그럼에도 사회주의 정치학은 1970년대 초반 페미니즘 이론 및 실천 양상에 뚜렷한 영향을 미쳤다. 이는 1970년대 페미니즘 이론이 '의식 고양'이라는 실천뿐만 아니라 '가부장적 이데올로기'의 통념에 의존하고 있다는 데서 확연히 드러난다.

로보섬은 1973년에 다음과 같이 물었다. "사회가 개인의 의식에게 스스로를 전달하는 방식을 우리는 어떻게 이해할 수 있는가? 개인의 의식은 어떻게 스스로를 다시 사회 운동으로 변환하는가?"[2] 여성들이 살아온 경험은 전통적 정치·사회 이론 속에 기입되었던 적이 거의 없기 때문에, 로보섬이 여겼던 것처럼 "지금 우리가 살고 있는 여성의

• • •

2. S. Rowbotham, *Woman's Consciousness, Man's World*, Harmondsworth, Penguin, 1973, p. 24.

삶의 이 낯선 현상을 이론의 언어로 **변환**하는 것"이 과제가 되었다.[3] 살아온 경험을 이론으로 "변환"하는 데 있어 의식 고양 실천은 결정적 걸음인 것처럼 보였다. 의식 고양이라는 통념은 종종 이데올로기의 **초월**을 수반하는 것으로 여겨졌는데, 여기서 이데올로기는 우리 존재의 실재 조건에 대한 거짓되고 상상적이며 가상적인 의식으로 이해된 것이었다. 우리가 우리의 존재에 대해 가지고 있는 (단순한 '감정'으로 이해되곤 하는) 즉각적이거나 '일상적인' 의식은 모순적이고 신뢰할 수 없는 것이기 때문에, 합리적이거나 객관적인 정치적 분석의 층위로 고양될 필요가 있다고 생각되었다. 우리 존재의 '실재' 조건과, 그 조건에 대한 우리의 의식 간의 이러한 분열은 1970년대 페미니즘 이론에서 매우 극명했다. 당시 인기를 끌었던 『가상의 조건』[4]은 책 표지에 마르크스의 유명한 구절을 담았다. "그들의 조건에 대한 가상을 폐기하라는 요청은 가상을 필요로 하는 조건을 폐기하라는 요청이다."

(가부장제 이데올로기 및 자본주의 이데올로기가 '존재의 실재 조건'을 가리고 있다고 보는 이론적 맥락에서 전개되었던) 의식 고양 실천은 이데올로기와 진리 사이에, 존재의 가상적이거나 상상적인 조건과 존재의 참되거나 실재적 조건 사이에 분열을 페미니즘 이론 안에 고착화하는 역할을 했다. 사르트르와 같은 이론가들의 정치적 주의주의의 부가적 영향력은 비록 혼합적이긴 하나 흥미로운 정치적 입장으로 향했다. 예컨대 로보섬은 사회 운동이 "대안적 가치를 기획"할 수 있는 "자신만의 문화"를 가져야 함은 분명하지만, 이것이 "불가능할 정도로 이상적인 기준에 부응하기 위해 노력하느라 모두를 더 지치게 만들 뿐인, 작고

• • •

3. Ibid., p. 45. 게이튼스의 강조
4. S. Allen, L. Sanders and J. Wallis, eds., *Conditions of Illusion*, Leeds, Feminist Books, 1974.

자기 패배적이며 전체화하는 유토피아를 영속적으로 창조"하지 않고도 어떻게 성취될 수 있을지 알 수 없다고 썼다.[5]

이러한 이론적 영향의 결과로, 많은 페미니즘 이론은 우리의 감정에 관한 공적인(또는 적어도 반쯤은 공적인) 반성이 그러한 감정을 잠재적으로 변형시킨다는 견해를 갖게 되었다. 사적인 가상이나 상상은 페미니스트 모임에 의해 공유되고 분석되었을 때, 여성의 존재 조건에 대한 정치적 통찰력을 발전시킬 수 있는 '원료'의 지위를 갖게 되었다. 따라서 정치·사회 이론에서 감정, 가상, 상상은 극복되고 변형되고 초월되어야 할 것으로 간주되었다. 정치 이론 자체는 그 자신의 상상적 요소를 갖지 않는 것처럼 인식되었다. 의식 고양 실천은 왜 결국 정치적으로 효과적이지 못했는가? '이데올로기' 통념은 왜 현대 페미니즘 저작들에서 사실상 사라졌는가? 여기서 나는 이 두 가지 질문이 상호 연결되는 방식에 초점을 맞추고 싶다. 나는 이 장에서 특히 성별들 간의 윤리적 관계라는 맥락에서 감정들의 권력과 상상에 대해 다루고자 한다.

체현된 인식

우리 '존재의 실재 조건'을 오해하게 만드는 '가상의 조건'에서 우리는 어떻게 벗어날 수 있는가와 같은 수수께끼는 나의 출발점이 아니다. 오히려 이 장은 성별들 간의 윤리적 관계를 충분하게 사고함에 있어서 스피노자의 관점이 기여할 수 있는 바를 탐구할 것이다. 스피노자의 『정치론』 서론은 다수의 정치 이론이 지닌 유토피아적 본성에 대한

• • •

5. Rowbotham, *Woman's Conciousness*, p. 25. 게이튼스의 강조.

로보섬의 견해를 상기시킨다. 스피노자는 말한다.

철학자들은 우리를 사로잡는 정념들을 인간이 자신의 잘못 때문에
빠지게 되는 악덕처럼 간주한다. 따라서 자신이 평소와 달리 경건한
것처럼 보이기를 바랄 경우, 대개 인간을 조롱하고 한탄하며 비난하고
저주한다. 그렇게 그들은 어디에서도 존재하지 않는 인간 본성에
대해서 갖가지 칭찬을 늘어놓고, 실제로 존재하는 것에 대해서는
비난하면서, 자신들이 위대한 일을 행하고 지혜의 절정에 도달해
있다고 믿는다. 그들은 있는 그대로의 인간이 아니라 그렇게 되었으면
싶은 인간을 생각한 것이다. 그 결과 대부분의 경우 그들이 쓴 것은
윤리학이 아니라 풍자소설이다. 그들은 결코 실제로 적용될 수 있는
정치 이론을 생각한 적이 없다. 단지 키메라chimera라고 여겨질 법하거
나 유토피아에서나 만들어졌을 정치 이론을 생각했을 뿐이다.[6]

스피노자는 오늘날 철학에서 거의 예외 없이 데카르트, 라이프니츠와
더불어 17세기의 삼대 합리론자 중 한 명으로 제시된다. 스피노자에게
이성은 인간이 이용할 수 있는 가장 위대한 권력이라는 것은 분명하지만,

...

6. B. Spinoza, *A Political Treatise*, in *The Chief Works of Benedict de Spinoza*,
vol. I, ed. R. H. M. Elwes, New York, Dover, 1951, p. 287[『정치론』, 공진성
옮김, 도서출판 길, 2020, 47-9쪽]. 스피노자 저작은 여러 판본이 있지만,
가장 좋은 것은 *The Collected Works of Spinoza*, trans. E. Curley, Princeton,
N. J., Princeton University Press, 1985이다. 불행하게도 아직까지는 1권만 선보
였다[2016년에 2권이 출간되었다 — 옮긴이]. 『윤리학』과 『지성교정론』은
이 판본을 참고할 것이다. [『에티카』, 황태연 옮김, 비홍, 2014(진태원의 미출간
국역본 참조); 「지성교정론」, 김은주 옮김, 도서출판 길, 2020.] 『신학정치론』과
『정치론』은 *The Chief Works of Benedict de Spinoza*, vol. I, ed. R. H. M. Elwes,
New York, Dover, 1951의 판본을 참고할 것이다[『신학정치론』, 황태연 옮김,
신아출판사, 2010; 『정치론』, 공진성 옮김, 도서출판 길, 2020].

스피노자의 이성 통념은 데카르트와 다르게 내재적이며 체현된 것이다. 요벨은 이 점을 잘 보여준다. 그는 다음과 같이 말한다.

(스피노자에게) 인식은 소유 양식이 아니라 존재 양식이며, 우리가 가지고 있는 어떤 것이 아니라 우리인 바, 또는 우리가 될 수 있는 바이다. 모니크 슈나이더Monique Schneider가 지적하듯이, 인식을 얻는 다는 것은 소유물 목록에 새로운 것을 추가하듯 우리가 습득물을 얻는다는 것이 아니라, 우리가 다르게 존재하게 된다는 것이다.[7]

따라서 스피노자가 『윤리학』 2부에서 개괄한 세 가지 종류의 인식(상상, 이성, 직관)은 단순히 의식이나 '앎'의 다양한 형태가 아닌 존재의 다양한 형태로서 이해되어야 한다. 첫 번째 종류의 인식, 곧 상상을 통해 무언가를 인식한다 함은 그 인식하는 자가 놓인 맥락 속에서 특수한 방식으로 존재한다는 것이다. 이는 결국 우리의 활동적 힘과 수용적 역량을 변용할 것이다. 스피노자의 관점에서 상상은 인간중심주의적 종교에 의해 전파되는 다양한 가상과 미신의 근원이다. 그는 우리 자신과 우리의 맥락에 대한 이해를 "망가뜨리는", "예로부터의 속박의 흉터"와 같은 오인에 대해 말한다.[8] 바로 이러한 상상이 자유의지 및 우연의 가상을 발생시키는 것이다. 스피노자는 우연을 거부하는데, 우리가 우연으로 여기는 것은 사실상 우리의 부분적이거나 왜곡된 인식을 보여주는

* * *

7. 요벨은 이성이 체현되고 내재적이라는 것은 인정하지만, 이성이 역사적인 것이라고는 생각하지 않는다. 이에 대해서는 제8장의 주석 43을 참고하라. 요벨의 견해는 네그리의 견해와 비교될 수 있다. "이성은 신체를 초월하거나 변경할 수 없다. 이성은 신체를 완성하고, 발전시키고, 충만하게 한다."(*Savage Anomaly*, p. 166[『야만적 별종』, 348쪽].)
8. *A Theologico-Political Treatise*, p. 6[『신학정치론』, 17쪽] 참조.

것이라 여기기 때문이다. 모든 것은 필연성에 의해 지배받으며, 두 번째 종류의 인식인 이성이 이러한 필연성을 이해할 때 사물을 참되게 이해하는 것이 된다. 이러한 관점에서 보면, 우리의 상상적이고 정념적인 역량은 우리의 이성적 역량만큼 우리의 본성에 필연적이다. 스피노자는 인간 삶에서 정념의 필연성을 자연의 나머지인 폭풍, 바람, 사이클론, 홍수의 필연성에 비유한다. 그러한 외견상의 소란은 혼란스러운 것이 아니라, 오히려 언제 어디서나 동일한 자연의 법칙을 따르는 것이다. 사이클론과 마찬가지로 우리의 정념은 우리가 그것을 이해할 수 있게 해주는 원인을 갖고 있다.

어떤 이들은 스피노자의 존재론을 지배하는 필연성은 인간 행위에 대한 숙명론적이고 비관론적인 모습을 수반하며 이는 단지 체념적이고 정적인 정치만을 산출한다고 이해했다. 나는 이것은 오독이라고 생각하는데, 필연성은 자유의지는 아니지만 자유로운 인간 행동을 위한 가능성의 조건을 제공하기 때문이다. 필연성이 없는 인간의 자유란 자유롭게 우유를 원한다고 믿는 어린아이나 자유롭게 자신의 마음을 털어놓는다고 믿는 주정뱅이가 가정하는 자유만큼 터무니없는 것이다.[9] 다르게 말하면, 인간의 자유란 우리가 우리의 욕구를 의식하기 때문에 우리가 또한 그 욕구의 원인일 것이라는 잘못된 가정과 다를 바 없는 것이다. 이것은 인간의 심리와 상상에 대한 스피노자의 설명의 중요한 측면이다. '의식의 가상'[10]은 '의지'가 우리 정서들의 원인인 것처럼 오해한다. 우리는 그 정서를 '경험'하지만, 그 정서를 결정하는 원인들의 연쇄에

• • •

9. 『윤리학』 3부 정리 2 주석 참조.

10. 들뢰즈는 *Spinoza: Practical Philosophy*, San Francisco, City Lights Books, 1988[『스피노자의 철학』, 박기순 옮김, 민음사, 2001]에서 다음과 같이 말한다. "의식은 자신을 **구성하는** 삼중의 환상, 즉 목적성의 환상, 자유의 환상, 신학적 환상과 분리 불가능하다."(p. 20[35–36쪽], 강조는 원문.)

대해서는 대개 무지한 것이다.

대인 관계의 대부분의 특성은 이러한 오해의 측면에서 분석될 수 있다. 나는 A의 멋진 자질들 때문에 그녀를 사랑하고, B의 끔찍한 특성들 때문에 그를 증오하며, C의 시샘하는 성격 때문에 그녀를 두려워한다고 믿는다. 이러한 반응들 각각은 나의 정념 또는 정서(사랑, 증오, 두려움)의 원인을 나의 의식 속에서 대상 A, B, C가 나에게 일으킨 효과에서 찾는다. 사랑–증오, 기쁨–슬픔의 쌍은 나를 강화하거나 약화한다고 내가 여기는 것의 신호들로 이해될 수 있다. 아멜리에 로티Amelie Rorty는 정념이나 정서를 "신체적 번영이나 쇠락에 대한 관념적 징후"로 정의하며, 그러한 정서들은 관계적이고 역동적이라는 중요한 관찰을 덧붙인다.

> 사고와 정념은 모두 힘들의 영역에서 개체화된다. 각 개체는 다른 개체들과의 관계 속에서 자신의 본성을 영속화하고 강화하도록 구성된다. … 한 사람의 사고와 정념은 이 모든 활동의 흔적들(표현과 반영)이다.[11]

특정한 개인을 개체화하는 것은 할 수 있는 한 오랫동안 자신의 존재 역량 속에서 스스로를 유지하고자 하는 욕망, 즉 코나투스이다. 스스로를 유지하고자 노력하는 '힘들의 영역'은 자신을 강화하거나 파괴할 수 있는 사물들로 이루어져 있다. 각 사물의 노력 또는 '본질'은 가능한 한, 그리고 개체의 이해가 허용하는 한에서 자신의 존재 역량을

• • •

11. A. Rorty, 'Spinoza on the Pathos of Idolatrous Love and the Hilarity of True Love', in R. C. Solomon and K. M. Higgins, eds., *The Philosophy of (Erotic) Love*, Lawrence, University Press of Kansas, 1991, p. 354.

강화하는 것들을 추구하고 해롭게 하는 것들을 피하는 것이다. 정서들은 대인 관계와 마찬가지로 정치적 관계에도 영향을 미친다. 특정 부류의 사람들에 대한 정치-윤리적 판단은 대개 본성상 정서적이다. 예컨대, X는 토착민들의 식민화된 삶의 조건 때문에 그들을 동정한다. Y는 독일인들이 민족주의적이기 때문에 그들을 두려워한다. Z는 남성들이 폭력적이기 때문에 그들을 증오한다. 이러한 사례에서 작동하는 '좋다-나쁘다'의 도덕이 (좋음이나 나쁨의) 가치를 부여하고 있는 곳은 그러한 대상이나 부류 자체이지, 그 정서를 경험하는 사람이 대상이나 부류에 대해 갖는 관계가 아니다. 스피노자가 위에서 주장한 바대로, 정서적인 영역을 다루지 않는 사회 이론이나 정치 이론은 유토피아에서나 적합한 정치학이 될 것이다. 정치 이론은 단지 오류나 '가상'일 뿐인 인간관계의 정서적인 측면들을 다룰 수 없다. 여러 인간관계는 이론가들이 이론화 과정 속에서 추상해내야만 하는 것이다. 반대로 안토니오 네그리가 주장한 바와 같이 스피노자는 정념과 상상에서 출발한다. 왜냐하면 정념과 상상은 "구체적인 것에 대한 분석이 진행될 수 있는 유일한 실질적 실재이[기 때문이]다. 정치학은 무엇을 '해야만' 하는가의 영역이 아니다. 오히려 정치학은 그 실질적 역량에서 확인되는 인간 본성의 이론적 실천인 것이다."[12] 바로 이러한 의미에서 정치학은 그 자체로 "상상의 형이상학"[13]으로, 즉 세계에 대한 종별적인 인간적 구성의 형이 상학으로서, "의무"가 아니라 "존재"로서 간주될 수 있다. 여기서 네그리 는 인간이 "국가 속의 국가"[14]로서 자연 속에 존재한다는 통념에 대한 스피노자의 거부를 반복한다. 정서적, 정치적, 윤리적 차원에서의 인간

• • •

12. A. Negri, *Savage Anomaly*, p. 186[『야만적 별종』, 380–381쪽].

13. Ibid., p. 97[231쪽].

14. 『윤리학』 3부 서문.

본성은 자연으로부터 독립적이거나 초월적이지 않다. 오히려 그러한 자연의 내재적 '표현'인 것이다. 따라서 스피노자주의 정치 이론가가 정념과 상상을 무시하고 오로지 이성에 기반을 둔 정치학을 구성하길 원한다는 것은 이치에 맞지 않는 것이다.

　정치 영역이 우리 자신과 타자들에 대한 통치, 그리고 우리의 필요와 자원, 우리의 권리와 의무에 대한 조직화와 관련되는 한, 그것은 본질적으로 정념과 상상과 관련된다. 이처럼 정치적인 것은 단지 구성되어야 할 영역이 아니라, 인간의 역사적 실재의 구성이기도 하다. 역사 속에서의 우리의 구성, 역사를 통한 우리의 구성을 고려하는 가운데 그러한 실재를 이해한다는 것, 그래서 우리에게 가능한 자유로운 행위의 방안을 이해한다는 것은 권력, 즉 변용하고 변용될 수 있는 역량이 가치로서 경험되는 현상학을 파악한다는 것을 의미한다. 네그리는 올바르게도, 정념적인 것이 『윤리학』의 윤리-존재론적 기획의 핵심이라고 주장한다.

　　양태의 윤리성을 강조하는 것은 양태의 현상학 안에서 산다는 것을 의미한다. 윤리학이 역사 속으로, 정치 속으로, 단일하고 집단적인 삶의 현상학 속으로 삽입되지 않는다면, 그것이 그러한 개입으로부터 새로운 자양분을 얻어내지 않는다면, 윤리학은 하나의 기획 안에서, 곧 양태와 실재의 형이상학 안에서 구성될 수 없을 것이다.[15]

　『윤리학』 3부는 바로 이러한 방식으로 이해해야 한다. 『윤리학』 1부와 2부에서 스피노자는 3부를 시작하는 놀라운 주장을 위한 기반을 놓은 것이다. "나는 인간 행위 및 욕구를 마치 선, 면, 물체들의 문제인 것처럼

• • •

　15. A. Negri, *Savage Anomaly*, p. 84[『야만적 별종』, 207-208쪽].

간주할 것이다."[16] 물론 스피노자는 이보다 훨씬 더 많은 것을 한다. 그는 기쁨이나 슬픔을 발생시키는 방식으로, 즉 우리의 권력 감정의 증대나 감소를 함축하는 방식으로 변용하고 변용되는 우리의 권력에 대한 우리 의식의 계보학적 설명을 제공한다. 우리의 활동이 우리의 외부보다는 우리의 내부에서 기인할수록, 우리는 더 강하고 더 자유로워지며 더 많은 기쁨을 경험하게 된다. 다른 사람의 본성에 대한 단순한 반영이나 반응이기보다 우리의 본성을 표현하기 위해서 활동을 겪기보다는 활동을 행하는 역량은 우리의 자유, 권력, 덕, 즉 **코나투스**의 표현인 것이다. 『윤리학』이 진행되는 내내 이 용어들은 서로 동일어의 관계에 놓인다.[17]

주의주의 전통과는 달리, 스피노자의 통념에서 권력은 자유와 대립하지 않으며 자유는 필연성과 대립하지 않는다. 오히려 필연성은 우리의 권력, 즉 우리의 활동할 자유를 의식할 수 있는 가능성을 허락하는 조건이다. 스피노자가 『정치론』에서 쓴 것처럼 "자유는 … 행동의 필연성을 제거하는 것이 아니라 오히려 그것을 정립한다."[18] 물론 권력의 증대에 대한 감정과, 진정한 권력의 증대 사이에는 질적 차이가 존재한다. 우리의 정서들 대부분이 불러일으키는 권력 감정은 대개 상상적인 것일 수 있다. 우리의 권력의 증대에 대한 이러한 상상적 감정이 실제로 우리의 활동하는 권력을 증대시킬 수 있다 해도, 이는 변덕스럽고 신뢰할 수 없는 방식일 공산이 크다. 그러한 기쁨의 정서는 쉽게 역전될 수 있으며, 따라서 슬픔의 정서, 약화시키는 정서가 될 수 있다.

• • •

16. 『윤리학』 3부 서문.
17. 『윤리학』 4부 정의 8.
18. *A Political Treatise,* pp. 295-296[『정치론』, 75-77쪽].

(정치적 틀에서의) 성욕, 사랑, 정신의 자유

한 인간 개체와 다른 개체는 권력에 있어서 양적 차이뿐만 아니라 질적 차이에도 이를 수 있다. 이는 남성과 여성 사이의 차이를 기술할 수 있는 한 가지 가능한 방식이다. 스피노자에게 정신은 신체에 대한 관념이라는 점을 전제한다면, 남성과 여성이 신체적으로 차이가 있는 한, 그러한 차이는 각 유형의 신체가 가질 수 있는 종별적 쾌락과 고통에 평행적이라고 할 수 있다.[19] 이것은 남성과 여성이 자신만의 종별적 관능성sensualities을 갖는다는 시몬 드 보부아르의 주장을 뒷받침한다.[20] 이렇게 부를 수 있다면 스피노자 존재론의 '본질주의'는 각자에게 고유한 행위와 즐거움의 역량과 관련된다. 스피노자는 이러저러한 개체의 기쁨과 고통의 종별성에 대해 매우 명확했다.

말과 인간은 자손을 낳으려는 성욕에 사로잡혀 있다. 그러나 전자는 말의 성욕이고 후자는 인간의 성욕이다. 마찬가지로 벌레와 물고기,

• • •

19. G. Lloyd, 'Woman as Other: Sex, Gender and Subjectivity', *Australian Feminist Studies*, no. 10(1989)을 참조.
20. 보부아르는 이 점에서 놀랍게도 스피노자적이다. 그녀는 『제2의 성』의 결론에서 다음과 같이 말한다. "남성과 여성 사이에는 항상 어떠한 차이가 있을 것이다. 여성의 에로티시즘, 즉 여성의 성적 세계는 여성만의 특별한 형태를 가지고 있기 때문에 관능성 또는 특별한 본성의 감성을 발휘하지 않을 수 없을 것이다. 이는 여성이 자신의 신체, 남성의 신체, 아이와 맺는 관계가 남성이 자신의 신체, 여성의 신체, 아이와 맺는 관계와 결코 동일하지 않으리라는 것을 의미한다. '차이 속의 평등'을 그토록 중요시하는 사람들은 평등 속에도 차이가 존재할 수 있다는 나의 견해를 기꺼이 받아들이지 않을 수 없을 것이다."(*The Second Sex*, trans. H. M. Parshley, Harmondsworth, Penguin, 1975, p. 740[『제2의 성』 하, 조홍식 옮김, 을유문화사, 1993, 529쪽].)

새의 성욕과 욕구는 달라야만 한다. 따라서 각 개체는 자신의 본성에 맞게 살아가고 거기에 만족하며, 각자가 그에 맞춰 살아가는 이 본성 및 만족은 그 개체의 관념이나 영혼과 다르지 않다. 그러므로 한 개체의 만족은 다른 개체의 만족과 본성상 다르며, 이는 전자의 본질이 후자의 본질과 다른 한에서 그러하다. 결국 이로부터 주정뱅이를 이끈 만족과 철학자가 소유한 만족 사이에는 적지 않은 차이가 존재한다는 것이 따라 나온다.[21]

술을 마시거나 철학을 하면서 얻는 만족(또는 기쁨으로 변용되는 권력)은 단순히 그의 생물학적 성별에 의해 크게 달라질 수 없는 즐거움의 권력이다. 우리는 이 사실을 인정하면서도, 역사적 조건이 순전히 우리의 지정된 성별에 근거하여 어떤 종류의 활동은 금지하고 다른 종류의 활동은 장려할 수 있으며, 또한 그렇게 해왔다는 점을 부인하지 않을 수 있다.[22] 더구나 사회적 조건들은 성별들의 동일한 활동에 대해 사회적, 정치적 의미를 다르게 구성한다. 이러한 역사적, 사회 정치적 조건들은 여성과 남성이 표현할 수 있는 역량들 및 권력들의 범위를 변용할 수 있으며, 또한 변용한다. 한 사람의 변용하고 변용될 수 있는 역량은 오로지 그녀 또는 그의 신체에 의해서 규정되는 것뿐만 아니라 그 신체가 활동을 행하고 활동을 겪는 맥락을 구성하는 모든 것에 의해서도 규정되는 것이다. 스피노자 사상의 맥락에서 '체현'이라는 용어가 사용될 때, 그것은 단순히 한 개체의 신체뿐만 아니라 그 신체의 변용적인 맥락

• • •

21. 『윤리학』 3부 정리 57 주석.

22. Michèle Le Dœuff, *Hipparchia's Choice: An Essay Concerning Women, Philosophy, etc.*, trans. Trista Selous, Oxford, Blackwell, 1991에서 가장 명확하게 드러난 점이다. 그러나 미셸 르 되프의 논증은 존재론적 성차에 전혀 연루되지 않는다는 점에 주목해야 한다.

전체를 가리키는 것으로 이해되어야 한다.

따라서 스피노자의 '본질주의'는 존재론적 성차를 정당화하는 그 어떤 접근 방식도 제공할 수 없는데, 개체들은 그들의 구성에 의한 만큼 그들의 맥락에 의해서도 형성되기 때문이다. 그러므로 유사한 역사적, 정치적 맥락 속에 있는 남성과 여성은 근본적으로 다른 맥락의 두 여성들 또는 두 남성들보다 훨씬 더 많은 공통점을 가질 수 있다. 계급의 정치와 인종의 정치는 인간의 속성을 너무 쉽게 성차의 범주로 환원하는 것에 저항한다.[23] 실제로, 존재론적 성차 통념은 스피노자의 생각과는 전혀 맞지 않는 (속, 종, 유 등의) 분류 체계에 속한다고 할 수 있다. 들뢰즈가 명확히 밝힌 것처럼, 스피노자는 존재를 다음과 같이 정의한다.

> 그것들의 **변용 능력**에 의해서, 그것들이 가질 수 있는 변용들에 의해서, 그것들이 반응할 수 있는 자극들, 그것들이 변용되지 않는 자극들, 그것들의 역량을 넘어서는 것이어서 그것들을 병들게 하거나 그것들을 죽게 만드는 자극들에 의해서 (정의한다). 이렇게 해서 우리는 권력에 따른 존재들의 분류를 획득하게 될 것이다. 어떤 존재가 다른 것들과는 적합하고 다른 어떤 것들과는 적합하지 않은지, 누가 영양을 공급할 수 있는지, 누가 누구와 한 사회를 이룰 수 있고,

• • •

23. 호주의 많은 토착민 여성들은 그들이 백인 페미니스트들의 '젠더 본질주의'라고 간주하는 것에 대해 점점 더 목소리를 높이고 있다. 예컨대, 라리사 베흐렌트Larrisa Behrendt는 'Aboriginal Women and the White Lies of the Feminist Movement: Implications for Aboriginal Women in Rights Discourse', *Australian Feminist Law Journal*, vol. 1(1993), p. 35에서 캐서린 맥키넌 같은 이론가들이 "젠더를 인종, 계급, 성적 선호와 같은 다른 권력 관계로부터 고립시킨다. 그러한 본질주의 담론은 '남성'과 '여성' 범주 내부의 복잡성을 억압한다"고 주장한다.

그것은 어떤 관계들 아래서인지 알게 될 것이다.[24]

　하지만 스피노자의 체현 및 권력에 대한 견해는 모든 인간관계가
윤리적으로 구조화된다는 귀결을 수반한다. 성별들 간의 윤리적 관계의
주요한 영역 중 하나는 성적 관계일 것이다. 스피노자는 목적인에 대한
자신의 거부와 걸맞게도 성적 욕망을 목적론적으로 설명하지 않는다.[25]
우리가 다른 이들에게 느끼는 욕망이나 사랑은 다양한 이유로 발생할
수 있다. 누구든지 어떤 것이든지 욕망의 대상이 될 수 있다. 그 신체와
우리의 신체가 결합하는 경험에서 우리가 권력(또는 기쁨)의 증대를
느끼는 맥락이 주어진다면 말이다. 알렉상드르 마트롱Alexandra Matheron이
설명한 것처럼, 목적인에 대한 스피노자의 거부는 "금기 없는 섹슈얼리
티"를 허락한다.[26] 성적 관계는 그것이 기쁨의 감정을 불러일으키는
한에서 좋은 것이다. 스피노자의 일원론적 인간관은 신체의 행위 역량을
증대시키는 것은 정신의 행위 역량 또한 증대시킨다는 사실을 말해준
다.[27] 따라서 신체적 쾌락은 이성의 함양만큼이나 개체의 안녕을 위해서
중요하다. 스피노자가 주목했듯, "야만적이고 슬픈 미신이 아니라면

● ● ●

24. Deleuze, *Spinoza*, pp. 45–46[『스피노자의 철학』, 72쪽], 강조는 원문. 또한
　　p. 127[188–189쪽]을 보라. "요컨대, 만일 우리가 스피노자주의자라면 우리
　　는 어떤 사물을 그것의 형태에 의해서, 그것의 기관들이나 그것의 기능들에
　　의해서 정의하지 않으며, 그것을 실체나 주체로서도 정의하지 않을 것이다."
25. 스피노자적 관점에서는 사회적으로 지배적인 성적 행위나 성적 선호를
　　기능적이거나 이데올로기적 용어로 설명하는 것이 불가능하다. 따라서 종의
　　생식의 필연성을 이성애에 대한 설명으로서 상정하는 이론들은 허용되지
　　않는다. 이 점에 대해서 A. Matheron, 'Spinoza et la Sexualité', *Giornale Critico
　　della Filosofia Italiana*, ser. 4, vol. 8(1977), pp. 442–446을 보라. 이 글을 편안한
　　말로 번역해준 폴 패튼Paul Patton에게 깊은 감사를 표한다.
26. Ibid., p. 454.
27. 『윤리학』 2부 정리 13 주석.

어떤 것도 우리의 쾌락을 금지하지 않는다." 또한 이성적인 인간도 정념적인 인간 못지않게,

적당하게 맛있는 음식을 먹고 술을 마시고, 향수를 뿌리고 보기 좋은 식물을 즐기며 옷치장을 하고, 음악 감상과 놀이를 즐기며 연극 관람 및 각자가 다른 사람에게 피해를 주지 않고 누릴 수 있는 이와 같은 종류의 일을 즐긴다. 왜냐하면 인간 신체는 지속적으로 새롭고 다양한 영양분을 필요로 하는 상이한 본성을 지닌 많은 부분들로 이루어져 있기 때문에, 신체 전체는 자신의 본성으로부터 따라 나오는 모든 것을 균등하게 할 수 있기 때문이다. 따라서[28]

정신 또한 많은 것을 균등하게 이해할 수 있을 것이다. 사실, 신체와 정신의 활동은 하나이며 동일한 것이다. 그러나 성적 욕망은 그것이 정념인 한에서 쾌락과 기쁨을 발생시키는 만큼 고통과 슬픔의 근원이 되기 쉽다. 우리의 양태적 구성에서 발생하는 다른 정념들과 마찬가지로 우리를 변용하는 정념들의 권력과 관련해서 우리는 수동적이기 때문이다. 이것은 특히 '성욕의' 성적 정념에 대해서 그러하다. 성욕의 섹슈얼리티는 대상에 대한 소유를 욕망하는 경향이 있다. 그와 같이 욕망된 대상은 불안, 희망, 공포의 지속적인 원천이 되는데, 대상을 실제적으로 소유하는 것은 불가능하기 때문이다. 스피노자는 특히 우리의 행위 역량을 극도로 감소시키는 '슬픈' 정념으로 희망과 공포의 정념을 지목했다.

그러나 스피노자는 자유로운 개체들 간의 사랑이나 정신의 자유에서

• • •

28. Ibid., 4부 정리 45 보조정리 2 주석.

오는 사랑에 대해서도 언급한다. "서로 간의 사랑이 … 단지 외양만이 아니라 특히 정신의 자유를 원인으로 삼고 있다"[29]는 구절이 그것이다. 스피노자의 "정신의 자유"는 이해하기가 쉽지 않은 개념이다.[30] 성별들 간의 사랑이라는 맥락에서 그 뜻을 파악해본다면, "정신의 자유에서 오는" 사랑은 단지 물리적 끌림이 아니라 누군가가 왜 이 사람에게 이끌리는지에 대한 이해 및 언제 그 이끌림이 누군가를 진정으로 강화시키는지에 대한 능동적 확신을 기반으로 한다. 그러한 사랑은 우리 자신과 타자, 그리고 둘 사이의 관계의 맥락을 지배하는 필연성에 대한 인식을 기반으로 삼는다. 아마도 각자는 또한 "권력에서의 합치"를 유지하기 위해 노력할 것이다. 다시 말해, 각자는 둘 모두의 기쁨의 정서들을 증진시킬 수 있는 조화를 유지하고자 할 것이다.[31]

• • •

29. Ibid., 4부 부록 19항과 20항.

30. 스피노자의 '정신의 자유'라는 통념을 적합하게 취급하는 것은 지금의 주제와는 너무 멀어지게 할 것이다. 『윤리학』의 난해하기로 악명 높은 5부에서 스피노자는 정신의 자유를 '지복'과 동의어로 사용한다. 다른 곳에서 탐구될 수 있는 한 가지 흥미로운 길은 '자유로운' 여성과 남성 사이의 사랑이 세 번째이자 가장 높은 종류의 인식인 직관의 달성을 수행한다는 것이다. 이 부분에 대해서는 『윤리학』 4부 부록과 4항을 보라. 스피노자에게 인식은 체현된 것이자, 두 번째 종류 및 세 번째 종류의 인식의 달성은 특정한 사회적 조건의 존재에 달려 있기 때문에, 성별들 간의 "자유롭지 못한" 관계로 특징지어지는 사회는 "부적합한" 인식을 생산할 것임이 분명하다. 몇몇 페미니즘 인식론자들은 이 주장을 다른 말로 표현했다.

31. 『윤리학』 4부 정리 32를 참조. "본성상 합치한다고 말해지는 것들은 능력의 부족이나 부정에서가 아니라, 그리고 결과적으로 (3부 정리 3을 참조) 정념에서가 아니라, (3부 정리 7에 의해) 권력에서 합치한다고 이해된다." 마트롱은 자유로운 남성과 여성은 인식과 진리를 그들의 "근본적 목표"로 갖는다고 말하며 유사한 결론에 이른다. 따라서 자유로운 남성과 여성은 "정신적, 신체적 능력의 평행적 발전"을 추구하고, 자신들 사이에서 그리고 가능하다면 다른 사람들과 "일치를 이루기"를 추구할 것이다. Matheron, 'Spinoza', p. 454를 참조.

『윤리학』에서 제시된 사랑하는 관계들에 대한 관점은 매우 흥미롭고 그 자체로 고려할 만한 가치가 있다. 로티와 마트롱은 위에서 언급된 두 개의 탁월한 논문에서 왜 이러한 관점이 현 시점에 흥미로운지에 대한 설득력 있는 이유를 제시한다. 그러나 로티와 마트롱 모두 이러한 관계가 형성되는 정치적, 역사적 맥락에 대해서는 충분한 주의를 기울이지 않는다. 특히, 성별들 간의 사랑하는 관계가 여성의 정치적 참여가 배제되어온 역사를 가진 가부장적 사회에서 일어난다는 사실이 함축하는 바에 대해서는 둘 다 충분한 관심을 두지 않는다.[32] 이것은 정신의 자유에서 오는 사랑에 대한 남성과 여성 각자의 능력에 어떤 영향을 미치는가? 이러한 역사는 권력에서의 합치를 함축하는 관계, 즉 조화로운 관계를 유지하려는 각자의 능력에 어떤 영향을 미치는가?[33]

이 질문을 스피노자 자신의 용어로 고찰하기 위해, 우리는 『윤리학』의 철학을 정치적 틀 속에 위치시킬 필요가 있다. 의심할 여지없이, 『윤리학』은 건조한 의무를 명령하고 극소화된 쾌락, 웃음, 신체를 장려하는 초월론적인 도덕이 아니라 기쁨을 주고 삶을 강화시키는 마주침에 대한 유동적이고 내재적인 윤리를 제시하는 권력의 철학으로 읽을 수 있다.[34]

• • •

32. 이 장의 핵심은 남성과 여성의 역량들 및 권력들 간의 역사적 차이와, 이 차이가 이성애 관계에 미치는 영향에 대한 것이다. 그러나 스피노자의 섹슈얼리티와 욕망에 대한 통념은 동성애 관계의 맥락을 통한 생각도 지닐 수 있다. 확실히 동성 관계는 이성 관계와 **동일한** 문제를 야기하지 않을 것이며, 권력에서의 합치로 이해되는 조화는 아마도 전자에서 성취되기가 더 쉬울 것이다.

33. 예를 들어, 유사한 역량을 가진 남성과 여성이 평등하고 매우 조화로운 삶을 공유하길 욕망한다고 해보자. 만일 여성이 성적 차별로 인해 남성보다 직업적으로 더 적은 임금을 받는다면, 이는 두 사람이 성취하고자 노력했던 조화에 어떤 영향을 미치겠는가? 동시대의 아이 돌봄의 방식이 결정적 중요성을 갖게 될 것이다.

34. 이는 *Spinoza*[『스피노자의 철학』], 특히 2장과 3장에서의 들뢰즈의 독해이다.

또한 스피노자는 그것을 이해할 수 있고 확실히 노력을 기울일 준비가 되어 있는 사람을 위한 윤리를 제공하는 것처럼 보인다. 물론 이는 모두가 원하거나 모두가 따를 수 있는 길은 아니다. 결국 그는 "고귀한 모든 것은 어려울 뿐만 아니라 드물다"는 충고로 『윤리학』을 마무리한다. 하지만 『윤리학』의 일관성에 결정적이면서도 인식되지 않은 전제에 주의를 기울일 필요가 있다.[35] 『윤리학』은 하나의 특정한 사회적, 정치적 맥락을 전제한다. 즉 『윤리학』은 (권리나 덕의 개념이 의미가 없는) 자연 상태의 사람들이나 전제적 정부 아래의 사람들을 다루는 것이 아니다. 오히려 『윤리학』은 민주적 정치체의 자유롭고 이성적인 구성원들에 대해 다룬다. 스피노자 자신도 이 전제의 중요성을 놓치지 않았다. 그는 1665년에서 1670년 사이 『윤리학』에 대한 작업을 중단했는데, 이는 『신학정치론』 및 이후 미완성된 저작 『정치론』에서 종교와 정치의 문제를 다루기 위해서였다. 성적 관계는 여성과 남성의 성별 모두에게 정치적 귀결을 갖지만, 성차에 의해 제기된 '정치적 문제'의 역사는 남성의 것과는 다른 여성의 '문제'이다.

마트롱이 지적한 대로 스피노자는 성적 정념과 연관된 두 가지 주요한 문제를 알고 있었다.[36] 첫 번째 문제는 개인과 관련된다. 즉 성적 정념에

• • •

35. 아이러니하게도, 역사적으로 주어진 것과 윤리적 추동이나 충동 간의 모순이라는, 스피노자 사상의 궁극적으로 모순적인 본성을 초래하는 것은 이와 같은 가정이다. 바로 이 모순을 네그리는 "야만적 별종"이라고 지칭한 것이다. 에티엔 발리바르E. Balibar는 'Spinoza, the Anti-Orwell: The Fear of the Masses', in *Masses, Classes, Ideas*, London, Routledge, 1994, p. 3[「스피노자, 반오웰: 대중들의 공포」, 『스피노자와 정치』, 진태원 옮김, 그린비, 2014, 148쪽]에서 스피노자의 사상을 "아포리아에 빠져 있으며", "진정한 해결책이 없는 모순들의 복합체"로 묘사한다. 그러나 두 철학자가 공히 동의하는 것은 스피노자 사상의 변칙적이고 아포리아적 성격이 우리를 매료시킨다는 점이다. 스피노자의 현대적 매력에 관해서는 들뢰즈의 'Spinoza and Us' in *Spinoza*[「스피노자와 우리」, 『스피노자의 철학』]를 참조.

는 우리의 행위 역량과 사유 역량을 제약할 수 있는 위험이 상존한다. 두 번째 문제는 정치와 관련된다. 즉 성적 정념은 경쟁(암묵적으로, 남성들 간의 경쟁)을 유발하여 사회체의 불화를 조장할 수 있다. 아마도 이것이 『정치론』의 민주국가에 관한 장에서 스피노자가 여성의 정치적 참여를 배제한 까닭일 것이다. "정부의 참된 목적은 자유"[37]이며, 민주주의는 "가장 자연스러우며 개인의 자유와 가장 일치하는"[38] 통치 형태라는 스피노자의 견해를 고려하면, 그가 인류의 절반을 정치적 자유의 달성에서 배제시켜야 한다고 주장했다는 것은 아무리 보아도 이상한 일이다.[39]

스피노자는 그러한 배제의 이유를 여성은 독립적 존재가 아니라 남성의 권위 아래 있기 때문이라고 제시한다. 그는 적어도 "여성이 남성의 권위 아래 있는 것은 본성상 그러한 것인지 아니면 제도에 의한 것인지"[40] 묻는다. 그의 답변은 "여성은 본성상 남성과 동등한 권리를 갖지 않"[41]기 때문에, 여성은 본성상 남성의 권위 아래 있다는 것이다. 이는 스피노자가 주장했다고 하기에는 당황스러운 견해이다. 다른 곳에서 그는 모든 계층의 사람들이 고유하게 계급에 기반한 특성이나 자질을 소유하는 것처럼 다루는 것을 경계했다. 예컨대, 그는 『신학정치론』에서

• • •

36. Matheron, 'Spinoza', pp. 452f를 참조.
37. *A Theologico-Political Treatise*, p. 259[『신학정치론』, 328쪽].
38. Ibid., p. 207[264~265쪽].
39. 스피노자에게 여성은 실로 '정치적 문제'이다. 미완성된 『정치론』은 하나의 계급으로서의 여성을 정치적으로 배제하는 바로 그 시점에서 갑자기 중단된다. 발리바르가 표현한 것처럼 "우리는 이 공백의 지면 앞에서 그[스피노자]가 죽음을 맞는 것을 보게 된다"고 말하고 싶다('Spinoza, the Anti-Orwell', p. 26[「스피노자, 반오웰: 대중들의 공포」, 『스피노자와 정치』. 189쪽]).
40. *A Political Treatise*, p. 386[『정치론』, 369쪽].
41. Ibid., p. 387[『정치론』, 371쪽].

"자연은 개인들을 형성하지만, 사람들을 창조하지는 않는다"[42]고 말하며 인종적이거나 민족적인 고정관념에 반대하는 주장을 했다. 그의 요점은 사람들의 계급을 구분하는 배치, 삶의 방식, 편견은 본성이 아니라 특수한 법과 관습의 결과라는 것이다.[43] 『정치론』에서 스피노자는 유스티누스 Justin의 역사서의 아마존 사례를 인용하면서, 만일 남성이 여성에 의해 지배받았다면 남성들은 "그들의 능력을 제대로 발휘하지 못하도록 길러 졌을 것"[44]이라고 논평한다. 여성들의 역사적 상황, 즉 여성들이 자신들의 능력을 제대로 활용하지 못하도록 키워졌다는 틀림없는 사실에는 주목하지 않은 채 말이다. 스피노자가 여성의 역사적 상황에 대해 맹목하게 된 원인은 무엇일까? 여기서 나는 그가 여성을 시민권에서 배제할 것을 제안하는 추가적인 논증을 고찰하며 잠정적 진단을 내리고자 한다. 그는 말한다.

그러나 만일 우리가 더 나아가 인간의 정념을 고려한다면, 사실상 남성들은 그저 성욕의 정념으로 여성들을 사랑한다는 것, 여성들의 영리함과 지혜를 그녀들이 아름다움에서 뛰어난 만큼에서만 평가한 다는 것, 남성들은 자신이 사랑하는 여성이 다른 남성에게 호의를 베푸는 것에 매우 고통스러워한다는 것, 이 같은 종류의 다른 사실들을 고려한다면, 평화를 심각하게 위협하지 않고서 남성과 여성이 함께

• • •

42. *A Theologico–Political Treatise*, p. 232[『신학정치론』, 294쪽], 게이튼스의 강조

43. 스피노자는 사람들은 "그들의 언어, 그들의 관습, 그들의 법에 의해서" 구별되고, 법은 사람에게 "특이한 성향, 특이한 삶의 방식, 특이한 편견"을 갖게 할 수 있다고 말한다(*A Theologico–Political Treatise*, p. 232[『신학정치론』, 294쪽]).

44. *A Political Treatise*, p. 387[『정치론』, 371쪽].

통치할 수 없다는 것은 쉽게 알 수 있다.[45]

이 논증은 정말로 매우 이상하다.[46] 여성의 자질이나 성향이 아니라 남성의 성향을 근거로 여성의 정치적 배제를 주장하기 때문이다. 더구나 이는 스피노자 자신의 정치 철학의 맥락에서도 수용될 수 없는 논증이다. 남성들은 정치체가 고려할 필요가 없는 모든 종류의 일에 대해 모든 종류의 정념을 갖는다. 남성들은 탐욕스럽고, 성급하며, 야심이 많고, 기타 등등한데, 이 모든 것은 평화를 어지럽힐 수 있는 것들이다. 그러나 스피노자는 이러한 사례 중 어느 것도 정치적 영역에 수용되기에 적합한 정념이라고 생각하지 않는다. 반대로 만일 남성들이 자신의 정념을 다스리지 못한다면, 법과 정치 사회의 권력이 그들을 다스리게 될 것이다. 정념들이 남성들을 분열시키고, 대립하도록 이끌고, 서로를 적으로 만든다는 사실에 대한 규범적인 정치적 해결로부터 왜 여성에 대한 남성의 '성욕'은 면책되는가?

스피노자가 여성을 정치적 참여로부터 배제하는 것은 스피노자의 철학을 '망가뜨리는' '흠터'와도 같다. 원한다면, 그것은 그의 저작이라는 신체에 난 '흠터'이다. 만일 단순히 역사적 상황에 한정된 스피노자가 자신의 사상의 함축된 바를 생각하지 못하는 경우라면, 우리는 어깨를 으쓱해 보이고는 그럼에도 현 시점에 흥미롭거나 유용한 그의 작업의 부분들을 향유할 수 있을 것이다. 불행하게도, 여성과 정치학에 관한

* * *

45. Ibid., p. 387[『정치론』, 371–373쪽].
46. 여기서 나는 다루는 주제가 여성인 경우 명백히 부적합하며 터무니없는 논증을 하는 사람들(다른 경우에는 주의 깊고 체계적인 사상가들)에 대한 르 되프의 논평을 상기한다. "화가 나는 것은 일단 여성이 주제가 되면 모든 저자들이 공통적으로 철학적 작업에 대한 보통의 기준을 내던져버린다는 것이다."(*Hipparchia's Choice*, p. 70.)

스피노자의 견해는 예외적인 것이 아니다. 여성을 정치 사회에서 배제하는 것은 서구 정치사상 전체의 몸통 위에 난 '흉터'이다. 만일 이러한 '흉터'가 어떻게 계속하여 현재의 성별들 간의 관계를 표시하는지 이해하고자 한다면, 우리가 시작하기에 좋은 장소는 상상과 정념일 것이다. 스피노자는 상상이 제멋대로 일반화하는 경향이 있다고 말한다.

> 만약 어떤 사람이 자신과는 다른 계급이나 민족인 누군가에 의해 기쁨 또는 슬픔으로 변용되고, 이러한 기쁨 또는 슬픔이 그것의 원인으로서의 계급이나 민족이라는 보편적인 이름 아래 그 사람에 대한 관념과 동반된다면, 그는 단지 이 사람만이 아니라 그와 같은 계급이나 민족에 속하는 사람 모두를 사랑하거나 미워하게 될 것이다.[47]

이 정리는 각 성별이 서로에 대해 형성하는 관념들의 맥락에서 주의 깊게 고찰하도록 한다. 이전 장들에서, 나는 우리의 성별화된 정체성의 핵심은 반대 성에 관한 상상, 즉 첫 번째 종류의 인식에 있다고 주장했다.[48] 각 성은 다른 성에 대한 자신만의 '상상'을 품지만,[49] 남성들이 공적 문화 및 공적 이론의 생산자로서 갖는 역사적 우위를 고려한다면 그 상상은 비대칭적 함축을 가질 것이다.

• • •

47. 『윤리학』 3부 정리 46.
48. 이것은 이 책에 실린 많은 글의 주제이다.
49. 나는 각 성이 다른 성에 관한 '상상계'에 참여하는 것은 사실이지만, '남성적 상상계나 여성적 상상계의 통일성'에 의문을 제기하는 주디스 버틀러에게 동의하는 편이다(J. Butler, *Bodies that Matter*, New York, Routledge, 1993, p. 262[『의미를 체현하는 육체』, 김윤상 옮김, 인간사랑, 2003, 483쪽]).

성적 상상계

하나의 계급으로서의 여성들은 한 사상가가 좋은 의미로든 나쁜 의미로든 예시를 위해 쓸 이미지나 비유를 아주 오랜 기간 제공해왔다. 여성들은 우리 문화와 문화사의 상상 속에 빈틈없이 기입되어 있다. 이것은 다양한 방식으로 여성들의 실제적 삶의 질에 영향을 미친다. 어떤 영향은 상대적으로 사소하지만(예컨대, 성차별적 광고), 또 다른 영향은 전혀 사소하지 않다(예컨대, 여성들이 종종 당하는 법적 대우). 이것은 역사적으로 주어진 것으로, 페미니즘 사상은 이를 (부지불식간이든 아니든) 재생산하지 않으면서도 이에 개입해야 한다. 앞선 장들에서 우리는 정치적이고 윤리적인 현재를 이해하기 위해 성적 상상계의 계보학에 착수할 필요가 있음을 주장했다.

이러한 기획을 위해서 인식의 양식은 또한 존재의 양식이라는 스피노자의 통찰을 이해해야 한다. 만일 인식이 소유가 아닌 존재의 양식이라면, 내가 이 장의 도입부에서 언급했던 주의주의적 정치학의 실패는 피할 수 없을 것이다. 만일 우리의 믿음, 의견, 상상이 우리가 목록으로 취할 수 있는 '소유물'이 아니라면, 우리가 의지의 행위로 그것들을 폐기할 수 없다는 사실은 놀라운 일이 아닐 것이다. 그러나 특수한 역사적 조건 하에서, 적어도 몇 가지 믿음에 대해 검토할 수 있고 우리 그리고/또는 타자들이 그 믿음들에 대해 갖는 지속적 투여의 토대에 대해 질문할 수 있다. 무엇이 우리에게 기쁨이나 슬픔을 가져다주며, 왜 그러한지에 대한 탐구는 우리가 현재 누구이며, 무엇이 미래의 우리에게 기쁨이나 슬픔을 가져다줄 수 있는지를 변경할 수 있을지 모른다. 물론 이것을 현재 페미니즘 이론의 일반적 지침 아래 일어나고 있는 많은 것에 대한 설명으로 제시해도 좋을 것이다.[50]

나는 스피노자에게 (말하자면, 그가 스스로에게 동의하는 것 이상으로) 동의하고 싶은데, 자연이 계급이나 대중을 만들어내지는 않는다는 점, 그러한 집단들의 편견, 성향, 특이성은 그 기원을 법, 관습, 특정한 '삶의 방식들'에서, 즉 체현된 믿음과 습관에 두고 있다는 점에서 그러하다. 유토피아주의적이지 않은 성적 윤리라면, 사람들을 있는 그대로 고찰할 필요가 있다. 즉 역사적 남성들과 여성들이 서로에 대해 품고 있는 정념과 상상은 적어도 부분적으로는 과거와 현재의 사회적, 정치적 제도들에 의해 형성되었다. 이러한 '가상의 조건들'의 '너머'는 존재하지 않는다. 오히려 인간의 조건이 곧 가상의 조건이다.

만일 성적 상상계의 계보학을 처음 행하는 우리가 여성의 차별적인 정치적 대우에 대해 스피노자가 제시한 근거로 돌아간다면, 무엇을 발견할 수 있을까? 내가 단번에 찾은 것은 그의 추론에서의 역설이다. 정확하게는, 남성이 그들의 이른바 자연권을 행사할 수 있는 정치체에서 여성은 완전한 구성원이 아니라는 사실이다. 만일 여성이 정치체의 완전한 구성원이 된다면, 불평등한 자연권의 사례들은 동등한 정치적 권리로 대체될 것이다. 나아가 남성들의 성적 정념처럼 시민의 평화를 어지럽히는 정념들은 시민 평화의 수호자들이 처리하게 될 것이다. 이 주장은 적어도 전통적 정치 이론의 수준에서는 전혀 놀랍지 않다. 이는 사회계약 이론가들이 사람들은 정치 사회의 제도를 통해 다른 사람들과의 관계에 영향을 미치길 바란다고 말한 바로 그 변화의 일종이다. 현대적 용법으로 이는 이성적 개인이라면 누구나 동의하는 시민사회

• • •

50. 나는 이것이 '경험' 통념과 그 통념이 페미니즘 정치와 이론에서 기능하는 방식을 검토하고자 하는 최근 페미니즘 학계 일반의 취지라고 생각한다. *Feminists Theorize the Political*, ed. J. Butler and J. W. Scott, New York, Routledge, 1992에서 버틀러와 스콧의 논문들을 참조.

의 조건이라고 말하면 좀 더 정확할 것이다.[51]

스피노자의 논증에서의 이러한 역설은 성별들 간의 관계에 대한 수많은 주장에서 나타나는 고질적인 역설이다. 이는 여성에 대한 17세기의 상상이나 정치적 이론 또는 철학적 사변에 특유한 것이 아니다. 서구 민주주의에서 여성들은 이 역설을 말 그대로 체현한다. 그것은 현대 자유민주주의 사회의 모든 주요한 제도들의 핵심을 이루는 역설이다. 이러한 주장은 막연한 용어로는 증명될 수 없다. 나는 이 장의 다양한 주제들을 한데 모으기 위해, 최근 언론의 많은 관심을 받은 호주 사법부의 일부 구성원들과 관련된 사건들을 분석하고자 한다.

거칠게 다루기

1992년 사우스오스트레일리아 대법원 볼렌Bollen 판사가 부부강간 사건[52]에 대해 배심원단에게 했던 권고 논평은 공분을 산 바 있다. 그의 발언은 이후 수년 동안 페미니스트들 및 여타의 집단들에서 악명을 떨쳤다. 배심원단을 향한 그의 모두 발언에는 다음과 같은 권고가 담겨 있었다.

• • •

51. 아마도 현대 계약론 사상에서 이러한 견해의 '고전적' 표현은 존 롤스John Rawls의 *A Theory of Justice*, Cambridge, Mass., Harvard University Press, 1971[『정의론』, 황경식 옮김, 이학사, 2003]일 것이다. 그러나 롤스가 스피노자의 성적 상상계의 측면들을 공유한다는 점에 주목하라. 즉 롤스 역시 가족을 '전-정치적' 연합이나 '자연적' 제도로 다루기 때문에, 성별들 간의 정의 및 공정성을 고려하지 않는다. 나는 아래에서 롤스에 대해 좀 더 논할 것이다.

52. 사우스오스트레일리아에서 부부강간은 형사상 범죄이다.

성적 혐의가 제기된 사건에서 증거를 고려할 때는 특히 신중을 기해야 합니다. 경험이 판사들에게 가르쳐준 것은 여성들이 강간 및 성적 공격에 대해 거짓 주장을 지어내거나 날조한 사례가 있다는 것입니다.[53]

'경험'을 일종의 교사로 여기고, '여성들'을 하나의 부류로 다룰 수 있다고 보는 볼렌의 판단에 대해서는 잠시 후에 다루기로 하자. 볼렌이 무엇을 (강간으로 이어지는) 폭력이나 강압이 아닌 (성관계를 유도하는) '수용할 만한 설득'으로 간주하는지는 다음과 같은 말에서 드러난다.

당연하게도 여러분은 이 사건에서 제가 말할 설득의 문제에 대해 고민하게 될 것입니다. 물론 아내가 성관계를 처음 거부했을 때, 아내가 마음을 바꾸도록 하기 위해 수용할 만한 방식으로 설득하고자 시도하는 남편에게는 아무런 문제가 없으며, 그 시도에는 평소보다 더 거칠게 다루기라는 방법이 포함될지 모릅니다. 따지고 보면, 다루기와 설득은 부인을 동의시킬 것입니다. 동의하지 않았다가 마음을 바꾸는 것과 동의하는 것 사이의 경계는 때때로 모호합니다.[54]

이 사건에 대한 언론의 대대적인 보도는 공분을 불러일으켰고, 1993년 사우스오스트레일리아 형사 항소 법원은 상당한 압력 속에 볼렌의 발언이 여성을 향한 사법부의 태도를 대변하지 않는다며 대중을 안심시켰다.

• • •

53. T. Threadgold, 'Critical Theory, Feminisms, the Judiciary and Rape', *Australian Feminist Law Journal*, vol. 1(1993), p. 18에서 인용. 게이튼스의 강조.
54. Ibid., p. 19. 게이튼스의 강조.

형사 항소 법원은 볼렌 판사의 발언에서 제기된 두 가지 법률적 문제에 대해 고민했다.

첫째, 배심원단에게 성과 관련한 사건에서 거짓 혐의의 위험을 경고한 것은 법률적 오류였는지 … 둘째, '평소보다 더 거칠게 다루기'를 포함하는 '수용할 만한 방식의' 설득에 관한 그의 지침은 법률적 오류였는지.[55]

첫째 문제에 대해서, 법원은 배심원단에게 내린 지침에서 "성과 관련한 사건의 원고를 '의심스러운 증인 부류'의 일원으로 특징짓는 경향을 드러낸 것은 법률적 오류이다"고 판결했다.[56] 그러나 '평소보다 더 거칠게 다루기' 문제에 대해서는 맥락상 볼렌의 발언이 "동의 및 설득의 효과와 관련하여 고려해야만 하는 쟁점에 적용되는 법률을 배심원단에게 정확하게 전달했다"고 주장했다. 더 나아가 "구애와 설득은 불법이 아니다"[57]라고 덧붙였다.

형사 항소 법원이 이러한 판결을 내린 것과 같은 해에, 두 개의 다른 사건이 전국적으로 헤드라인을 장식했다. 하나는, 빅토리아주 출신의 대법원 판사가 강간당한 여학생은 강간 당시 의식을 잃었기 때문에 "정신적 외상을 입지 않았다"고 말한 것이다. 오브라이언O'Bryan 판사는

• • •

55. B. A. Hocking, 'The Presumption not in Keeping with *Any* Times: Judicial Re-appraisal of Justice Bollen's Comments Concerning Marital Rape', *Australian Feminist Law Journal*, vol. 1(1993), p. 152에서 재인용.

56. Ibid., p. 155. 형사 항소 법원이 법률적 오류라고 판결했음에도 불구하고, 이 판결은 남편의 강간 혐의에 대한 무죄 선고에 아무런 영향을 미치지 않았다는 점에 주목해야 한다.

57. Ibid., p. 155.

17살 소녀를 구타하여 의식불명에 이르게 한 뒤 강간하고 목을 벤 강간범에게 형을 선고하며 이 같은 발언을 했다.[58]

강간 범죄를 대하는 이러한 사법부의 태도와, 그들이 드러낸 여성과 이성애주의의 규범적 태도에 대한 대대적 보도는 판사들, 그들의 배경, 가족 사항, 공적 경력에 대한 다량의 라디오와 신문 기사를 촉발시켰다. 일부 판사들은 강간 사건에 대한 판결을 내리면서 이 기사들을 의식한 것으로 보인다. 한 판사는 성별들 간의 관계에 대한 사법부의 인식을 방어할 필요가 있다고 느꼈다. 블랜드Bland 판사는 볼렌 판사를 에둘러서나마 지지해야 할 필요성을 느끼고 다음과 같이 말했다.

> 근래에 폭력과 여성들에 관해 판사들에게 가해지는 비판에도 불구하고, [또한] 성관계 중 여성에게 폭력적으로 행동하는 남성들에도 불구하고, 어쨌든 내가 아는 한 법률에 종사해온 사람들의 **공통된 경험**으로 '싫어'는 종종 나중에 '좋아'를 의미하기도 한다.[59]

이러한 판결에 기저를 이루는 성적 상상계에 대해 이 다양한 사건들이 우리에게 말해주는 것은 무엇인가? 볼렌 판사와 블랜드 판사의 발언에서 '경험' 통념의 기능은 어떤 분석을 보증한다. 분석되지 않은 '원초적' 경험은 성별들 간의 관계에 대한 이러한 판사들의 인식을 결정적으로 정당화하는 역할을 한다. 동일한 사건에 대한 다양하고도 아마도 모순적인 '경험들'이 그들의 판단 속에 들어설 여지는 존재하지 않는다. 그들 자신의 경험이 어떻게 하나의 관점에 불과한 것이 되는지에 대한 인식도

· · ·

58. *The Age*, on 13 May 1993. Threadgold, 'Critical Theory', p. 20에서 재인용.
59. The *Sydney Morning Herald*, 7 May 1993. 'The Presumption', p. 158에서 재인용. 게이튼스의 강조.

존재하지 않는다. 그러나 많은 사회적 상호작용의 의미란 이러한 상호작용이 관련 당사자들에게 상이하게 '경험'되는 바로 그 방식만큼 경합되는 것이다.

이 사건들은 이 장을 열었던 쟁점으로 되돌아가도록 만든다. "사회가 개인의 의식에게 스스로를 전달하는 방식을 우리는 어떻게 이해할 수 있는가?"라는 로보섬의 질문은 현재의 맥락과 공명한다. '경험'과 같이 외견상 단순한 용어를 우리는 어떻게 해석할 수 있을까? (판사와 같이) 상당한 제도적 권력의 지위에 있는 사람들이 판단의 토대로 '경험'에 기댈 경우, 그러한 '경험'을 공유하지 않는 사람들에게는 심각한 결과가 초래되기도 한다. 호주, 캐나다, 미국 사법부의 일부 구성원들은 이 쟁점을 진지하게 받아들이고 있다. 이 세 나라의 다수의 법원에서 '젠더 인지'에 관한 사법 교육 프로그램은 도입되었거나 도입되고 있는 중이다. 이러한 프로그램 대부분은 판사를 위한 일종의 '의식 고양'이라고 말할 수 있지만, 한 가지 결정적인 차이가 있다면, '고양되는' 것이 자신의 삶에 대한 그들의 의식이 아니라 다른 사람들의 삶에 대한 그들의 의식이라는 점이다. 이러한 프로그램은 법과 그 법의 대리인들이 그들이 복무하는 지역사회에 더 많은 의무를 지도록 만든다는 점에서 중요한 출발점이다. 그러나 인식과 상상에 대한 스피노자의 관점에서 보면, 이 교육 프로그램이 구상하는 방식에서 문제가 드러난다. 사법부가 젠더 인지 수준을 높이기 위해 사용하는 기법이 무엇인지는 웨스턴오스트레일리아 수석재판관 데이비드 말콤David Malcolm의 설명에서 엿볼 수 있다.[60] 말콤은 캐나다와 미국의 것과 유사한 사법 교육 프로그램을 호주에

• • •

60. D. Malcolm, 'Women and the Law: Proposed Judicial Education Programme on Gender Equality and Task Force on Gender Bias in Western Australia', *Australian Feminist Law Journal*, vol. 1(1993), pp. 139–151.

도입하고자 한다. 그는 성폭력 및 토착민 관련 쟁점을 다루는 브리티시컬 럼비아의 프로그램에 대해 설명한다. 이 프로그램에서 사용된 교육 기법에는

> 배우들을 조연으로 하고 실제 판사와 변호사가 출연해 성폭력 사건 재판을 재연한 텔레비전 다큐멘터리, 또 판사가 성폭력 피해자들, 원주민 집단의 원로들이나 여타 구성원들 및 대표들과 직접 토론을 벌이는 일 등이 포함되었다. 성폭력 사건 재판의 재연에서 절정을 이룬 것은 피해자가 히스테리하게 "당신들은 절대 이해 못 할 거야"라고 소리치며 법정을 나가버리는 장면이었다. 프로그램 안에서 자신이 드러 나게 되는 경험을 달가워하지 않았던 판사들도 많았지만, 대체적 의견은 이 일이 계속 치러져야 한다는 것이었다.[61]

나는 이러한 기법이 선의의 동기에서 비롯되었다는 것을 의심하지 않는다. 그러나 만일 그 목적이 판사들에게 젠더 인지를 교육시키는 데 있다면, (강간을 당했고, 매우 고된 강간 사건 재판을 치른) 여성들에게 서 무엇을 얻고자 하는 것인지 모르겠다. 분명 트라우마로 남았을 경험을 이른바 판사 교육을 위해 반복하면서 말이다. 결국 법정에서의 '히스테 리'는 결코 허구가 아닌 것이다.

이러한 현대의 법 개정론자들의 논리는 존 롤스의 『정의론』과 많은 점에서 공통적이다. 핵심적으로 공유하고 있는 가정 몇 가지를 간략하게 나마 짚어보는 것은 내가 이러한 사법 교육 프로그램의 문제라고 여기는 것을 밝히는 데 도움이 될 것이다. (페미니즘적으로 각색한) 롤스의

• • •

61. Ibid., p. 140. 게이튼스의 강조

이론이 정의로운 사회의 본성을 사유하는 데 급진적 귀결을 가져올 수 있다고 믿는 수잔 몰러 오킨Susan Moller Okin은 롤스의 견해 요지를 다음과 같이 간결하게 기술한다.

롤스는 사회 체계의 다양한 자리들이 개인에게 미치는 효과를 분명하게 인지했음에도, 현재의 특성과 사회적 환경의 우발성으로부터 일시적으로 해방되어 '대표자' 인간의 관점을 채택할 수 있는, 원초적 입장에 놓인 자유롭고 합리적이며 도덕적인 사람들을 가정하는 것이 가능하다고 여긴다. 그는 이 작업의 난점, 즉 우리가 일상적 삶에서 공정함을 생각하는 방식으로부터 '거대한 관점 전환'이 필요하다는 점을 충분히 의식하고 있었다. 그러나 그는 우리가 무지의 베일의 도움으로 "모든 사람이 동등한 기반에서 채택할 수 있는 관점을 취할" 수 있다고 믿으며, 따라서 "우리는 다른 사람들과 함께 공통의 관점을 공유하며, 개인적 편향에서 판단을 내리지 않는다"고 본다. 롤스에 따르면, 모든 존재가 동일한 논증에 대해 확신하고, 정의의 기초 원리들에 대한 합의가 만장일치로 이루어지는 것이 이러한 합리적 공정성 또는 객관성의 귀결이다.[62]

몰러 오킨은 어떤 특정한 사람이 '대표자 인간'의 입장을 취할 수 있다는 생각에 회의적인데, 그녀가 보기에 젠더는 우리가 가진 관점 전체에서 제외시킬 수 있는 '특성'의 일종이 아니기 때문이다. 그러나 그녀는 롤스의 '원초적 입장' 통념이 체현되지 않은 자아 개념에 의존한다는 비판가들의 주장은 틀렸다면서 롤스 이론의 잠재성을 방어한다.

• • •

62. S. Moller Okin, *Justice, Gender and the Family*, New York, Basic Books, 1989, p. 105. 게이튼스의 강조.

몰러 오킨은 다음과 같이 주장한다.

> 원초적 입장에 있는 사람들은 그 누구도 아닌 입장에서 생각할 수
> 없다. … 오히려 [그들은] 모두의 시각에서, 결국 각자의 감각에서 생각
> 한다. 이를 위해서는, 적어도 다른 사람들의 다양한 관점들을 경청하고
> 자 하는 준비와 강한 공감이 필요하다.[63]

몰러 오킨의 견해는 법 개정론자들과 마찬가지로 우리가 각 사람들의
입장'에서 생각'할 수 있다는 점을 가정한다. 따라서 그녀는 한 개인과
다른 개인 간에 존재할 수 있는, 근본적이며 때로는 메울 수 없는 차이를
부정한다. 그녀의 체현 통념은 하나의 인간 신체가 갖는 온전성에 한정되
는 것으로 보인다. 즉 한 사람의 체현은 단일한 표면 안에서 그 또는
그녀의 독특한 공간 점유에 한정되는 것이다. 그러나 인간에 대한 스피노
자의 설명이 보여주듯이, 우리의 체현은 결정적이고 불가피한 의미에서
우리의 믿음, 습관, 전체 맥락을 포함한다. 타자에 대한 인식을 포함하는
새로운 믿음은 소유물처럼 획득될 수 있는 것이 아니다. 법 개정론자들,
롤스 몰러 오킨 등이 드러내는 사유의 측면들이 우리의 사회적 상상계를
다루는 방식은 '존재의 참된 조건'이 밝혀진다면 극복될 수 있는 '거짓된
의식' 통념에 여전히 복무하고 있는 것 같다. 그러나 이러한 이데올로기
와 진리 간의 대립, 또는 상상계와 존재의 실재 조건 간의 대비는 혼란만
줄 뿐 도움이 되지 않는다.

법률이 다루게 되는 사람들의 삶의 종별적이고 전체적인 맥락을
공감하고 이해하는 데는 한계가 있다는 점을 인정해야 한다. 주어진

• • •

63. Ibid., p. 101. 원문의 강조.

개인이 매우 다양한 상황에 놓인 사람들의 삶들을 낱낱이 끌어 모을 수 있다는 이해 방식은 필연적으로 한계가 있다. 이를 인정하지 않는 것은 그러한 사람들에게 심각한 폭력을 행사하는 것이다. 다양하게 체현된 그들의 경험이나 그들의 상황을 우리가 (2+2=4를 안다는 의미에서) '알' 수 있다고 생각하는 데는 상당한 주의가 필요하다. 그것은 우리가 사회적 상상계 바깥으로 나가 진리를 분명하게 왜곡 없이 볼 수 있다고 믿는 것이다. 그것은 '가상의 조건' 너머로 스스로를 고양시키고자 하는 오래된 꿈이다. 단언하건대, 우리가 '볼' 수 있는 것은 기껏해야 믿음의 체계일 뿐이다. 즉 '상상계', 원한다면 타자의 상상계.

만일 '고양'이 필요한 것이 판사의 의식이라면, 판사의 삶, 경험, 믿음을 분석의 대상으로 삼는 것이 적절할 것이다. 이는 판사의 믿음을 단순히 그러한 믿음의 대상만이 아니라 그러한 믿음의 **주체**, 즉 판사 자신의 체현된 맥락도 검토하는 것이다. 지금의 교육 프로그램을 촉구하는 사람들의 전제는 판사가 그들이 판결하는 사람들의 삶의 '경험'을 얻을 수 있다는 것이다. 판사 자신의 삶, 판사 자신의 특정한 '존재 방식'은 사적이거나 '신성불가침으로' 남겨놓으면서 말이다. 나는 사법부의 삶을 전면 감독해야 한다고 주장하는 것이 아니다. 이는 현실적이지 않을 뿐만 아니라 현명하지도 않다. 종종 여성들이 사법부에서 받는 형편없는 취급방식에 대한 보다 확실한 대응은 여성들의 경험이 법적, 사회적, 정치적 삶의 모든 층위에서 재현되게끔 보장하는 것이다. 만일 인식 및 상상에 대한 스피노자의 견해가 올바르다면, 여성들의 진정한 재현이 우리의 역사 속에 보장되도록 하는 유일한 수단은 여성들이 사회 곳곳에서 드러나 보이는 것이다.

여성들(및 제도적 영향력이 있는 지위들에서 재현되지 못하는 '존재 방식'을 가진 타자들)에게 가해지는 법적 취급 방식과 관련한 윤리적 문제는 곧 정치적 문제이다. 그것은 우리의 윤리적 관계들의 역사적이고 체현된 본성을 강조하는 문제이다. 역사적으로 여성들이 시민권에서 배제되어온 것의 영향들은 여성들이 당장 권한을 부여받는다고 해서 사라지지 않는다. 그러한 배제의 흉터를 계속해서 지니고 있는 체현된 습관, 관습, 법률은 다방면에서 존재한다. 여성들의 사회 정치적 재현의 형식적 빗장을 제거한다고 해서 법적, 정치적 제도에 대한 완전한 참여에 이르게 되는 것은 아니다. 왜냐하면 그러한 제도들이 여성의 행위 역량을 고갈시키는 방식으로 지속적으로 기능해온 역사가 있기 때문이다. 현재의 성적 상상계에서 여성들은 민주적 정치체의 자유롭고 이성적인 구성원인 **동시에** 남성의 '자연적' 권위 아래의 존재라는 역설을 체현하고 있다. 그 성적 상상계를 반성 없이 승인하고 영속화하는 몇몇(그리고 이 '몇몇'은 사법부와 같이 영향력 있는 제도적 지위에서 불균형하게 대표되는 자들이다)이 지금도 존재한다.

에필로그

에필로그는 서문을 마무리했던 상상에 대한 스피노자의 구절로 시작하겠다.

상상이란 인간 신체의 현재 상태를 가리키는 관념이다. … 예컨대 우리가 태양을 볼 때 우리는 태양이 우리로부터 약 200걸음 정도 떨어져 있다고 상상한다. 우리가 태양의 참된 거리를 알지 못하는 한에서 우리는 속게 되는 것이다. 하지만 그 거리가 알려질 때 오류는 제거되어도 상상은 그렇지가 않다. [왜냐하면 이러한 상상은] 참된 것과 상반되지 않으며, 참된 것의 현존에 의해 사라지지도 않기 때문이다.[1]

스피노자는 이 명제가 나의 신체와 내가 관계 맺는 다른 신체 간의

- - -

1. 『윤리학』, 4부 정리 1 주석.

변용적인 관계들에서 발생하는 모든 상상에 대해서도 참이라고 주장한다. 따라서 스피노자의 지적은 자연과학이나 천문학과 관련될 뿐만 아니라, 개별 인간의 신체이든 공동의 사회체이든 온갖 종류의 신체들과 내가 맺는 관계에 대해서도 통용된다. 이러한 신체들에 대한 나의 상상적 이해의 본성은 그것들이 어떻게 나를 변용하는지, 즉 나의 행위 역량을 증대하는지 아니면 감소하는지에 달려 있을 것이다. 그것들은 나에게 쾌락의 원인인가 아니면 고통의 원인인가? 태양 그 자체와 나의 현재 신체적 상태를 변용하는 것으로서의 태양(나를 따뜻하게 하는지, 뜨겁게 하는지) 사이에는 엄청난 차이가 있듯, 우리는 어떤 신체의 일반적 본성, 구성, 권력과 그러한 신체가 나를 변용하는 특정한 방식을 구별할 수 있다. 그러나 스피노자가 지적했듯이, 나와는 무관하게 다른 신체가 소유하고 있는 권력들을 포함하여 그 다른 신체의 본성에 대한 이해는 그 신체가 내 안에 생산하는 변용을 제거하지 않는다. 즉 그러한 이해는 내가 그것에 대해 가질 수 있는 어떤 상상적 관계를 상쇄하지 않는다.

이 책에 실린 대부분의 글은 성차에 대한 철학적 설명이라는 맥락에서 상상 및 신체들 간의 상상적 관계라는 관점을 통해 사고하는 시도로 여길 수 있다. 그러한 설명은 대개 역사적으로 지배적인 성적 상상계에 뿌리를 두고 있는데, 여기에는 여성들에게 주어지기에 적절한 정치적, 윤리적, 법적 취급 방식에 대한 불온한 가정이 포함되어 있다. 제도적 권력의 지위를 차지한 남성들이 여성들에 관한 어떤 '상상들'을 공유한다고 음모론에 빠질 필요는 없다. 남성들이 자신의 특권적 지위를 지키기 위해 여성에 맞서 '음모를 꾸미는' 것은 아니다. 그보다는 많은 사회학 연구가 보여주듯, 남성들이 여성들에 관한 유사한 '상상들'을 공유하는 것은 어머니, 아내, 비서와 같은 여성들에 대한 관계 유형들을 공유하기 때문이다. 여기서 하나의 '유형'이나 '계급'으로 이해되는 '여성들'은 남성들의 요구에 좌우되고 종속되는 봉사자라는 방식으로 관계에 놓일 것이다. 그 남성들은 사회적으로든 직업적으로든 경제적으로든 자신에게 종속된 여성들이라고는 전혀 만나본 적이 없을지도 모른다. 이와 같이 성별들 간에 작동하는 상상의 권력 문제란 남성은 여성에 관해 '이상한' 관념을 가지는 반면, 여성은 남성에 관해 좀 더 실재적인 관념을 가진다는 데 있다. 내가 보기에 문제는 지배적인 남성의 성적 상상계는 기존의 권력 네트워크를 통해 정치적, 법적, 경제적, 사회적으로 정당화되는 반면, 남성에 대한 여성의 상상계는 그렇지 않다는 데 있다(3장을 참조). 그러한 정당화가 확립하는 성적 상상계는 오직 남성이 여성에 대해 고수하는 정서적인 관계만을 말해줄 뿐이다. 여성들이 남성들을 변용하거나 남성들에게 변용될 수 있는 것과는 독립적으로 소유하는 그 다양한 권력들 및 역량들에 대해서는 아무것도 말해주지 않는다.

법조계 인사, 정치가, 기업의 총수와 같이 사회적, 경제적, 정치적 권력의 지위를 차지하는 이들은 많은 여성들의 삶에 상당한 직간접적 영향력을 행사한다. 그러한 사회적, 정치적 권력자들은 추상적으로 여성들이 투표권을 갖고, '법치'에 의해 (마땅히) 보호받으며, (마땅히) 시장에서 남성들과 형식적 평등을 누린다고 거의 확실히 믿을 것이다. 그럼에도, 그러한 남성들이 자신의 삶에서 의미 있는 여성들에게 가질 수 있는 정서적 관계는 여성을 하나의 '유형'이나 '계급'으로 이해하는 일반적 태도를 부득이하게 변용할 것이다. 바로 여기에서 상상의 유연성에 대한 스피노자의 통찰이 성의 정치학에서 중요해진다.

분명 스피노자는 이성이 다양한 사람들을 연합하는 반면, 정념은 그들 각자를 다양한 방향으로 추동한다고 주장한다. 그러나 사람들의 상상이 일치하는 경우, 상상은 사람들 사이에 동맹을 맺게 할 수 있다. 스피노자는 종교를 포함한 다양한 미신들의 사회적인 결속 본성을 설명하기 위해, 결국 상상의 권력으로 전회한 것이다.[2] 나는 이 책의 3장, 8장, 9장에서 성적 상상계의 작동을 각각 성의 윤리학, 정치학, 법의 맥락에서 탐구했다. 내가 보여주고자 했던 것 중 하나는 현 자유민주주의가 가진 완전히 역설적인 본성이다. 자유민주주의에서는 여성의 동등한 권리 및 자격이라는 견해와 나란히 남성에 대한 여성의 자연적 종속이라는 통념이 광범위하게 주장되고 제도적으로 승인되고 있다. 나는 이러한 역설에 대해 우리가 살아가고 있는 사회적, 성적 상상계에 대한 연구를 모든 시민들이 권리를 갖는 사회 정치적인 형식적 평등과 **결합**하여 (경제적이거나 정치적으로는 아닐지라도) 적어도 인식론적으로 응답하고자 했다. 여기서 우리는 질문할 필요가 있다. '아내'의 법적 의무와 책임은 시민의 권리와 상충하는가? 아내를 때린 것은 '동료' 시민을 폭행한 것과 서로 구별될 수 있는 위법 행위인가? 아내를 강간한 남편은 '동료' 시민을 강간한 사람과 다른 종류의 범죄를 저지른 것인가? 물론 현대 자유민주주의에서 여성은 시민이며, 위에서 언급한 '아내'와 '시민' 간의 구별이 중요한 것이 되어서는 안 된다.[3] 그러나 이러한 질문들은 여전히 진지하게 생각해볼 가치가 있다. 그 까닭은 무엇인가? 이 질문들이 적어도 말이 된다는 것 자체가 여성 시민권의 역설적 본성을 보여주는 것이다.[4]

• • •

2. *A Theologico-Political Treatise*[『신학정치론』, 황태연 옮김, 신아출판사, 2010]를 참조.

3. 물론 상당히 많은 수의 여성들은 어떤 정체의 시민도 아닌 것이 사실이다. 여기서 나는 단순히 여성 시민권의 역설을 도출하는 데 관심이 있다. 현실 정치에서 여성들의 상황은 내가 이 맥락에서 제시할 수 있는 것보다 훨씬 더 복잡하다. 예컨대, 형식적으로는 자신들을 식민화한 정체 속에 시민일 수 있는 토착민 여성들의 상황을 생각해보라.

4. 캐롤 페이트먼Carole Pateman은 *The Sexual Contract*, Cambridge, Polity, 1988 [『남과 여, 은폐된 성적 계약』, 이충훈·유영근 옮김, 이후, 2001]과 *The Disorder*

이러한 지배적인 성적 상상계가 사회적 상상계의 근본을 이루는 방식을 어떻게 설명하느냐는 페미니즘 이론이 직면한 도전 중 하나이다. 2장과 7장에서 나는 신체 이미지나 상상적 신체라는 정신분석학 통념과, 통일되고 독립적인 '리바이어던'이나 정치체의 이미지를 제시하는 정치적 상상계를 연결하고자 했다. 나는 사회적, 정치적 상상계가 성적 상상계로 환원될 수 있다고 생각하지 않는다. 하지만 이러한 다양한 상상계들의 공모를 보여주는 것은 페미니즘 이론에 있어 중요한 작업이다. 나는 성차에 대한 본질주의적 통념을 지지하지 않고도 그러한 공모를 보여줄 수 있다고 본다. 6장에서는 성적, 정치적, 법적 '상상계들' 사이에 연관성을 이끌어내기 위해서, 캐롤 페이트먼, 안드레아 드워킨, 캐서린 맥키넌을 비판적으로 고찰했다. 나는 이 이론가들이 남성과 여성의 성적 체현에 대한 지배적인 통념들을 너무 쉽게 성별들 간의 사회적, 정치적 관계의 기원으로 여긴다고 주장했다. 나는 이 책의 다양한 부분(특히 6장, 7장, 8장, 9장)에서 성차가 사회적, 정치적, 윤리적으로 중요한 것이 되는 방식에 대해 계보학적으로 접근할 것을 주장했다. 계보학적 접근은 여성 또는 남성이 되는 다양한 방식들과 더불어 그러한 차이를 넘나드는 다양한 방식들을 열어놓을 것이다.

성적 상상계 및 사회적 상상계의 계보학은 필연적으로 사회관계와 관련한 질문들을 제기한다. 현재 우리에게 실현 가능한 사회관계는 어떤 유형인가? 이 질문은 7장과 8장의 핵심 주제이다. 여기서는 특히 스피노자의 일원적이고 내재적인 존재론이 관심사인데, 스피노자는 이성과 상상 둘 모두 집단적으로 체현되는 인식에 대해 설명하기 때문이

· · ·

of Women, Cambridge, Polity, 1989[『여자들의 무질서』, 이평화·이성민 옮김, 도서출판 b, 2018]에서 여성 시민권에 관련된 개념상의 난점들에 대해 다루었다.

다. 합리성이란 체현되지 않은 '정신'의 초월적 역량이 아니라, 능동적 자연의 내재적 권력이다. 이성도 법도 '위로부터' 우리에게 이르는 것이 아니라, 우리의 집단적 상황들로부터 내재적으로 발전하는 것이다. 아이러니하게도, 철학자들이 정치, 도덕, 정의에 대해 '이성에 근거한' 설명을 함에 있어서 그들의 (체현된) 상상들이 그렇게 큰 역할을 하는 것은 그들이 대개 이성과 인식의 체현됨을 인식하지 못하기 때문이다. 인간 체현의 종별성은 단순히 성적이거나 인종적 종별성의 측면뿐만 아니라, 비록 불평등하지만 현재를 자신들의 현재로서 공유하는 모든 사람들에게 공통성의 기초를 제공하는, 인간 체현의 역사적 종별성의 측면에서도 이해되어야 한다. 우리의 현재 상황을 '우리의 것'이자 오직 '우리'만이 다룰 수 있는 것으로 만드는 것이 바로 체현의 이러한 사실이다. 어떤 특정한 사회관계를 구성하는 사람들은 사회관계의 그러한 형태를 가능하게 만든 역사적 조건의 말 그대로 체현된 요소들이다.

　사회적·정치적 인간 존재에 대한 이러한 관점은 사회적·정치적 권력을 사회의 관계 영역에 내재한 것으로 보게 만든다. 이는 결국 독립적으로 존재하는 사회적 지형에 자신을 부과할 권력을 가진 초월적 규칙 체계로서 이해되는 그 어떤 도덕성도 거부할 것을 요구한다. 스피노자는 '외부의' 권력 관계를 꿈꾸는, 희망 사항과 다를 바 없는 종류의 도덕 이론을 제시하지 않는다. 그보다 스피노자는 권력의 윤리학을 제시하는데, 여기서 권력은 행위 역량을 규정하는 것으로 간주된다. 이러한 의미에서 스피노자가 제시하는 것은 우리의 성적·사회적 현재에 대한 계보학과 잘 맞아떨어진다. 그러한 계보학은 우리가 어떤 존재였는지, 또 현재 우리가 어떤 존재인지에 근거하여 우리가 무엇이 될 수 있는지를 이해하고자 하는, 현재에 대한 비판적 역사로서 이해된다. 다르게 말하자면, 윤리학은 우리가 어떤 사람이며, 우리가 참여하는 사회관계는 어떤 유형인지에 대한 인식과 관련된다. 나는 8장과 9장에서 우리가 우리의 현재에 대한 윤리적 평가를 어떻게 시작할 수 있을지에 관한 몇 가지 제안을 했다.

이 논문들은 성차에 대한 이원론적 이해(섹스/젠더)에서 벗어나서, 차이를 관계적 권력들, 역량들, 감정들의 비교적 안정적이지만 역동적인 네트워크를 통해 구성되는 것으로 이해하고자 하는 길을 택했다. 나는 스피노자의 내재적이고 일원론적인 존재론에 매력을 느꼈는데, 왜냐하면 그것이 성별화된 신체와, 정치체나 제도적 집합체(예컨대, 법)와 같은 다른 복합체들 간의 상호 연관성을 이론화하도록 해주기 때문이다. 성별화된 신체들이 사회적, 정치적으로 의미 있는 신체들로서 생산되는 것은 오직 이러한 복합적 집합체 속에서이다. 스피노자주의는 섹스/젠더 구별을 어떻게 이론화할까?[5] 스피노자는 정신과 신체 사이에 인과 관계가 존재할 수 없다고 주장하기 때문에(정신과 신체 모두 유일 실체, 즉 자연의 속성들의 양태이기 때문이다), 섹스는 어떤 의미에서는 젠더일 수 있다. 섹스는 사유 속성이 아닌 연장 속성을 통해 '표현'되거나 나타나게 되었음에도 말이다. 이는 섹스가 어떤 신체의 물질적 권력들 및 역량들에 대한 특정한 확장적 '조직'인 반면, 젠더는 그러한 신체의 정서들 및 정서적 권력이라고 말하는 것이다. 섹스/젠더 구별을 이렇게 읽는다면, 젠더란 연장 속성의 특정한 변양이 갖는 권력이자 정서인 것이다.[6]

• • •

5. G. Lloyd, 'Woman as Other: Sex, Gender and Subjectivity', *Australian Feminist Studies*, no. 10(1989)을 참조.

6. 이러한 맥락에서 들뢰즈와 푸코의 '스피노자주의'는 명확하다. *A Thousand Plateaus*[『천 개의 고원』, 김재인 옮김, 새물결, 2001]에서 '내재성의 평면'의 확장적이고 강도적인 축에 대한 들뢰즈와 가타리의 설명과 *The History of Sexuality*[『성의 역사 1: 지식의 의지』, 이규현 옮김, 나남, 2010]에서 섹슈얼리

이러한 이해는 '섹스'와 '젠더' 범주에 상당한 역동성을 도입하는데, 왜냐하면 스피노자는 확장적인 것(신체들)과 강도적인 것(정신들)을 상호 연결된 권력들과 정서들의 복합적 영역으로 이해하기 때문이다. 따라서 섹스와 젠더는 모두 양태화된 자연의 평행적 표현으로서, 오직 관계적 용어로만 정의될 수 있다. 신체들의 특수한 확장적 조직은 특정한 강도적 권력들 및 역량들에 대해 평행적일 것이다. 그러나 속성들 사이에 인과 관계가 존재하지 않는다면, 한 신체의 섹스는 그것의 젠더의 원인이 아니며, 원인일 수도 없다. 1장을 썼을 때, 나는 명확히 스피노자를 '마음에' 둔 것은 아니었다. 그러나 1장의 주장은 섹스와 젠더에 관한 스피노자적 독해와 일치하는 듯 보인다. 이런 의미에서 이 논문들은 그 자체로 연결되어 있다. 만일 우리가 젠더를 성별화된 신체의 특정한 확장적 조직에 대한 강도적 평행, 즉 권력, 정서, 배치로서 이해한다면, 젠더는 우리의 성적, 역사적 체현의 종별성에 대해 우리가 가지고 있는 상상적 이해의 측면에서 진정으로 이해될 수 있을 것이다.

• • •

티에 대한 푸코의 설명은 정신과 신체에 대한 스피노자의 설명과 공명한다.

참고문헌

Abray, J., 'Feminism in the French Revolution', *American Historical Review*, no. 80, 1975.

Allen, S., Sanders, L. and Wallis, J., eds., *Conditions of Illusion*, Leeds, Feminist Books, 1974.

Althusser, L., 'Ideology and Ideological State Apparatuses', in *Lenin and Philosophy, and Other Essays*, London, New Left Books, 1977[루이 알튀세르, 「이데올로기와 이데올로기적 국가장치」, 『아미엥에서의 주장』, 김동수 옮김, 솔, 1991].

Bacon, W. and Landsdown, R., 'Women who Kill Husbands: The Battered Wife on Trial', in O'Donnell, C. and Craney, J., eds., *Family Violence in Australia*, Melbourne, Longmans–Cheshire, 1982.

Balibar, E., 'Spinoza, the Anti–Orwell: The Fear of the Masses', in *Masses, Classes, Ideas*, trans. James Swenson, London, Routledge, 1994[에티엔 발리바르, 「스피노자, 반오웰: 대중들의 공포」, 『스피노자와 정치』,

진태원 옮김, 그린비, 2014].

Barrett, M., *Women's Oppression Today*, London, Verso, 1980[미셸 바렛, 『다시 보는 여성학』, 하수정 옮김, 간디서원(크레파스), 2005].

Behrendt, L., 'Aboriginal Women and the White Lies of the Feminist Movement: Implications for Aboriginal Women in Rights Discourse', *Australian Feminist Law Journal*, vol. 1, 1993.

Belaief, G., *Spinoza's Philosophy of Law*, The Hague, Mouton, 1971.

Bell, D., and Napurrula Nelson, T., 'Speaking about Rape is Everyone's Business', *Women's Studies International Forum*, vol. 12, no. 4, 1989.

Benjamin, J., 'The Bonds of Love: Rational Violence and Erotic Domination', in H. Eisenstein and A. Jardine, eds., *The Future of Difference*, Boston, G. K. Hall, 1980.

Blom, J., *Descartes: His Moral Philosophy and Psychology*, Brighton, Harvester Press, 1978.

Bordo, S., *The Flight to Objectivity: Essays on Cartesianism and Culture*, Albany, SUNY, 1987.

—— *Unbearable Weight: Feminism, Western Culture and the Body*, Berkeley, University of California Press, 1993[수전 보르도, 『참을 수 없는 몸의 무거움: 페미니즘, 서구문화, 몸』, 박오복 옮김, 또하나의문화, 2003].

Bourdieu, P., *The Logic of Practice*, trans. Richard Nice, Stanford, Stanford University Press, 1990.

Braidotti, R., 'The Ethics of Sexual Difference: The Case of Foucault and Irigaray', *Australian Feminist Studies*, no. 3, 1986[로지 브라이도티, 「성차의 윤리학: 푸코와 이리가라이의 경우」, 『유목적 주체: 우리시대 페미니즘 이론에서 체현과 성차의 문제』, 박미선 옮김, 여성문화이

론연구소, 2004].

—— 'The Politics of Ontological Difference', in T. Brennan, ed., *Between Feminism and Psychoanalysis*, Routledge, London, 1989[「존재론적 차이의 정치학」, 『유목적 주체: 우리시대 페미니즘 이론에서 체현과 성차의 문제』, 박미선 옮김, 여성문화이론연구소, 2004].

—— *Patterns of Dissonance: A Study of Women in Contemporary Philosophy*, Cambridge, Polity Press, 1991.

Brennan, T., *History After Lacan*, London, Routledge, 1993.

Brown, W., 'Feminist Hesitations, Postmodern Exposures', *differences*, vol. 3, no. 1, Spring 1991.

Butler, J., *Gender Trouble: Feminism and the Subversion of Identity*, New York, Routledge, 1990[주디스 버틀러, 『젠더 트러블: 페미니즘과 정체성의 전복』, 조현준 옮김, 문학동네, 2008].

—— *Bodies That Matter: On the Discursive Limits of 'Sex'*, New York, Routledge, 1993[『의미를 체현하는 육체』, 김윤상 옮김, 인간사랑, 2003].

Caine, B., Grosz, E., and de Lepervanche, M., eds., *Crossing Boundaries*, Sydney, Allen & Unwin, 1988.

Cairns, H., *Legal Philosophy from Plato to Hegel*, Baltimore, Johns Hopkins University Press, 1949.

Calvino, I., *Invisible Cities*, London, Picador, 1979[이탈로 칼비노, 『보이지 않는 도시들』, 이현경 옮김, 민음사, 2007].

Carrigan, T., 'Of Marx and Men', *Gay Information*, no. 11, 1982.

Chodorow, N., *The Reproduction of Mothering*, Berkeley, University of California Press, 1978[낸시 초도로우, 『모성의 재생산』, 김민예숙·강

문순 옮김, 한국심리치료연구소, 2008].

—— 'Gender Relations and Difference in Psychoanalytic Perspective', in A. Jardine and H. Eisenstein, eds., *The Future of Difference*, Boston, G. K. Hall, 1980.

Cixous, H., "The Laugh of the Medusa', in E. Marks and I. Courtivron, eds., *New French Feminisms*, Amherst, University of Massachusetts Press, 1980[엘렌 식수, 「메두사의 웃음」, 『메두사의 웃음: 출구』, 박혜영 옮김, 동문선, 2004].

—— 'Sorties', in E. Marks and I. Courtivron, eds., *New French Feminisms*, Amherst, University of Massachusetts Press, 1980[「출구」, 『새로 태어난 여성』, 이봉지 옮김, 나남, 2008].

—— 'Castration or Decapitation?', *Signs*, vol. 7, no. 1, 1981.

Daly, M., *Gyn/Ecology: The Metaethics of Radical Feminism*, Boston, Mass., Beacon Press, 1978.

De Beauvoir, S., *The Ethics of Ambiguity*, Secaucus, N. J., Citadel, 1975[시몬 드 보부아르, 『그러나 혼자만은 아니다: 보부아르의 애매성의 윤리학』, 한길석 옮김, 꾸리에, 2016].

—— *The Second Sex*, Harmondsworth, Penguin, 1975[『제2의 성』, 상·하, 조홍식 옮김, 을유문화사, 1993].

Deleuze, G., *Spinoza: Practical Philosophy*, trans. Robert Hurley, San Francisco, City Lights Books, 1988[질 들뢰즈, 『스피노자의 철학』, 박기순 옮김, 민음사, 2001].

—— *Expressionism in Philosophy: Spinoza*, trans. Martin Joughin, New York, Zone Books, 1990[『스피노자와 표현 문제』, 현영종·권순모 옮김, 그린비, 2019].

Deleuze, G. and Guattari, F., *A Thousand Plateaus: Capitalism and Schizo-phrenia*, trans. B. Massumi, Minneapolis, University of Minnesota Press, 1987[『천 개의 고원: 자본주의와 분열증 2』, 김재인 옮김, 새물결, 2001].

Descartes, R., *Descartes: Philosophical Letters*, ed. A. Kenny, Oxford, Clarendon Press, 1970.

—— *The Philosophical Works of Descartes*, vol. I, trans. E. S. Haldane and G. R. T. Ross, Cambridge, Cambridge University Press, 1970.

—— *'Discourse on Method' and the 'Meditations'*, Harmondsworth, Penguin, 1985[르네 데카르트, 『방법서설: 정신지도를 위한 규칙들』; 『성찰: 자연의 빛에 의한 진리탐구; 프로그램에 대한 주석』, 이현복 옮김, 문예출판사, 1997].

Deutsch, F., ed., *On the Mysterious Leap from the Mind to the Body*, New York, International Universities Press, 1973.

Di Stefano, C., 'Masculine Marx', in M. L. Shanley and C. Pateman, eds., *Feminist Interpretations and Political Theory*, Cambridge, Polity Press, 1991[크리스틴 디 스테파노, 「남성 맑스」, 『페미니즘 정치사상사』, 캐럴 페이트만·메어리 린든 쉐인리 엮음, 이남석·이현애 옮김, 이후, 2004].

Dinnerstein, D., *The Mermaid and the Minotaur*, New York, Harper & Row, 1977.

Diprose, R., *The Bodies of Women: Ethics, Embodiment and Sexual Difference*, London, Routledge, 1994.

Diprose, R. and Ferrell, R., eds., *Cartographies: Poststructuralism and the Mapping of Bodies and Spaces*, Sydney, Allen & Unwin, 1991.

Dworkin, A., *Intercourse*, London, Seeker & Warburg, 1987.

Eder, D. L., 'The Idea of the Double', *Psychoanalytic Review*, vol. 65, no. 4, 1978.

Eisenstein, H. and Jardine, A., eds., *The Future of Difference*, Boston, G. K. Hall, 1980.

Firestone, S., *The Dialectic of Sex*, London, Paladin, 1970[슐라미스 파이어스톤, 『성의 변증법』, 김민예숙·유숙열 옮김, 꾸리에, 2016].

Flax, J., 'Mother-Daughter Relationships: Psychodynamics, Politics and Philosophy', in H. Eisenstein and A. Jardine, eds., *The Future of Difference*, Boston, G. K. Hall, 1980.

Foucault, M., *Discipline and Punish: The Birth of the Prison*, trans. Alan Sheridan, London, Allen Lane, 1977[미셀 푸코, 『감시와 처벌: 감옥의 탄생』, 오생근 옮김, 나남, 2016].

── 'Nietzsche, Genealogy, History', in Language, *Counter-Memory, Practice*, ed. D. Bouchard, Ithaca, Cornell University Press, 1977[「니이체, 계보학, 역사」, 『미셀 푸코: 광기의 역사에서 성의 역사까지』, 이광래 옮김, 민음사, 1989].

── *The History of Sexuality*, vol. I, London, Allen Lane, 1978[『성의 역사 1: 지식의 의지』, 이규현 옮김, 나남, 2010].

── *Herculine Barbin*, New York, Pantheon, 1980.

── *Power/Knowledge*, ed. C. Gordon, Brighton, Harvester Press, 1980[『권력과 지식: 미셀 푸코와의 대담』, 콜린 고든 편, 홍성민 옮김, 나남, 1991].

── 'Nietzsche, Freud, Marx', *Critical Texts*, vol. 3, no. 2, Winter 1986[「니체, 프로이트, 맑스」, 『자유를 향한 참을 수 없는 열망』, 정일준

편역, 새물결, 1999].

Freud, S., 'Beyond the Pleasure Principle', in *The Standard Edition of the Complete Psychological Works of Sigmund Freud*, vol. XVIII, ed. J. Strachey, London, Hogarth Press, 1978[지그문트 프로이트, 「쾌락 원칙을 넘어서」, 『정신분석학의 근본 개념』, 윤희기 옮김, 열린책들, 2004].

── *Civilization and its Discontents*, The Pelican Freud Library, vol. 12, Harmondsworth, Penguin, 1985[『문명 속의 불만』, 김석희 옮김, 열린 책들, 2004].

── 'The Ego and the Id', in *The Standard Edition of the Complete Psychological Works of Sigmund Freud*, vol. XIX, ed. J. Strachey, London, Hogarth Press, 1978[「자아와 이드」, 『정신분석학의 근본 개념』, 윤희기 옮김, 열린책들, 2004].

── 'Fetishism', in *The Standard Edition of the Complete Psychological Works of Sigmund Freud*, vol. XXI, ed. J. Strachey, London, Hogarth Press, 1978[「절편음란증」, 『성욕에 관한 세 편의 에세이』, 김정일 옮김, 열린책들, 2004].

── 'Fragment of an Analysis of a Case of Hysteria ("Dora")', in *The Standard Edition of the Complete Psychological Works of Sigmund Freud*, vol. VII, ed. J. Strachey, London, Hogarth Press, 1978[「도라의 히스테리 분석」, 『꼬마 한스와 도라』, 김재혁·권세훈 옮김, 열린책들, 2004].

── *The Future of an Illusion*, The Pelican Freud Library, vol. 12, Harmondsworth, Penguin, 1985[「환상의 미래」, 『문명 속의 불만』, 김석희 옮김, 열린책들, 2004].

——— 'Infantile Genital Organisation', in *The Standard Edition of the Complete Psychological Works of Sigmund Freud*, vol. XIX, ed. J. Strachey, London, Hogarth Press, 1978[「유아의 생식기 형성」, 『성욕에 관한 세 편의 에세이』, 김정일 옮김, 열린책들, 2004].

——— 'The Interpretation of Dreams', in *The Standard Edition of the Complete Psychological Works of Sigmund Freud*, vol. IV, ed. J. Strachey, London, Hogarth Press, 1978[『꿈의 해석』, 김인순 옮김, 열린책들, 2004].

——— Letter 52 to Fliess, in *The Standard Edition of the Complete Psychological Works of Sigmund Freud*, vol. II, ed. J. Strachey, London, Hogarth Press, 1978[「플리스에게 보낸 편지: 편지 50」, 『정신분석의 탄생』, 임진수 옮김, 열린책들, 2005].

——— *Moses and Monotheism*, The Pelican Freud Library, vol. 13, Harmondsworth, Penguin, 1985[「인간 모세와 유일신교」, 『종교의 기원』, 이윤기 옮김, 열린책들, 2004].

——— 'On Narcissism: An Introduction', in *The Standard Edition of the Complete Psychological Works of Sigmund Freud*, vol. XIV, ed. J.Strachey, London, Hogarth Press, 1978[「나르시시즘 서론」, 『정신분석학의 근본 개념』, 윤희기 옮김, 열린책들, 2004].

——— 'Notes upon a Case of Obsessional Neurosis', in *The Standard Edition of the Complete Psychological Works of Sigmund Freud*, vol. X, ed. J. Strachey, London, Hogarth Press, 1978[「쥐 인간: 강박 신경증에 관하여」, 『늑대인간』, 김명희 옮김, 열린책들, 2004].

——— 'An Outline of Psychoanalysis', in *The Standard Edition of the Complete Psychological Works of Sigmund Freud*, vol. XXIII, ed. J. Strachey, London, Hogarth Press, 1978[「정신분석학 개요」, 『정신분석학 개요』,

박성수 옮김, 열린책들, 2004].

—— 'Project for a Scientific Psychology', in *The Standard Edition of the Complete Psychological Works of Sigmund Freud*, vol. I, ed. J. Strachey, London, Hogarth Press, 1978[「과학적 심리학 초고」, 『정신분석의 탄생』, 임진수 옮김, 열린책들, 2005].

—— 'Some Psychological Consequences of the Anatomical Distinction between the Sexes', in *The Standard Edition of the Complete Psychological Works of Sigmund Freud*, vol. XIX, ed. J. Strachey, London, Hogarth Press, 1978[「성의 해부학적 차이에 따른 심리적 결과」, 『성욕에 관한 세 편의 에세이』, 김정일 옮김, 열린책들, 2004].

—— 'A Special Type of Object–Choice Made by Men', in *The Standard Edition of the Complete Psychological Works of Sigmund Freud*, vol. XI, ed. J. Strachey, London, Hogarth Press, 1978[「남자들의 대상 선택 중 특이한 한 유형」, 『성욕에 관한 세 편의 에세이』, 김정일 옮김, 열린책들, 2004].

—— 'Splitting of the Ego in the Process of Defence', in *The Standard Edition of the Complete Psychological Works of Sigmund Freud*, vol. XXIII, ed. J. Strachey, London, Hogarth Press, 1978[「방어 과정에서 나타난 자아의 분열」, 『정신분석학의 근본 개념』, 윤희기 옮김, 열린책들, 2004].

—— *Totem and Taboo*, The Pelican Freud Library, vol. 12, Harmondsworth, Penguin, 1985[「토템과 터부」, 『종교의 기원』, 이윤기 옮김, 열린책들, 2004].

—— 'The Unconscious', in *The Standard Edition of the Complete Psychological Works of Sigmund Freud*, vol. XIV, ed. J. Strachey,

London, Hogarth Press, 1978[「무의식에 관하여」,『정신분석학의 근본 개념』, 윤희기 옮김, 열린책들, 2004].

Freud, S. and Breuer, J., 'Studies on Hysteria', in *The Standard Edition of the Complete Psychological Works of Sigmund Freud*, vol. II, ed. J. Strachey, London, Hogarth Press, 1978[『히스테리 연구』, 김미리혜 옮김, 열린책들, 2004].

Fuss, D., *Essentially Speaking: Feminism, Nature and Difference*, New York, Routledge, 1989.

Gallagher, C. and Laqueur, T., eds., *The Making of the Modern Body*, Berkeley, University of California Press, 1987.

Gallop, J., *Feminism and Psychoanalysis*, London, Macmillan, 1982.

—— *Thinking Through the Body*, New York, Columbia University Press, 1988.

Gatens, M., 'Dualism and Difference: Theories of Subjectivity in Modern Philosophy', Ph. D. diss., University of Sydney, 1986.

—— 'Feminism, Philosophy and Riddles Without Answers', in C. Pateman and E. Gross, eds., *Feminist Challenges: Social and Political Theory*, Sydney, Allen & Unwin, 1986.

—— *Feminism and Philosophy: Perspectives on Difference and Equality*, Cambridge, Polity Press, 1991.

Gilligan, C., 'In a Different Voice: Women's Conceptions of Self and Morality', in H. Eisenstein and A. Jardine, eds., *The Future of Difference*, Boston, G. K. Hall, 1980[캐롤 길리건, 「자아와 도덕의 개념」,『다른 목소리로: 심리 이론과 여성의 발달』, 허란주 옮김, 동녘, 1997].

Greer, G., *The Female Eunuch*, London, Paladin, 1971[저메인 그리어,

『여성, 거세당하다』, 이미선 옮김, 텍스트, 2012].

Grimshaw, J., *Feminist Philosophers: Women's Perspectives on Philosophical Traditions*, Brighton, Harvester, 1986.

Gross, E., 'Philosophy, Subjectivity and the Body: Kristeva and Irigaray', in C. Pateman and E. Gross, eds., *Feminist Challenges*, Sydney, Allen & Unwin, 1986.

Grosz, E., *Sexual Subversions*, Sydney, Allen & Unwin, 1989.

—— *Jacques Lacan: A Feminist Introduction*, London, Routledge, 1990.

—— 'A Note on Essentialism and Difference', in S. Gunew, ed., *Feminist Knowledge: Critique and Construct*, London, Routledge, 1990.

Haraway, D., *Primate Visions: Gender, Race and Nature in the World of Modern Science*, New York, Routledge, 1989.

Harding, S., *The Science Question in Feminism*, Milton Keynes, Open University Press, 1986[샌드라 하딩, 『페미니즘과 과학』, 이재경·박혜경 옮김, 이화여자대학교 출판부, 2002].

Hobbes, T., *Leviathan*, Harmondsworth, Penguin, 1968[토마스 홉스, 『리바이어던: 교회국가 및 시민국가의 재료와 형태 및 권력』, 1·2, 진석용 옮김, 나남, 2008].

Hocking, B. A., 'The Presumption not in Keeping with Any Times: Judicial Reappraisal of Justice Bollen's Comments Concerning Marital Rape', *Australian Feminist Law Journal*, vol. 1, 1993.

Hoy, D. C., 'Deconstructing Ideology', *Philosophy and Literature*, vol. 18, no. 1, April 1994.

Hume, D., *An Enquiry Concerning the Principles of Morals*, ed. L. A. Selby-Bigge, Oxford, Clarendon Press, 1975.

Irigaray, L., 'Women's Exile', *Ideology and Consciousness*, no. 1, 1977.

—— 'This Sex Which is Not One', in E. Marks and I. Courtivron, eds., *New French Feminisms*, Amherst, University of Massachusetts Press, 1980.

—— *This Sex Which is Not One*, Ithaca, Cornell University Press, 1985[뤼스 이리가레, 『하나이지 않은 성』, 이은민 옮김, 동문선, 2000].

—— *Speculum of the Other Woman*, Ithaca, Cornell University Press, 1985.

—— *An Ethics of Sexual Difference*, trans. C. Burke and G. C. Gill, Ithaca, Cornell University Press, 1993.

Johnston, C., 'Radical Homosexual Polities', *Gay Information*, nos. 2-3, 1980.

Jonas, H., 'Spinoza and the Theory of Organism', in M. Grene, ed., *Spinoza: A Collection of Critical Essays*, Notre Dame, Ind., University of Notre Dame Press, 1979.

Kirby, V., 'Corporeal Habits: Addressing Essentialism Differently', *Hypatia*, vol. 6, no. 3, Fall 1991.

—— 'Corpus Delicti: The Body at the Scene of Writing', in R. Diprose and R. Ferrell, eds., *Cartographies: Poststructuralism and the Mapping of Bodies and Spaces*, Sydney, Allen & Unwin, 1991.

Lacan, J., 'Some Reflections on the Ego', *International Journal of Psychoanalysis*, vol. 34, 1953.

—— *Ecrits*, London, Tavistock, 1977[자크 라캉, 『에크리』, 홍준기·이종영·조형준·김대진 옮김, 새물결, 2019].

—— 'The Mirror Stage as Formative of the Function of the I', in *Ecrits*, London, Tavistock, 1977[「나 기능의 형성자로서의 거울 단계」, 『에크

리』, 홍준기・이종영・조형준・김대진 옮김, 새물결, 2019].

Laing, R. D., *The Divided Self*, Harmondsworth, Penguin, 1965.

Landes, J., *Women and the Public Sphere in the Age of the French Revolution*, Ithaca, Cornell University Press, 1988.

Laplanche, J., *Life and Death in Psychoanalysis*, Baltimore, Johns Hopkins University Press, 1976.

Laplanche, J. and Pontalis, J.B., *The Language of Psychoanalysis*, London, Hogarth Press, 1983.

Le Dœuff, M., 'Women and Philosophy', *Radical Philosophy*, no. 17, 1977.

―― *The Philosophical Imaginary*, trans. C. Gordon, London, Athlone, 1989.

―― *Hipparchia's Choice: An Essay Concerning Women, Philosophy, etc.*, trans. Trista Selous, Oxford: Blackwell, 1991.

Lloyd, G., *The Man of Reason: 'Male' and 'Female' in Western Philosophy*, London, Methuen, 1984.

―― 'Woman as Other: Sex, Gender and Subjectivity', *Australian Feminist Studies*, no. 10, 1989.

Locke, J., *Two Treatises of Government*, London, Cambridge University Press, 1967[존 로크, 『통치론』, 강정인・문지영 옮김, 까치, 1996].

Lyotard, J. F., 'One of the Things at Stake in Women's Struggles', *Substance*, no. 20, 1978.

―― *The Postmodern Condition*, Manchester, Manchester University Press, 1984[장 프랑수아 리오타르, 『포스트모던적 조건: 정보 사회에서의 지식의 위상』, 이현복 옮김, 서광사, 1992].

MacIntyre, A., *After Virtue: A Study in Moral Theory*, London, Duckworth, 2nd edn., 1985[알래스데어 매킨타이어, 『덕의 상실』, 이진우 옮김,

문예출판사, 1997].

―― *Three Rival Versions of Moral Enquiry*, London, Duckworth, 1990.

Mackenzie, C., 'Simone de Beauvoir: Philosophy and/or the Female Body', in C. Pateman and E.Gross, eds., *Feminist Challenges*, Sydney, Allen & Unwin, 1987.

MacKinnon, C., *Feminism Unmodified: Discourses on Life and Law*, Cambridge, Mass., Harvard University Press, 1987.

―― 'Sexuality, Pornography and Method: "Pleasure Under Patriarchy"', *Ethics*, vol. 99, no. 2, 1989.

Maclean, I., *The Renaissance Notion of Woman*, Cambridge, Cambridge University Press, 1980.

McMillan, C., *Women, Reason and Nature*, Oxford, Basil Blackwell, 1982.

Mahon, M., *Foucault's Nietzschean Genealogy: Truth, Power and the Subject*, Albany, SUNY Press, 1992.

Malcolm, D., 'Women and the Law: Proposed Judicial Education Programme on Gender Equality and Task Force on Gender Bias in Western Australia', *Australian Feminist Law Journal*, vol. 1, 1993.

Mannoni, M., *The Child, his Illness and Others*, Harmondsworth, Penguin, 1970.

Marcus, S., 'Fighting Bodies, Fighting Words: A Theory and Politics of Rape Prevention', in J. Butler and J. W. Scott, eds., *Feminists Theorize the Political*, New York, Routledge, 1992.

Marks, E., and Courtivron, I., eds., *New French Feminisms, Amherst*, University of Massachusetts Press, 1980.

Massumi, B., 'Everywhere You Want To Be: Introduction to Fear', in B.

Massumi, ed., *The Politics of Everyday Fear*, Minneapolis, University of Minnesota Press, 1993.

Matheron, A., 'Spinoza et la Sexualité', *Giornale Critico della Filosofia Italiana*, ser. 4, vol. 8, 1977.

Merleau–Ponty, M., 'The Child's Relations with Others', in *The Primacy of Perception*, ed. J. M. Edie, Evanston, Ill., Northwestern University Press, 1964.

—— *The Phenomenology of Perception*, London, Routledge & Kegan Paul, 1970[모리스 메를로퐁티, 『지각의 현상학』, 류의근 옮김, 문학과지성사, 2002].

Milkman, R., 'Women's History and the Sears Case', *Feminist Studies*, vol. 12, Summer 1986.

Mill, J. S., *On Liberty*, Harmondsworth, Penguin, 1976[존 스튜어트 밀, 『자유론』, 서병훈 옮김, 책세상, 2005].

—— 'On the Subjection of Women', in *Essays on Sex Equality*, ed. A. Rossi, Chicago, University of Chicago Press, 1970[『여성의 종속』, 서병훈 옮김, 책세상, 2006].

Miller, C. and Swift, K., *Words and Women*, New York, Anchor Doubleday, 1977.

Millett, K., *Sexual Politics*, London, Abacus, 1971[케이트 밀렛, 『성 정치학』, 김유경 옮김, 쌤앤파커스, 2020].

Mitchell, J., *Psychoanalysis and Feminism*, Harmondsworth, Penguin, 1974.

—— *Women's Estate*, Harmondsworth, Penguin, 1971[줄리엣 미첼, 『여성의 지위』, 이형랑·김상희 옮김, 동녘, 1992].

Moi, T., *Sexual/Textual Politics*, London, Methuen, 1985.

Moller Okin, S., *Women in Western Political Thought*, Princeton, N. J., Princeton University Press, 1979.

── *Justice*, Gender and the Family, New York, Basic Books, 1989.

── 'John Rawls: Justice as Fairness ─ For Whom?', in M. L. Shanley and C. Pateman, eds., *Feminist Interpretations and Political Theory*, Cambridge, Polity Press, 1991[수잔 몰러 오킨, 「존 롤즈, 공정성으로서의 정의: 누구를 위하여?」, 『페미니즘 정치사상사』, 캐럴 페이트만·메어리 린든 쉐인리 엮음, 이남석·이현애 옮김, 이후, 2004].

Morgan, S., *My Place*, Fremantle, Fremantle Arts Centre Press, 1987[샐리 모건, 『니웅가의 노래: 가난한 역사 속을 낮게 걸어간 사람들 이야기』, 고정아 옮김, 중앙북스, 2009].

Mouffe, C., 'Feminism, Citizenship and Radical Democratic Polities', in J. Butler and J. W. Scott, eds., *Feminists Theorize the Political*, Routledge, New York, 1992.

Negri, A., *The Savage Anomaly*, trans. Michael Hardt, Minneapolis, University of Minnesota Press, 1991[안토니오 네그리, 『야만적 별종: 스피노자에 있어서 권력과 역능에 관한 연구』, 윤수종 옮김, 푸른숲, 1997].

Nehamas, A., *Nietzsche: Life as Literature*, Cambridge, Mass., Harvard University Press, 1985[알렉산더 네하마스, 『니체: 문학으로서 삶』, 김종갑 옮김, 연암서가, 2013].

Nicholson, L., ed., *Feminism/Postmodernism*, New York, Routledge, 1990.

Nietzsche, F., *Thus Spoke Zarathustra*, Harmondsworth, Penguin, 1976[프리드리히 니체, 『차라투스트라는 이렇게 말했다』, 장희창 옮김, 민음사, 2004].

── *On the Advantage and Disadvantage of History for Life*, trans. Peter

Preuss, Indianapolis, Hackett Publishing Co., 1980[「반시대적 고찰
2: 삶에 대한 역사의 공과」, 『비극의 탄생; 반시대적 고찰』, 이진우
옮김, 책세상, 2005].

──── *Beyond Good and Evil*, New York, Vintage Books, 1989[「선악의
저편: 미래철학의 서곡」, 『선악의 저편/도덕의 계보』, 김정현 옮김,
책세상, 2002].

──── *On The Genealogy of Morals*, New York, Vintage Books, 1989[「도덕의
계보: 하나의 논박서」, 『선악의 저편/도덕의 계보』, 김정현 옮김,
책세상, 2002].

Oakley, A., Sex, *Gender and Society*, London, Temple Smith, 1972.

Pateman, C., 'The Fraternal Social Contract', paper delivered to the Annual
American Political Science Association, Washington, D. C., 1984[캐롤
페이트먼, 「형제애적 사회계약」, 『여자들의 무질서』, 이평화·이성
민 옮김, 도서출판 b, 2018].

──── *The Sexual Contract*, Cambridge, Polity Press, 1988[『남과 여, 은폐된
성적 계약』, 이충훈·유영근 옮김, 이후, 2001].

──── *The Disorder of Women*, Cambridge, Polity Press, 1989[「여자들의
무질서: 여자들, 사랑, 그리고 정의감」, 『여자들의 무질서』, 이평화·
이성민 옮김, 도서출판 b, 2018].

Patton, P., 'Nietzsche and the Body of the Philosopher', in R. Diprose
and R. Ferrell, eds., *Cartographies: Poststructuralism and the Mapping
of Bodies and Spaces*, Sydney, Allen & Unwin, 1991.

──── 'Politics and the Concept of Power in Hobbes and Nietzsche', in P.
Patton, ed., *Nietzsche, Feminism and Political Theory*, New York:
Routledge, 1993.

———— ed., *Nietzsche, Feminism and Political Theory*, New York, Routledge, 1993.

———— 'Metamorpho–logic: Bodies and Powers in *A Thousand Plateaus*', *Journal of the British Society for Phenomenology*, vol. 25, no. 2, 1994.

———— 'Deleuze and Desire: Desire as Power', paper delivered at the *Forces of Desire* Conference at the Humanities Research Centre, ANU, 13–15 August 1993.

Plaza, M., '"Phallomorphic Power" and the Psychology of "Woman"', *Ideology and Consciousness*, no. 4, 1978.

Rajchman, J., 'Ethics After Foucault', *Social Text*, 13/14, 1986.

Rawls, J., A *Theory of Justice*, Cambridge, Mass., Harvard University Press, 1971[존 롤스, 『정의론』, 황경식 옮김, 이학사, 2003].

Rich, A., 'Motherhood: The Contemporary Emergency and the Quantum Leap', in *On Lies, Secrets and Silence*, London, Virago, 1980.

———— 'Women and Honour: Some Notes on Lying', in *On Lies, Secrets and Silence*, London, Virago, 1980.

———— *Blood, Bread and Poetry*, London, Virago, 1987.

Riley, D., *Am I that Name? Feminism and the Category of 'Women' in History*, London, Macmillan Press, 1988.

Rorty, A., 'Spinoza on the Pathos of Idolatrous Love and the Hilarity of True Love', in R. C. Solomon and K. M. Higgins, eds., *The Philosophy of (Erotic) Love*, Lawrence, University Press of Kansas, 1991.

Rousseau, J.–J., *The Social Contract*, Harmondsworth, Penguin, 1968[장 자크 루소, 『사회계약론』, 김영욱 옮김, 후마니타스, 2018].

———— *Emile*, London, Dent & Sons, 1972[『에밀 또는 교육론』, 1·2, 문경자·

이용철 옮김, 한길사, 2007].

Routh, C. R. N., Who's Who in History, vol. II: *England 1485 to 1603*, Oxford, Basil Blackwell, 1964.

Rowbotham, S., *Woman's Consciousness, Man's World*, Harmondsworth, Penguin, 1973.

Sartre, J. P., *Portrait of the Anti-Semite*, London, Seeker & Warburg, 1948.

―― *Being and Nothingness*, London, Methuen, 1977[장 폴 사르트르, 『존재와 무』, 정소성 옮김, 동서문화사, 2009].

Sawicki, J., 'Foucault and Feminism: Toward a Politics of Difference', in M. L. Shanley and C. Pateman, eds., *Feminist Interpretations and Political Theory*, Cambridge, Polity Press, 1991[제이너 사위키, 「푸코와 페미니즘: 차이의 정치학을 향하여」, 『페미니즘 정치사상사』, 캐럴 페이트만·메어리 린든 쉐인리 엮음, 이남석·이현애 옮김, 이후, 2004].

Saxonhouse, A., 'Aristotle: Defective Males, Hierarchy, and the Limits of Polities', in M. L. Shanley and C. Pateman, eds., *Feminist Interpretations and Political Theory*, Cambridge, Polity Press, 1991[아를렌 섹슨하우스, 「아리스토텔레스: 불완전한 남성, 서열제, 그리고 정치학의 한계」, 『페미니즘 정치사상사』, 캐럴 페이트만·메어리 린든 쉐인리 엮음, 이남석·이현애 옮김, 이후, 2004].

Schilder, P., *The Image and Appearance of the Human Body*, New York, International Universities Press, 1978.

Scott, J. W., 'Deconstructing Equality-versus-Difference: Or the Uses of Poststructuralist Theory for Feminism', *Feminist Studies*, vol. 14, no. 1, Spring 1988[조안 스콧, 「페미니즘을 위한 포스트구조주의 이론의

활용, 평등 대 차이의 해체」, 『평등, 차이, 정의를 그리다』, 양현아
옮김, 서울대학교출판문화원, 2019].

───── 'Experience', in J. Butler and J. W. Scott, eds., *Feminists Theorize the Political*, New York, Routledge, 1992.

Shanley, M. L., and Pateman, C., eds., *Feminist Interpretations and Political Theory*, Cambridge, Polity Press, 1991[캐럴 페이트만·메어리 린든 쉐인리 엮음, 『페미니즘 정치사상사』, 이남석·이현애 옮김, 이후, 2004].

Spelman, E., 'Woman as Body: Ancient and Contemporary Views', *Feminist Studies*, vol. 8, no. 1, 1982.

───── 'The Politicization of the Soul', in S. Harding and M. B. Hintikka, eds., *Discovering Reality*, Dordrecht, Reidel, 1983.

Spender, D., *Man−Made Language*, London, Routledge & Kegan Paul, 1980.

───── *Spinoza and Other Heretics: The Marrano of Reason*, Princeton, N. J., Princeton University Press, 1989.

Spinoza, B., *Ethics*, in The Chief Works of Benedict de Spinoza, vol. II, ed. R. H. M. Elwes, New York, Dover, 1951[베네딕투스 데 스피노자, 『에티카』, 황태연 옮김, 비홍, 2014].

───── *A Political Treatise*, in *The Chief Works of Benedict de Spinoza*, vol. I, ed. R. H. M. Elwes, New York, Dover, 1951[『정치론』, 공진성 옮김, 도서출판 길, 2020].

───── *A Theologico−Political Treatise*, in *The Chief Works of Benedict de Spinoza*, vol. I, ed. R. H. M. Elwes, New York, Dover, 1951[『신학정치론』, 황태연 옮김, 신아출판사, 2010].

―― Ethics, in The Collected Works of Spinoza, vol. I, trans. E. Curley, Princeton, N. J., Princeton University Press, 1985[『에티카』, 황태연 옮김, 비홍, 2014].

Spivak, G. C., 'Displacement and the Discourse of Woman', in M. Krupnick, ed., Displacement: Derrida and After, Bloomington, Indiana University Press, 1986.

Stoller, R. J., Sex and Gender, London, Hogarth Press, 1968.

―― The Transsexual Experiment, London, Hogarth Press, 1975.

Tapper, M., 'Ressentiment and Power: Some Reflections on Feminist Practices', in P. Patton, ed., Nietzsche, Feminism and Political Theory, New York, Routledge, 1993.

Threadgold T., 'Critical Theory, Feminisms, the Judiciary and Rape', Australian Feminist Law Journal, vol. 1, 1993.

Weinbaum, B., The Curious Courtship of Socialism and Feminism, Boston, Mass., South End Press, 1978.

Weinberg, A., ed., Attorney for the Damned, London, MacDonald, 1957.

West, D., 'Spinoza on Positive Freedom', Political Studies, vol. 41, no. 2, 1993.

Whitford, M., Luce Irigaray: Philosophy in the Feminine, London, Routledge, 1991.

Wollstonecraft, M., Vindication of the Rights of Woman, Harmondsworth, Penguin, 1975[메리 울스턴크래프트, 『여권의 옹호』, 손영미 옮김, 연암서가, 2014].

Yeatman, A., Postmodern Revisionings of the Political, New York, Routledge, 1993.

—— 'Feminism and Power', *Women's Studies Journal*, vol. 10, no. 1, 1994.

Young, I. M., *Justice and the Politics of Difference*, Princeton, N. J., Princeton University Press, 1990[아이리스 매리언 영, 『차이의 정치와 정의』, 김도균·조국 옮김, 모티브북, 2017].

Yovel, Y., *Spinoza and Other Heretics: The Adventures of Immanence*, Princeton, N.J., Princeton University Press, 1989.

옮긴이 후기

　2003년에 출간된 다른 편역서에 이 책 제2장에 해당하는 글이 우리말로 실려 나왔을 뿐, 모이라 게이튼스의 작업은 사실상 국내에 처음 소개되는 셈이다. 단적으로 말하자면, 모이라 게이튼스는 스피노자 및 근대철학에 관한 연구를 바탕으로 페미니즘 문제를 바라보는 철학자이다. 게이튼스의 핵심 논지는 '상상적 신체'라는, 다소 어색하게 들리는 이 책 제목에서 잘 드러난다. 상상적 신체? 언뜻 신체는 물질적인 것이고 상상은 관념적인 것이라 여겨진다. 하지만 사실상 해석되어 있지 않은 신체 그 자체란 없으며 상상이야말로 물질적 생활세계를 형성하는 것이다. 이 '문턱' 개념이 바로 게이튼스가 문제를 돌파하고자 벼린 무기이다.

　게이튼스가 '상상적 신체'라는 개념을 창안한 것은 섹스와 구별되는 젠더 개념을 비판하기 위해서였다. 당시는 젠더 개념에 열광하며 '탈젠더화'나 '재젠더화'하기가 한창 제시되던 분위기였다. 로버트 스톨러가 트랜스젠더의 존재를 설명하고자 고안한 젠더 개념은 페미니즘 이론 및 실천에서 획기적으로 활용되었다. 성별에 대한 기존의 관념이 신체와 필연적으로 연결된 것이 아니며 변화 가능하다는 점, 그 관념을 벗어던짐을 통해 성별에 국한되지 않은 자유로운 선택과 활동이 열리리라는 점은 분명 진전이었다. 하지만 이 개념은 정신과 신체의 이분법을 전제하고 있다. 여기서 신체는 의식 형성과 관련하여 중립적이거나 수동적인 것이며, 정신은 문제가 되는 문화의 물질적 실천들을 의식적으로 변화시킬 수 있는 능동적인 것이다. 게이튼스는 남성/여성의 쌍에 연결되는 신체/정신의 이원론, 나아가 자연/문화, 가족/국가, 재생산/생산으로 변형되기도 하는 이러한 서구의 유서 깊은 전통에 기대서 페미니즘 이론이 전개될 수는 없다고 보았다.

게이튼스는 한편으로 젠더의 (관념적이기보다는) 신체적인 성격을, 다른 한편으로 신체의 (본질주의적이기보다는) 역사적이고 구성적인 성격을 주장한다. 게이튼스에게 젠더란 역사적으로 신체에 기입된 의미작용이다. 신체를 경유하지 않는 관념이란 존재하지 않으며, 신체와 그 신체에 대한 관념 간의 연결은 필연적인 것은 아니지만 그렇다고 임의적인 것 또한 아니다. 우리는 신체를 남성과 여성이라는 이분법적으로 성별화된 신체로 조직화하고, 특정한 신체(예컨대, 남성, 시스젠더, 헤테로섹슈얼 등)에 더 큰 권력을 부여하는 정치적, 사회적, 성적 상상계에 살고 있다. 이 세계에는 이미 생물학에 대한 특수한 문화적 개념이 존재하는 것이다. 우리는 이미 구성된 이미지들을 차용하여 경험을 하고, 우리의 신체 및 다른 신체들을 이해하고 의미를 부여하고 가치를 평가한다. 따라서 게이튼스에게 젠더는 단순히 이데올로기나 문화적 가치의 효과가 아니라 권력이 특정한 방식으로 신체를 장악하고 구성하는 방식이다. 다양한 시대, 사회마다 권력이 신체를 장악하는 방식은 그것의 물질적 효과인 법, 제도, 관행, 습관 등을 규정한다. 따라서 이 방식을 문제 삼고 그 체현된 믿음과 습관에 대한 근본적 변경을 고심하지 않는 한, 탈젠더화나 재젠더화하기와 같은 손쉬운 해법은 한계를 가질 수밖에 없다.

게이튼스가 페미니즘에서 이러한 전환을 시도하는 것은 스피노자에게서 받은 영감 덕분이다. 다르게 표현하자면, 게이튼스는 스피노자 철학에서 페미니즘적 요소를 발견한다. 게이튼스가 주목한 그 요소란 다음과 같다. 첫째, 스피노자에게는 정신과 신체의 이분법이 존재하지 않는다. 신체는 능동적 정신에 의해 지배되는 수동적 자연의 부분이 아니다. 대립되는 것은 정신과 신체가 아니라, 수동성과 능동성이다. 정신과 신체는 함께 수동 또는 능동 상태에 놓인다. 여기서 신체-기계를 지배하는 정신이라는 모델은 완전히 깨지게 되는데, 오히려 정신의 능동성이란 신체가 스스로를 재창조하는 방식과 맥락에 따라 달라지기 때문이다. 따라서 둘째, 스피노자에게는 자연과 문화의 경계가 모호하다. 신체는 시간을 가로질러 항상 동일한 것이 아니다. 인간 신체는 이미 다른 신체들과의 관계 속에 놓여 있다. 신체의 의미와 역량, 그리고 한계는 신체와 환경 간의 지속적 상호작용에 따라 달라진다. 신체는 생산적이고 역동적인 것이다. 예컨대, 어떤 신체가 가정 영역과 아내, 어머니의 역할로 한정돼 왔다면, 그 역사적 사실을 부인하지 않으면서도 특정한 종류의 신체가 특정한 종류의 작업을 수행하도록 구성된 방식과 그 변화 가능성에 주목해야 하는 것이다. 따라서 셋째, 스피노자에게는 주체란 초월론적 기저가 아니다. 주체는 다른 것들을 성립시키는 지위에 있지 않다. 오히려 주체성이란 다른 신체들로부터 영향을 받는 신체에 대한 의식으로, 항상 변용하고 변용되는 과정 중에 있다. 창조적 주체가 상상계를 만든 것이 아니다. 오히려 사회적 상상계가 설립되지 않았다면 어떤 주체도 구성되지 않았을 것이다. 게이튼스가 사회적·정치적 상상계와 공모하는 성적 상상계에 주목하고, 그 계보학에 착수하는 것은 이러한 까닭이다.

　20여 년도 더 지난 책이지만 게이튼스는 전혀 낡지 않은 방식으로 현재의 한국 사회에게 말을 건넨다. 여전히 논쟁 중인 쟁점들에서 분명한 입장을 취하고 있다. 게이튼스는 주장한다. 선험적인 여성 범주란 존재하지 않는다. '이미 해석되어 있지 않은 해석 대상이란 결코 존재하지 않는다'는 미셸 푸코의 지적처럼, 역사와 사회 속에 놓이기 이전, 그 바깥에 보편적 범주로서의 여성은 없다. 게이튼스가 캐롤 페이트먼의 『남과 여, 은폐된 성적 계약』을 해체적으로 독해하며 발견해낸 것은 현재의 성적 불평등을 기원으로 투사하고자 하는 욕망이다. 역사의 원동자를 찾고자 하는 의지는 남성 쾌락의 대상으로서의 여성 신체라는 삶의 형태를 재생산할 뿐이다. 더불어 게이튼스는 캐서린 맥키넌과 안드레아 드워킨이 말하는 (정복자) 남성과 (노예) 여성과 같은 서술도 비판하는데, 그것이 주체 구성에 미치는 효과 때문이다. 결과적으로 본질주의자들의 욕망의 본성은 가부장제의 환상과 닮아 있다는 것이다(6장 참조). 하지만 여성을 말할 때 여성 신체를 빼놓을 수는 없다. (여성 신체, 남성 신체로 환원되지 않은 다양한 신체들이 존재하는 사실을 부정하는 것은 아니다.) 우리 사회는 남성 신체가 행하는 남성성과 여성 신체가 행하는 남성성을 다르게 받아들인다. 우리 문화에서 가치화된 것은 남성성 그 자체가 아니라 남성적 남성이다. 이 사회에서 높은 가치가 부여된 활동과 관계 맺는 신체의 유형이 무엇인지, 각 신체들을 변용하는 취급들이 어떠한지를 못 본 체하고 사회적 상상계를 다룰 수는 없다(1장 참조).

　게이튼스는 강인함/나약함, 공격성/순종성, 독립성/의존성 등의 대립적이지만 상호 보완적인 남성/여성의 신체 이미지를 깨트리는 데서 돌파구를 찾는다. 완전하고 팔루스적인 남성 신체 이미지 및 결여되고 거세된 여성 신체 이미지라는 그 이중화에서 탈피하는 것이 중요하다. 이를 위해서는 팔루스의 존재 또는 부재로서만 차이를 소진시키지 않는 것, 오이디푸스 이전의 신체적 다양체들을 상상하는 것, 다양한 신체들의 유형 및 각각의 역량과 기쁨을 고찰하는 것, 동일자의 경제로 환원되지 않은 타자들을 인정하는 것이 필요하다(3장 참조). 바로 게이튼스는 차이의 페미니즘을 주장하는 것인데, 여기서 차이란 남성과 다른 신체적 차이로서 여성의 본질을 구성하는 것과는 거리가 멀다. 오히려 차이의 다양성에 참여하는 것이다. 신체들을 이원화시켜 표시해온 전통들과 단절하고, 신체들이 새로운 차이들 속에서 살 수 있도록 또 다른 담론을 창조하는 형태학을 여는 것이다. 단순히 이분법적으로 성별화된 신체가 아니라 다양한 신체들을 수용할 수 있는 정치–윤리적 입장을 요구하는 것이다(5장 참조).

　최근 한국 사회는 미투 운동, 주요 공직자들의 성폭력, 디지털 성범죄 사건 등으로 떠들썩했다. 그런데 인간 행동의 의미란 몰역사적 상수라기보다는 특정한 역사적, 정치적 맥락에서 전개된다. 범죄자 개인을 악마화하는 것보다 더 필요한 것은 그 개인들이 나오게 된 사회적 배경, 구조적 원인을 질문하는 것이다. 단순히 역사적으로 특권을 가진 남성들이 지배의 자리에 있어 온 것이 문제가 아니다. 게이튼스에 따르면, 근대 정치체의 짜임 자체가 남성 신체 이미지에 기초를 두고 성립되었다. 여성이 정치체로부터 배제된 것은 역사의 우발적 특성이 아니라 정치 사회에 대한 지배적 관념의 귀결인 것이다(2장 참조). 따라서 문제 삼아야 할 것은 정치체 그 자체, 우리가 발 딛고 있는 상상계이다. 우리 사회가 역사적으로 여성들을 어떤 존재로 대우해왔는지, 온전한 시민으로 인정해왔는지를 묻고, 현재에도 배제의 흉터를 계속해서 지니고 있는 체현된 관습, 제도, 사법 체계를 돌아봐야 한다. 우리의 성적 상상계에는 여성을 민주적 정치체의 자유롭고 이성적인 구성원인 동시에 남성의 자연적 권위 아래의 존재로 간주하는 역설이 존재한다. 따라서 게이튼스는 이 책 전반에 걸쳐서 다음과 같은 질문을 던지고 있는 것이다. 여성을 비롯한 공동체의 다양한 구성원들이 권력에서의 합치를 이루는 사회관계를 어떻게 이룰 수 있는가? 신체들을 성별화하고 역량을 한계 짓는 상상계를 넘어서 우리 신체와 그 관계들의 어마어마한 다양성을 가능하게 해주는 세계를 어떻게 생산할 수 있는가?

* * *

번역하는 내내 저자 게이튼스에게 고마웠다. 페미니즘의 아포리아를 대하는 흥미로운 관점, 더 연구할 과제를 던져주었다. 한국어판 출간을 축하하는 서신도 흔쾌히 써주었다. 게이튼스 저서의 우리말 첫 번역자라니 영광스럽다. 스피노자 강의를 통해 게이튼스를 처음 접하게 해준 진태원 선생님께 감사드린다. 번역에 돌입한 지 얼마 되지 않았을 때 그 일부를 <일상 비평 웹진 쪽>에 게재하자고 희음 님이 제안해주셨다. 덕분에 큰 용기를 얻었다. 원고를 함께 읽고 핵심적 문제 제기를 해준 현대정치철학연구회 <상상적 신체 읽기> 세미나 팀에게 감사한다. 이 책이 출간되었으면 하는 바람에 출판사에게 번역을 제안하는 메일을 무작정 보냈다. 책의 가치를 인정해준 <도서출판 b>에게 깊은 감사를 드린다. 마지막으로 현재의 질서 속에서 용감하게 버티고 맞서는 가운데 서로 영감을 주고받으며 성장 중인, 세계 곳곳의 '여성들'에게 지지와 연대와 사랑을 보낸다.

찾아보기

바리에테 신서 **30**

상상적 신체

초판 1쇄 발행 | 2021년 01월 15일

지은이 모이라 게이튼스 | 옮긴이 조꽃씨 | 펴낸이 조기조

펴낸곳 도서출판 b | **등록** 2003년 2월 24일 제2006-000054호
주소 08772 서울특별시 관악구 난곡로 288 남진빌딩 302호 | **전화** 02-6293-7070(대)
팩시밀리 02-6293-8080 | **홈페이지** b-book.co.kr | **이메일** bbooks@naver.com

ISBN 979-11-89898-42-7 93160
값 20,000원

* 이 책 내용의 일부 또는 전부를 재사용하려면 저작권자와 도서출판 b 양측의 동의를 얻어야 합니다.
* 잘못된 책은 교환해드립니다.